여성과 법

법학박사
나달숙 저

법 영 사

머 리 말

우연한 기회에 홍익대학교에서『여성과 법률』이란 강좌를 맡게 되었고 법학과 학과장님이신 이성덕 교수님께서 배려해주신 덕분으로 강의를 계속해 왔다.

처음에는 시중에 나와 있는 '여성관련 법' 책을 전부 찾아보고 강의 내용에 적당한 책을 선정하려 했지만 적절한 책을 발견하기 힘들었다. 그래서 교재를 몇 가지 선정한 후에 부족한 부분들은 교재와 논문을 중심으로 작성해서 강의를 하였다. 강의하는 동안 많은 자료가 쌓였고 이를 책에 담아『여성관련 법』에 대해 관심있는 많은 사람들에게 소개를 해 주고 싶었고, 또한 강의에 적절한 교재로 활용하고자 책을 쓰게 되었다. 부족한 점이 많고 깊이 있는 부분보다 핵심되는 부분만을 싣게 되어 아쉬운 점이 많다. 다음에 기회에, 그 밖에도 여성관련 법으로서 다뤄야 할 부분에 대해 더 깊이있게 보완할 것을 약속하며, 독자들에게도 조금이나마 유익한 책이 되었으면 더할 나위 없는 기쁨이 될 듯하다.

헌법이 제정된 지 반세기가 지났고, 민법이 제정된 지도 40년을 훌쩍 넘겼다. 그 세월 동안 우리 법에도 많은 변화가 있었고, 시시각각으로 법이 제정·개정·폐지되고 있다. 그 동안 불평등한 법도 많이 개정되어 외적으로는 어느 정도 평등한 옷을 입은 법들로 자리잡고 있다. 그러나 법은 형식적인 법 뿐만이 아닌 실질적인 법이어야 하고, 형식적인 평등보다 실질적인 평등일 것이 강조된다. 이것은 인간사가 법과 제도만으로 완벽하게 운용되어지는 것이 아니고, 이를 사람이 어떻게 운용하느냐에 따라 달라지기도 하고 법과 제도 이외에 역할을 하는 것들이 있기 마련이기 때문이다. 법은 냉철할 것을 요하지만, 또한 공동체를 이끌기 위한 포용성을 가지고 있어야 한다. 이러한 포용성을 통해 바라볼 수 있는 문제가 법적 소외자, 소수자의 인권문제라고 할 수 있겠다. 그 동안에는 법 곳곳에 성차별적 조항이 산재해 있어 여성관련 법문제에서 가장 많은 부분을 차지하는 것이「성차별해결의 문제」였다고 할 수 있다. 그렇지만 현시점에서는 성차별문제에서 더 나아가 소수자 인권, 특히 여성소수자의 인권에 대해서도 관심을 기울여야 할 때라고 생각한다. 기존의 법질서와 법제도가 남성적 시각에서 형성된 것이 대부분인 것을 감안할 때, 여성의 관점에서 법제도와 법을 바라보는 것이 고려되어져야 할 것이다.

본 책에서는 여성과 관련한 법을 소개하고 전체적인 체계를 알려주고자 하였다. 또한 법이 현실적으로 적용된 결과물인 판례를 실어 판례는 문제를 어떤 논거를 가지고 판단하고 있는지를 생생하게 살펴볼 수 있도록 하고, 판례내용 중 필요한 부분을 발췌하여 법적 사고와 법을 이해하는 데 도움을 주고자 하였다.

책제목을 『여성과 법』으로 정한 것은 법률에 국한해서 법을 미시적인 시각에서만 보는 것이 아닌 법, 특히 헌법이 명하는 '법 앞의 평등'이라는데 기준을 두고, 거시적 시각에서 형성된 큰 틀을 기본으로 숲과 나무를 모두 볼 수 있도록 하기 위해서 법률을 포함하는 법으로 정했다.

그 동안에 법과 제도면에서 평등을 이루기 위한 노력이 많은 결실을 맺었다. 특히 가족법에서 동성동본불혼금지규정의 폐지, 호주제도의 폐지 등은 양성평등을 이루는데 획기적인 사건들로 이를 판례와 더불어 다루었다. 하지만 이외에도 "성", "노동", "가족"에 있어서 개선되어야 할 부분과 심도있게 다뤄야 할 부분도 많지만 이는 차후로 미루기로 한다.

마지막으로 출판여건이 어려움에도 불구하고 흔쾌히 출판을 해주신 法英社 高晙英 사장님께 감사드리며, 촉박한 일정에도 불구하고 편집을 잘 해 주신 法英社 직원 여러분들께도 감사를 드린다. 法英社의 무궁한 발전과 번영을 진심으로 기원한다.

관악산 연구실에서

2006년 6월

저 자 씀

차 례

제 1 편 여성과 인권

제 2 편 여성과 헌법

제 3 편 여성과 가족법

제 4 편 여성과 형사법

제 5 편 여성과 노동법

제 6 편 여성인권과 소수자 문제

제 1 편

여성과 인권

Ⅰ. 인권의 의미와 특성
Ⅱ. 여성인권의 의미
Ⅲ. 여성인권운동의 역사

제 1 편 여성과 인권

Ⅰ. 인권의 의미와 특성

1. 인권의 의미

실제 인권(human rights)이라는 용어는 18세기 말 프랑스 혁명이후에 발전해온 근대적 개념으로,[1] 인간의 생래적 권리를 말하는 인간이 인간이기 때문에 당연히 갖는 권리를 말한다. 이러한 인권의 실질적인 의미는 인간의 존엄성에서 나오는 것으로 이 존엄성을 보장받을 권리가 바로 인권이다. 따라서 인간은 언제 어디서나 그 주체를 막론하고 인간으로서 부여받은 인권을 갖는다고 할 수 있다. 인간의 존엄성은 모든 기본권이념의 출발점으로서 기본권의 근원이 되는 것이다.

국가인권위원회법은 제2조 제1호에서 "'인권'이라 함은 「헌법」 및 법률에서 보장하거나 대한민국이 가입·비준한 국제인권조약 및 국제관습법에서 인정하는 인간으로서의 존엄과 가치 및 자유와 권리를 말한다." 라고 하여, 인권은 국내적으로는 물론 국제적으로 인정되는 인간의 권리임을 규정하고 있다.

---

1) 이봉철, 현대인권사상, 2001, 아카넷, 25면.

2. 인권의 특성

인간이 존엄한 존재로서 보장받기 위한 요건으로서는 인간의 인격성과 인간의 평등성이 포함될 것을 의미한다. 인간이 존엄한 존재로서 존중되어야 한다는 것은 인간 개인이 지닌 고유의 가치는 존중되어야 하며 개인을 수단이나 도구의 대상으로서 인식되고 다루어져서는 안된다는 것을 말한다. 인간을 인격적 존재로서 대우한다는 것은 인간이 지닌 인격의 자율성을 존중하는 것을 포함한다. 그리고 인간은 성별이나 인종에 따라 차별해서는 안되는 인간 상호간에 동등한 지위를 갖는다는 것을 인식하는 평등성을 내포한다.

또한 인권은 보편성을 갖는 것이다. 보편적 인권이란 국가, 문화, 종교적 차이가 존재하더라도 인간이 지닌 천부적인 권리는 동일한 것으로 보는 것이다. 세계인권선언, 각종 국제인권규약 등은 국제적 차원에서 보편타당한 인권의 내용을 규정하고 있으며, 이러한 국제적인 기준을 토대로 각 국가들은 인간의 권리를 보호하고 증진할 의무를 가지고 있다고 보고 있다. 문화적 상대주의를 주장하는 자들은 문화적 다양성과 차이를 들어 인권의 기준은 처해있는 문화적 배경에 따라 달라질 수 있다고 주장한다. 그러나 인간의 존엄성과 자유, 평등에의 권리는 시대와 지역을 초월하는 보편적 의미를 지니는 것으로 자국문화의 특성을 강조하고자 하는 상대주의적 관점에서의 인권관에서도 지향해야 하는 것으로 보아야 한다.

인권의 특성은 세계인권선언 및 각종 국제인권규약에서 잘 나타나 있다. '세계인권선언' 전문에는 "인류사회의 모든 인간은 태어나면서부터 가지고 있는 존엄성과 동등하고 양도할 수 없는 권리의 인정은 자유와 정의 및 세계평화의 기본"이라고 선언하고, 제1조에 "모든 인간은 태어날 때부터 자유롭고 동등한 존엄성과 권리를 가지고 있다."고 규정하고 있다. 그리고 제2조에서는 "모든 사람은 인종, 피부색, 성별, 언론, 종교, 정치상의 기타 견해, 민족적 또는 사회적 출신, 재산, 가문 또는 기타 지위로 인하여 어떠한 차별을 받지 않으며, 모든 권리와 자유를 향유할 자격을 가진다."고 규정하고 있다. 이 같은 취지의 선언은 '비엔나인권선언 및 행동강령' 제3조에서 모든 인권은 보편적이며 상호 관련되어 있으므로 모든 국가는 공정하고 평등한 방법으로 인권의 문제를 다루어야 한다고 하고, 비록 국가간, 문화간, 종교간 차이가 존재하더라도 모든 국가들은 모든 인간의 인권과 기본적 자유를 증진하고 보호하도록 노력할 것을 명시하고 있다

Ⅱ. 여성인권의 의미

1. 여성인권의 사상적 기초

여성인권문제에 있어서의 사상적 기초는 평등권이론이다. 여성도 남성과 동등한 처우를 받아야 하며 여성의 평등권이 기본적 권리로서 인식되어져야 한다. 여성이 남성과 동등한 권리자로서 대우받는 즉 여성의 권리를 인간의 권리로서 인식하기 위해서는 인권문제 결정에 있어서 여성의 적극적인 참여가 보장되어야 한다. 여성이 배제된 곳에서 여성인권문제의 해결은 지극히 모순되는 것이다.

양성평등이론은 고대 플라톤에게서도 나타나고 있다. 플라톤은 '국가론' 제5권에서 "여자들은 남자와 같은 의무를 가져야 한다면 그들은 (남자와) 같은 양육과 교육을 받아야 한다."고 하고 있다.[2] 그는 재산과 처자를 공유함으로써 개인적 이해를 추구하는 것을 방지하고 자녀를 공동체의 성원으로 교육하고 부인이 자녀양육의 책임에서 벗어나서 자유롭게 사회참여를 할 수 있도록 공동양육을 해야 한다고 주장하였다.[3] 루소는 그의 저서 '에밀'에서 "성에 관계없는 모든 점에서는 여성은 남성과 같다고 본다. 따라서 공통점은 남성과 여성은 평등하다는 것이다. 차이점은 남성과 여성은 비교할 수 없는 것이다. 왜냐하면 완전한 여성과 완전한 남성은 용모와 마찬가지로 정신도 비슷할 수 없다."[4]라고 하여 남녀간의 차이는 우월과 열등의 차이가 아니라 성적 특성의 차이에 있는 것으로 보았다.

---

2) 플라톤, 국가론, 이병길 역, 박영사, 1975, 230면.
3) 플라톤, 위의 책, 226면.
4) J.J. Rousseau, Emile, pp. 692~693.

2. 여성인권운동

근대적 의미의 여성인권운동은 1891년 프랑스 여성운동가 올랭프 드 구즈(Olympe de Gouges)가 여성권리선언(Declaration of the Rights of Women)을 발표하면서 시작되었다고 할 수 있다. 구즈는 프랑스 혁명 후 발표된 프랑스인권선언은 남성의 권리선언으로 이에 대항해 여성의 권리선언을 하기에 이른 것이다. 구즈는 그밖에 여성의 공적인 역할과 자유의사에 의한 결혼, 재산권, 상속권 등 사회의 모든 영역에서 여성도 남성과 동등한 권리의 획득을 위한 운동을 전개하였다.[5] 구즈를 시작으로 촉발된 여성운동은 그 이후에도 많은 여성운동가들의 활발한 운동으로 이어졌으나 대부분의 국가에서 여성들이 완전한 법적 보장과 평등을 획득하는 것은 쉬운 여정이 아니었다.

1990년대에 이르러 여성운동의 성과로 인권문제에서 점차 성(gender) 관점을 통합하면서 용어나 개념이 성중립적으로 변화되었다. 그럼에도 불구하고 여전히 인권이라는 용어사용에 있어서는 이전의 여성의 인권을 포함시키지 않았던 인권(rights of man) 개념을 사용하는 경우들이 있었다.[6] 이러한 문구는 수정되기도 하였으나 남성중심성에서 완전히 탈피하기란 어려웠다.[7]

그동안 기본권과 관련하여 제1세대 인권인 시민적・정치적 권리는 어느 정도 발전을 보았다고 볼 수 있다. 그러나 제2세대 인권이라 불리우는 경제적・사회적 권리의 문제는 여전히 여성에게는 불충분한 상황이 계속되어왔다. 그리고 박애정신에 기초하는 연대권(solidarity right)인 평화권, 개발권, 의사소통권, 인도적 구조권 등 소위 제3세대 인권에 있어서도 여성인권은 여전히 강조되지 않을 수 없다.

---

5) 그러나 구즈는 프랑스혁명정부에 의해 왕당파로 몰려 1793년 11월 3일 단두대에서 처형되었다.

6) 예를 들면, 세계인권선언 제1조가 원래 "모든 남자(men)는..."으로 되어 있었으나 후에 모든 인간(human beings)으로 변경되었다(강남식, 여성인권으로 본 여성노동권과 여성노동정책, 아시아여성연구 41호, 2002, 80면).

7) 예를 들면, 세계인권선언 제1조의 전문에서 "모든 인간(human beings)은 태어날 때부터 자유롭고 존엄성과 권리에 있어서 평등하다. 인간은 이성과 양심을 부여받았고 서로 형제애(brotherhood)의 정신으로 처신하여야 한다."라고 하고 있는 것이다.

3. 여성인권의 개념

여성인권이란 여성이 여성이라는 이유로 차별과 폭력을 받지 아니하고 남성과 동등하게 인간으로서의 존엄과 가치 및 기본적 권리와 자유를 향유하는 것을 말한다. 여성인권이라는 용어가 최초로 명시된 것은 1993년 6월에 비엔나에서 개최된 유엔 세계인권대회에서 채택한 인권선언과 행동계획에서이다.

여성도 인간으로서 가진 생래적인 자연권을 향유할 권리를 가지며 성이 다르다는 이유로 차별받아서는 안된다. 여성의 권리도 인권으로 이해되어야 하며 여성폭력이 행해져서는 안되며 여성만이 갖는 특수성을 고려하는 평등구현이 실천되어야 한다. 여성차별에서 나아가 여성폭력이 여성인권을 침해한다는 이러한 인식은 1993년 12월 유엔총회에서 채택된 유엔 여성폭력철폐선언, 1995년 9월의 제4차 세계여성회의에서 채택된 북경행동강령에서 또한 잘 표명되어 있다.

국제적으로 논의되는 여성인권의 개념은 소극적 의미와 적극적 의미의 2가지로 구분한다. 소극적 여성인권개념은 기존의 인권에 대한 논의가 미처 인식하지 못한 여성에 대한 인권침해를 인권에 포함시켜야 한다는 것이다. 과거의 인권에 대한 논의는 시민적·정치적 권리에서 주로 이루어졌는데 가정폭력, 성폭력, 인신매매 등 사적인 분야에서의 문제로 이를 여성인권의 범주에 포함시켜야 한다는 것이다. 이에 대해 적극적 여성인권개념은 여성의 권리가 곧 인권이라고 보고 여성에 대한 모든 차별을 여성인권의 문제로 인식하는 것이다. 이는 형식적인 평등을 넘어 실질적 평등까지도 보장될 것을 의미하며 이에 대한 구체적 실천은 여성차별철폐협약의 이행, 유보조항의 철폐 등에서 찾아 볼 수 있다.

4. 페미니즘과 여성인권

현대의 여성학에서 여성억압의 근원요인은 언어 그 자체라고 본다. 여성은 언제나 남성과의 관계 속에서 인정받는 존재로 이해되어왔다. 여성학은 이러한 남성 중심적 사고의 핵심을 비판함과 동시에 남성 지배적 사회라는 것에 대해서도 비판하고 있다.

자유주의 페미니스트들(Susan Wendell)은 개별적인 행동들과 사회적 구조들은 많은 여성들이 완전한 해방을 획득하는 것을 방해한다는 점을 인정한다. 이들은 여성들에게 공평한 고용기회의 창출과 같은 소규모의 목표도 소년소녀들에게 동등한 조기교육을 제공, 성의 편견 종식 등과 같은 수단을 요구함으로써 이루어진다고 인식한다. 성의 평등은 여성들의 의지력만으로는 성취될 수 없고 깊숙이 뿌리박힌 사회적, 심리학적 구조의 근본적인 변화가 필요하다고 본다. 사회주의 페미니스트들(Alison, Jagger, Iris Young)은 전형화된 한 개의 개념적 통합 속에 마르크스적, 급진적, 정신분석학적 통찰력을 수용하고자 한다. 그리고 실존주의 페미니스트들은 여성을 단순히 복잡한 문화구조의 산물로 생각하는 것과 여성들을 주로 인간에게서 나타나는 긍정적인 것으로서 여성의 존재를 표현하는 것 중 어느 것이 더 해방적인가에 대해 논의한다. 이러한 경향의 시몬느 드 보봐르(Simone de Beauvior)는 여자를 제한하고 구속하는 법적, 정치적, 경제적, 사회적 및 문화적 상황들을 인정하고 여성이 이러한 상황들로 하여금 자신을 제한, 구속하도록 허용하는 방식들도 인정하면서 여성들에게 진정한 자아의식을 향한 자신의 진전을 방해하는 것은 떨쳐버리라고 한다.

포스트모던 페미니즘은 1990년대 이래로 제기된 새로운 흐름이다. 이들은 여성성과 남성성이 고정된 하나의 성질을 가진다고 하는 것에 대해 비판한다. 여성성은 수동적, 소극적, 감성적이며 남성성은 능동적, 적극적, 이성적이라는 이분법적으로 고정된 틀의 해체를 주장한다. 이들은 여성성과 남성성은 사회적, 문화적, 역사적으로 변화·발전하기 때문에 이러한 고정된 틀로서 여성과 남성의 현실을 설명하기에 부족하다고 보고 있다.

페미니즘은 여성의 수동적 인식을 타파하고 여성성의 주체성을 강조하고 있다. 이들은 남녀평등의 실현을 위해서는 남녀의 역할론을 극복하고 여성권리의 증진을 위해 사회에 뿌리깊이 정착되어 있는 장애요소의 제거를 주장한다. 예를 들면 가부장적 사회가 필연적인 것이 아니라 사회화과정에서 만들어진 것임을 인식하는 것이다

Ⅲ. 여성인권운동의 역사

1. 외국에서의 여성인권운동

(1) 미국

인간의 천부적 인권을 강조하는 자유주의 원리의 실현은 여성 참정권 운동에서 나타났다. 미국에서 이러한 여성의 참정권 운동은 1830년대에 시작되었다.

미국에서의 여성운동은 1848년 뉴욕 세네카 폴스에서 제1회 여성의 권리대회로부터 시작된다. 엘리자베스 캐니, 스탠턴 여사, 러크레시아 모트 여사 등은 모트의 남편 제임스 모트를 의장으로 추천하고 "Declaration of Sentiments"선언을 발표하였다. 이 선언문은 여성에게 요구되는 도덕이나 품행이 남자에게도 요구될 것과 위반이나 파괴에 대해 남성도 동등하게 엄격한 벌을 받아야 하고 투표에 관한 신성한 권리의 획득이 여자의 의무임을 주장하여 천부적인 남녀동등권과 여성에 대한 차별을 철폐할 것을 선언하였던 것이다. 이어 1850년 오하이오주와 매사추세츠주에서도 여성의 권리대회가 열렸는데, 매사추세츠주 우스터에서 열린 여성대회에서 여성은 선거권과 피선거권을 획득할 것을 결의하였다.

1868년에는 흑인노예해방으로 미수정헌법 제14조가 규정되어 흑인에게는 선거권이 인정되었으나 여성에게는 여전히 선거권을 부여하지 않았다. 이에 따라 대대적으로 여성운동은 부인참정권획득운동으로 전개되었다. 이 노력의 결과로 1869년 와이오밍주에서 남녀에게 동등하게 선거권이 인정되었으며, 1918년까지 16개주가 여성에게 참정권을 인정하였다. 이러한 주의 변화로 1919년 연방차원에서도 수정헌법 제19조가 채택되고 1920년에는 21세 이상 미국여성들도 남성과 동등한 헌법적 근거를 가지고 선거권을 행사하게 되었다.

미국에서 여성해방운동이 본격적으로 시작된 것은 1960년대에 와서이다. 1964년 미국의회는 민권법(The Civil Right Act)에 인종 및 성을 이유로 한 고용에 있어서의 차별을 금지하는 조항을 두었고, 당시 Warren 대법원은 많은 인권을 옹호하는 판결을 함으로써 흑인, 여성 등 차별받은 집단들의 인권이 신장되는 성과를 낳았다.

1970년대에 여성의 정치적 진출도 활발해졌고 1972년에 미국의회는 상・하양원의 찬성으로 헌법 수정안 제27조에 남녀동등권(Equal Rights Amendment:ERA)[8]을 통과시켰으나 주의 인준을 통과하지 못하여 폐기되었다. 필리스 쉴라프라이는 "Waht's Wrong With Equal Rights for Women?"의 팜플렛에서 미국 수정헌법 평등조항이 차별대우를 금지하고 있는데 ERA가 제정되면 남녀를 모두 동등하게 다루어 오히려 여성을 보호하는 모든 제도가 사라지게 될 것을 주장하였고 이에 전통적 여성 지지자들이 공감대를 형성하여 ERA는 후퇴하게 되었던 것이다.

(2) 영국

영국에서의 여성운동은 산업혁명과 더불어 시작되었다. 18세기 중엽 산업혁명이 일어나 영국에서 여성노동자들은 공장에 대거 진출하여 임금노동자대열에 참여하게 되었다. 여성노동운동초기에 여성노동자들은 방직공업을 중심으로 임금인상, 실업방지운동을 내세우며 노동운동에 참가하였다.

19세기에는 영국에서 자본주의가 안정기에 접어들고 국가는 해외시장으로 눈을 돌리기 시작하였고 식민지제국을 건설하는데 성공하게 되었다. 이와 더불어 여성의 해외진출이 촉진되었고 여자도 조합을 조직하고 그들의 권익옹호운동을 시작하였다.

노동영역뿐 아니라 정치적 영역에서도 여성운동은 활발하여 남성과 동등하게 선거에 참가할 수 있는 권리인 참정권 획득운동이 활발하게 전개되었다. 여성운동이 활발해지자 정부도 보호입법의 필요성을 느끼게 되었으나 여성운동이 법적 보장을 받기까지는 많은 시간이 흐른 뒤에야 가능했다.

1912년에 영국정부가 제출한 선거법개정안에는 부인참정권의 인정안은 포함되지 않았고 이에 1913년 런던에서는 부인참정권을 요구하는 시위운동이 전개되었다. 1914년 제1차 세계대전 발발로 국가를 위해 전쟁동원이나 국가에의 협력이 우선시되었고 이와 더불어 여성참정권운동은

---

8) 헌법수정안 제27조 남녀동등권수정안은 다음과 같은 항으로 구성되어 있었다.
① 합중국이나 주는 성을 근거로 법 앞의 평등권리를 침해하지 못한다.
② 의회는 적절한 입법을 통해 이 조항을 집행할 권한을 갖는다
③ 이 조항은 주의 인준이 있은 후 2년이 지나서 효력을 발휘한다.

침체하게 되고 여성운동은 크게 제약을 받게 되었다.

그러나 그 후 1918년 12월 영국의회는 상원과 하원에서 부인참정권안을 가결시켰고 '30세 이상인 자'에 한하여 여성참정권이 인정되기에 이르렀다. 그리고 1927년에는 21세 이상 남녀 모두에게 평등하게 선거권을 부여하여 영국사상 최초로 보통선거를 실현하게 되었다.

그 후에도 여성운동은 지속되었고 그 결실이 하나하나의 법률에 규정되어 결실을 맺게 되었다.

1970년 '평등임금법'에서는 신입사원의 채용에 있어서 성차별을 금지하고, 이미 고용되어있는 자의 임금에 있어서 성차별을 금지하도록 규정하였다.

1975년에는 성의 차이에 의한 차별에 관한 '성차별배제법'이 영국하원에서 가결되어 단지 여성 또는 남성을 이유로 하는 차별을 위법행위로 보았고, 이는 채용・주거의 임대・매매・직업・금전의 대부 등 모든 활동에 적용되었다. 그래서 의도적인 성차별은 물론 무의식적으로 행한 성차별의 결과를 가져오는 행위도 위법행위로 처벌하게 되었다.

1975년 '사회보장연금법'은 동일한 일에 종사하는 남녀에게 임금을 평등하게 지불하여야 한다고 규정하고 있다. 이 법으로 구인에서의 성차별을 폐지하고 평등추진을 위해 '기회균등위원회'가 설립되었고 공평한 법적 지위확립을 도모하였다.

(3) 일본

일본에서는 1868년 명치시대 이후 근대적 공장생산으로 생산방식이 바뀌고 공장에 고용되어 근로하는 여성의 숫자가 급증하였다. 그러나 공장여성노동자들의 근로조건은 열악하고 임금은 최저수준에 달하자 여공들은 파업을 일으켜 노동시간단축을 요구했다. 그리고 명치 19년(1886)에는 그동안 인정되어오던 공창제 폐지를 결의하였다.

제1차 세계대전 중에 보통선거와 부인참정권 등을 요구했고, 1924년에는 여성의 정치활동단체가 '부인참정권 획득동맹'을 결성하였다. 1942년에는 애국부인회, 대일본연합부인회, 대일본국방부인회가 통합되어 대일본부인회로 칭하고 부인참정권운동을 행하였다. 1945년 12월 17일 중의원선거법개정으로 20세 이상의 남녀의 선거권, 25세 이상 남녀의 피선거권을 규정하고, 여성입후보자 83인 중 39인이 당선되어 헌법제정, 민법

개정, 노동법 등의 정비와 구체제 개혁에 참여하였다. 1945년 패전 후 여성에 의해 최초로 노동조합이 결성되어 활동하였고, 그럼에도 불구하고 1950년대에 남녀의 임금격차는 최대로 벌어졌다. 1970년대에 들어와서는 자본주의하에서의 고도성장으로 공해문제, 주택난, 교육문화의 파괴, 의료·양육·사회보장의 결여 등의 새롭고 다양한 형태의 문제들이 급속히 확대되었다.

2. 유엔과 ILO의 여성인권실현 활동

(1) 여성협약 등의 발전과정

인류는 제2차 세계대전이후 전쟁에의 참혹함과 인권유린의 경험으로 평화를 추구하고 인간의 존엄을 강조하게 되었다. 이러한 국제적인 제도적 장치가 유엔의 탄생이며 유엔헌장, 세계인권선언, 각종협약과 선언 등이었다. 유엔헌장에서 선언한 여성의 권리보장을 위한 평등추구에의 행진은 지금까지 진행되어오고 있다.

그동안 유엔이 기울인 여성의 지위와 권리를 증진시키기 위한 국제법상의 활동은 각국이 다른 관습과 특수성을 지니고 있으나 이를 국제적인 기준에서 평등에의 하나의 기준을 제시함으로써 지역적·국내적인 불평등과 편파적 시각을 시정하는데 선도적 역할을 해왔다.

여성관련국제협약도 처음에는 야간작업이나 광산노동 등의 중노동은 여성에게 금지한다는 여성보호적인 협약이 많았으나 차차 각국마다 조금씩 다르지만 여성의 법적 지위향상을 위해서는 시정되어야 하는 전통적 신분과 관습 등에 관한 협약으로 이어졌다. 그리고 1979년 여성차별철폐협약을 중심으로 차별의 철폐를 통한 여성의 남성과의 평등성으로 전개되어왔다.

(2) 유엔의 여성차별철폐협약

유엔여성차별철폐협약은 오랫동안 논의되어왔던 양성평등에 관한 기본입장을 재정리하여 집대성한 것으로 1979년 12월 18일에 UN총회에서 재택되고 1981년 9월 3일에 발효되었으며, 우리나라는 1984년 12월 27일에 비준하였다. 이 협약에서는 여성에 대한 모든 차별을 금지하는 입법 및 조치를 취할 것과 정치적 및 공적 활동(§7), 국제적 활동(§8), 국적(§9), 교육(§10), 고용(§11), 보건(§12), 경제적·사회적 활동(§13), 농촌여성(§14), 민사관계(§15), 혼인과 가족관계(§16) 등을 포함하는 모든 영역과 부문에서의 양성평등을 실현하기 위해 국가가 하여야할 조치를 규정하고, 양성평등을 여성의 권리와 국가의 의무임을 강조하였다.

1999년 10월 6일에는 이 협약의 실효성을 강화하기 위해 UN총회에서 협약의 선택의정서가 채택되었다. 이에 따라 협약에 보장된 권리를 침해받은 개인이나 집단이 모든 이용 가능한 국내의 구제절차를 통해서 권리구제를 받지 못한 경우에는 유엔 여성차별철폐위원회에 진정하여 구제를 받을 수 있게 되었다.

(3) 유엔의 여성폭력철폐선언

1993년 12월 12일에 유엔총회에서는 여성폭력철폐선언을 채택하였다. 이 선언에서는 여성에 대한 폭력이 남녀 간의 불평등한 힘의 관계를 단적으로 나타내고 여성의 종속적 지위를 고착시키며 여성의 인권과 기본적 자유를 침해하는 것으로 여성차별철폐협약에서 말하는 여성차별에 해당됨을 선언하였다.

이 선언에서는 여성에 대한 폭력은 “공사 모든 영역에서 여성에게 신체적, 성적 혹은 심리적 손상이나 괴로움을 주거나, 줄 수 있는 성별에 기반한 폭력행위 그리고 그러한 행위를 하려는 협박, 강제, 임의적인 자유 박탈”로 보고 여성폭력의 범주를 가족 내 폭력, 일반사회에서의 폭력 그리고 국가에 의한 폭력으로 구분하는 등 국제적 차원에서 여성에 대한 폭력의 정의와 그 유형에 대해 최초로 규정하였다. 그리고 국가가 폭력을 당한 여성의 권리침해를 조사하여 공정하고 효과적인 구제를 도모하며 가해자를 처벌하고 피해자를 보호하기 위한 다양한 법제도를 발전시킬 것과 국가에게 여성폭력의 방지를 위해 법을 집행할 책임이 있는 공직자에 대해 여성의 입장을 이해하기 위한 훈련을 받을 조치 등의 책무를 부과하고 있다.

(4) ILO의 활동

ILO는 1951년 남녀동일가치노동 동일보수에 관한 협약과 권고를 채택한 이래 여성의 노동보호와 남녀고용평등의 실현을 위한 활동을 해왔다. ILO는 양성고용평등실현을 위해 몇 가지 원칙을 제시하고 있다. 즉 성별에 따른 역할분담이나 기능특성은 남녀고용차별의 근원이 된다는 것과 모성보호는 남녀간의 본질적 차이이며 생물학적 차이인 여성의 임신·출산·수유와 같은 모성기능에 대한 보호로 실질적 남녀평등의 구현을 위해 필수불가결한 것으로 보고, 가족의 책임은 여성만의 것이 아니라 남녀가 공동으로 부담하여야 하고 남녀고용평등실현을 위해서는 모든 근로자가 가정과 직장의 양립을 조화롭게 도모할 조치가 필요하다고 보았다.

ILO는 1990년대에 들어와서 여성이 다수를 차지하는 비정규직의 근로자의 노동권, 특히 여성시간제근로자, 가내노동자, 파견직 근로자에 대한 성차별금지와 모성보호, 그리고 외국인 근로자와 그 가족의 권리의 보호를 규정한 협약을 채택하여 양성평등의 실현을 전개하였다.

(5) 유엔 및 세계여성기구

가. 유엔여성10년 선언

1967년 여성차별철폐가 선언되고 1975년에 멕시코의 멕시코시티에서 열린 세계여성대회에서는 평등과 발전 및 평화에의 여성의 공헌을 선언한 멕시코선언을 채택하고 '세계여성의 해'를 선포하였다. 이 세계여성의 해의 목표달성을 위한 지속적이고 장기적인 노력을 위해 1975년부터 1985년까지를 '세계여성10년'으로 선포하였다.

멕시코선언에서 채택한 평등, 발전, 평화 선언은 각 국가의 동등한 참여를 통한 평화의 강화와 여성의 발전을 실현시키기 위한 모든 차원에서의 평등을 추구할 것을 선포한 것이다. 평등은 법적인 평등뿐 아니라 기회의 평등, 결과의 평등을 말하며, 모든 영역과 차원에서의 평등으로 이러한 평등은 여성발전과 직결되어있고, 여성의 발전은 모든 분야에서의 발전의 필수적 요소가 되어야 한다고 보았다.

세계여성대회에서의 행동강령에서는 유엔여성10년 중 전반기 5년 동안의 달성해야할 남녀평등실현의 최소한의 목표를 설정하였다. 여성전담기구를 설치하고, 정치·경제·사회·문화·교육·평화·보건의 7개 분야에서 남녀의 평등을 위한 219개 조항을 설치하고 전 세계가 차별 없는 사회로 발전할 것을 목표로 하였다. 세계여성대회행동강령에서는 교육·취업·보건에 있어서 여성에게 더 많은 기회를 주어야 하고, 여성의 정책결정의 차원에의 참여, 가사노동 및 비수익성 활동을 통하여 여성의 사회공헌의 인정 등을 채택하였다.

나. 유엔여성10년 세계회의

(가) 코펜하겐 세계여성회의

유엔여성10년 세계회의는 1980년 덴마아크 코펜하겐에서 여성발전10년 사업의 중간점검을 위해 유엔여성10년 후반기를 위한 사업계획 및 의안을 채택하였다. 이 대회에서는 세계여성의해의 목적을 실천하는데 있어서 그동안 이룩한 진보에 대해 검토·평가하고 재조정을 하도록 하였다. 개회식에서 51개국이 유엔여성차별철폐협약에 서명함으로써 여성문제의 국제적 해결에 동참했었다.

(나) 나이로비 여성회의

1985년 케냐의 나이로비에서 세계여성회의가 개최되었다. 이 대회에서는 유엔여성10년의 성과를 검토·평가하고 앞으로 추진해 나가야 할 문제들을 점검하였다. 그간의 발전계획과 사업계획에서 제시한 목표가 미흡하게 수행되었다는 아쉬움에 다시 '2000년을 향한 여성발전전략'을 채택하고 향후 15년을 제2의 여성발전기간으로 새 출발을 다짐하였다. 이 전략에서는 평등·발전·평화를 기조로 한발지역의 여성, 도시의 빈곤여성, 노령여성, 젊은 여성, 학대받는 여성, 극빈 여성, 여성매매, 강제매춘, 전통적 생계수단을 빼앗긴 여성, 홀로 가족을 부양하는 여성, 심신장애여성, 구금 및 형법에 저촉된 여성, 피난민·난민 여성·어린이, 소수민족과 토착지 여성 등에 대해 규정하고 국제적·지역적으로 이에 협력할 것을 요구하였다.

3. 국내에서의 여성인권운동

(1) 근대이전의 여성의 지위

인류가 처음 생활하던 시기에는 자식이 어머니의 혈통을 따르는 모권제사회였다. 이러한 사회신분은 집단이 모든 면에서 공동생활을 하면서 농산물에 만족하던 시기에 적절하였다. 그 후 유목민이 정착되고 땅에 대한 소유제가 확대되었고 가족이 형성되었다. 집단이 점점 분화되고 개인의 고유한 가치가 자각됨에 따라 공동체생활은 느슨해지고 원시적 씨족이 해체되고 힘이 강한 남자가 중심이 된 부권제사회로 이행되었다. 여기서 여성은 상대적으로 약자로서 남성의 소유물처럼 전락되어갔다. 여성은 상품이었고 약탈품이 되어 여성을 홍정의 대상이나 남자의 부의 척도가 되었다. 여성을 사고 팔수도 있었고 강하고 부한 남성은 여성을 마음대로 소유할 수 있는 일부다체제가 유행하였다.

우리나라도 예외는 아니다. 철저한 남성우위의 사회가 형성되어왔으며 여성은 인간으로서의 권리를 인정받지 못했다. 조선조시대 여성들을 구속했던 대표적인 것으로 '삼종지도'와 '칠거지악'을 들 수 있다. 삼종은 여자는 어려서는 아버지를 섬기고, 결혼하면 남편을 섬기며, 아들이 성장하면 아들을 섬겨야 한다는 것으로 여성은 평생 남성에 종속되어 살아가는 것을 당연하게 생각하였다. 이러한 상황으로 여성은 사회관습에 어긋난 행동을 하면 가차없이 제재가 가해졌으나 남성은 오히려 자신의 특권으로 생각했었다. '칠거지악'(시부모에 대한 불순종, 무자식, 음란, 질투, 악질, 다언, 도둑질)을 만들어 여성에게만 이혼조건을 제시하고 이에 어긋나면 당연히 이를 감수해야 하는 것으로 강요되었다.

(2) 해방이전의 여성운동

조선시대의 유교적 사고관념에서 삶을 유지하던 여성들은 만민평등의 사상과 인간의 존엄성을 가르치는 기독교의 영향으로 개화의 눈을 뜨기 시작하였다. 1885년 스크랜턴부부, 아펜젤러부부의 입국으로 시작된 선교사업은 교육사업을 통하여 이루어졌고 여성들은 근대식 교육의 혜택을 받게 되었다. 기독교의 자유평등사상은 낡은 전근대적인 인습과 고루

한 윤리로부터의 해방과 함께 인권에 대한 자각을 인식하게 하였다.

여성해방운동의 선두를 이룬 것은 기독교청년회(Y.M.C.A.)의 부인야학, 지방순회강연 등을 통한 여성계몽운동이었다. 1925년에 기독교여자청년회(Y.W.C.A.)가 조직되었고 조선여성동우회와 합류하여 1927년 5월에 근우회가 탄생하여 여성문제해결을 위한 운동을 전개하였다. 당시 기치로 내걸었던 근우회행동강령은 ① 여성에 대한 사회적·법률적 일체 차별철폐, ② 일체 봉건적 인습과 미신타파, ③ 조혼금지 및 결혼의 사유, ④ 인신매매 및 공창금지, ⑤ 농촌부인의 경제적 이익원호, ⑥ 부인노동의 임금차별철폐 및 야업폐지, ⑦ 부인 및 소년공의 위험노동 및 산전·산후 임금지불이었다.

(3) 현대사회에서의 여성의 지위

가. 성고착 관념의 탈피

여성이 사회에 진출하면서 여성은 가정에서만의 역할만이 아니라 사회적 역할도 강조되기에 이르렀다. 그러나 최초로 여성이 하는 사회에서의 역할은 값싼 노동력을 제공하고 제공된 노동력에 상응하는 대우는 받지 못하는 것이었다. 산업화가 진행될수록, 자본주의가 발달할수록 여성근로자가 늘어났지만 여성에게는 열악한 근로조건과 저임금, 성차별 등이 여전하였다. 그래서 여성들은 고용에 있어서의 평등을 주장하게 되고 여성운동은 과거에 선거권부여와 같이 여성에게도 남성과 동등한 기회를 줄 것을 주장했던 '기회의 평등' 개념은 모든 구성원에게 평등한 경쟁조건을 전제로 하는 조건의 평등을 주장하기에 이른다. 그러나 이러한 조건의 평등에도 불구하고 현실적으로 불평등한 결과를 가져오는 불합리한 결과를 낳았다. 그래서 사회적·경제적으로 부당한 현실을 타파하고 실질적인 평등이 이루어져야 한다는 결과의 평등이 강조되게 되었다.

"여성은 태어나는 것이 아니라 만들어진다. 생물적·심리적·경제적 운명이 여성의 사회적 지위를 결정하는 것은 아니다."라고 한 소설가이자 철학가, 여성운동가였던 시몬드 드 보봐르의 말처럼 여성에 대한 과거의 성고착 관념은 많이 변화되었다. 여학생의 대학진학률이 늘어나고, 남성들의 직업에 여성의 수가 늘어나고, 여성은 이제 남성의 보조자의 역할을 하는 존재가 아닌 동등한 지위에서 동등한 능력을 발휘할 만큼 많은 변화가 있어왔다.

여성의 법적 지위도 근대 법제도의 도입과 함께 발달하였고 봉건주의와 유교문화에 고착된 남존여비와 가부장제에서 벗어날 수 있는 자유와 평등을 추구하였다. 이 과정에서 남녀평등의 이념이 정착되고 남녀에게 평등한 법제도의 정착을 위한 노력이 계속되었다.

그 결과 모든 국민은 성별에 관계없이 교육·취업·정치적 권리 등을 보장하는 권리를 헌법과 법률에 규정함으로써 여성도 남성과 동등한 처우를 요구할 수 있도록 하였다.

나. 양성평등을 위한 법적 보장

우리 헌법은 1948.7.17. 제정 당시 모든 국민은 법 앞에 평등하며 성별에 의하여 정치적, 경제적, 사회적 생활의 모든 영역에 있어서 차별을 받지 아니한다고 선언하였으나, 가족생활관계를 규율하는 가족법 분야에서는 헌법에서 선언한 남녀평등의 원칙이 바로 반영되지는 못하였다.

그 후 1980.10.27. 전문 개정된 헌법에서는 혼인과 가족생활은 개인의 존엄과 양성의 평등을 기초로 성립되고 유지되어야 한다는 규정이 신설되었고 이러한 헌법상 이념을 실현하고자 1990.1.13. 민법을 개정하여 친족의 범위에 있어서 부계혈족·인척과 모계혈족·인척 사이에 차별을 없앴으며, 호주상속제를 폐지하는 대신 호주승계제도를 신설하였고, 재산상속분에 있어서도 남녀의 차별을 철폐하였다.

1995.12.30.에 제정된 여성발전기본법은 정치·경제·사회·문화의 모든 영역에 있어서 남녀평등을 촉진하고 여성의 발전을 도모함을 목적으로 하여, 모든 국민은 남녀평등의 촉진과 여성의 발전의 중요성을 인식하고 그 실현을 위하여 노력하여야 할 것과 여성의 참여가 현저히 부진한 분야에 대하여 합리적인 범위 안에서 여성의 참여를 촉진함으로써 실질적인 남녀평등의 실현을 위한 적극적인 조치를 취할 수 있도록 규정하였다.

2005.3.31.에는 민법을 개정하여 호주를 중심으로 가를 구성하고 직계비속의 남자를 통하여 이를 승계시키는 호주제도가 양성평등의 헌법이념과 시대적 변화에 따른 다양한 가족형태에 부합하지 않는다는 이유에서 그동안 폐지의 논란이 되어온 호주제도를 폐지하기에 이르렀다.

제 2 편

여성과 헌법

제 2 편
여성과 헌법

Ⅰ. 헌법과 양성평등

1. 평등사상의 전개

평등사상은 이미 고대 그리스의 정의의 관념과 결부되어 왔었다. Aristoteles는 평등을 정의의 요소로 파악하고 정의를 다시 평균적 정의와 배분적 정의로 구분하였다.

중세에 평등사상은 신 앞의 평등으로서 당시 중요한 역할을 하였다. 근대에 와서 이러한 신 앞의 평등은 자연법론자들의 모든 인간의 생래적 평등에 기초한 법 앞의 평등으로 발전하게 되었다. 이것은 국가권력은 모든 인간을 차별하지 말고 평등하게 대할 것을 요구하게 되고 특히 국가권력의 구성에 평등하게 참가하는 평등한 정치적 참여의 요구로 발진하게 되었다. 근대의 사싱이 민인의 평등이라는 추상적 이념이었으나 현대에 들어와서 사회생활의 구체적인 불평등은 경제적·사회적·실질적 평등을 요구하게 되었다. 특히 실질적 평등사상은 Weimar헌법(§151)에 의해 확립되었다.

평등의 원리는 1776년 Virginia권리장전(§1), 1789년 프랑스 인권선언(§1), 미국의 독립선언과 각주헌법을 비롯하여 세계 각국의 헌법에 성문으로 규정되게 되었다. 또한 국제적으로 세계인권선언(§7 등), 국제인권규약(B규약, §3 등), 유럽인권규약(§14), 유럽사회헌장(§1, 18호) 등에서 평등권을 규정하였다.

2. 헌법상 평등조항

우리헌법은 전문에서는 "정치·경제·사회·문화의 모든 영역에 있어서 각인의 기회를 균등히 하고,…안으로는 국민생활의 균등한 향상을 기하고"라고 선언하고, 제11조 제1항은 "모든 국민은 법 앞에 평등하다. 누구든지 성별·종교 또는 사회적 신분에 의하여 정치적·경제적·사회적·문화적 생활의 모든 영역에 있어서 차별을 받지 아니한다."라고 규정하고, 제31조 제1항은 "모든 국민은 능력에 따라 균등하게 교육을 받을 권리를 가진다."라고 하여 교육의 기회균등을 규정하고 있다. 또한 제32조 제4항은 "여자의 근로는 특별한 보호를 받으며, 고용·임금 및 근로조건에 있어서 부당한 차별을 받지 아니한다."라고 하여 근로관계에서의 성차별금지를 규정하고, 제36조 제1항은 "혼인과 가족생활은 개인의 존엄과 양성의 평등을 기초로 성립되고 유지되어야 하며, 국가는 이를 보장한다."라고 하여 혼인과 가족생활에서의 양성평등을 규정하고 있다. 그리고 제41조 제1항은 "국회는 국민의 보통·평등·직접·비밀선거에 의하여 선출된 국회의원으로 구성한다."고 규정하여 선거에 있어서의 평등을 규정하고 있다.

3. 평등권의 의의

(1) 평등의 개념

평등의 개념은 둘 또는 그 이상의 비교대상을 전제로 한다. 평등은 이 대상들을 상호비교하고 판단하는 것으로 서로 다른 대상들 간의 상호관계를 의미하는 관계개념이다. 따라서 평등은 단 하나의 대상을 전제로 판단하는 동일성(Identität)과 다르다.[1)]

1) 「평등의 원칙은 입법자에게 본질적으로 같은 것을 자의적으로 다르게, 본질적으로 다른 것을 자의적으로 같게 취급하는 것을 금하고 있다. 그러므로 비교의 대상을 이루는 두 개의 사실관계 사이에 서로 상이한 취급을 정당화할 수 있을 정도의 차이가 없음에도 불구하고 두 사실관계를 서로 다르게 취급한다면, 입법자는 이로써 평등권을 침해하게 된다. 그러나 서로 비교될 수 있는 사실관계가 모든 관점에서 완전히 동일한 것이 아니라 단지 일정 요소에 있어서만 동일한 경우에, 비교되는 두 사실관계를 법적으로 동

이러한 평등개념도 평등이 헌법규범의 구성요소이므로 헌법적 개념으로서의 평등은 헌법과의 연관 속에서의 개념이어야 한다. 즉 헌법상의 평등은 문제되는 비교의 대상들을 서로 비교하고 그에 대한 법적 효과로서의 평등 또는 불평등이 각각 헌법적으로 허용되는 것인가의 여부를 판단하여야 한다.[2] 즉 평등의 실현을 위해 개별적 평등권을 먼저 적용하고 보충적으로 일반적 평등권을 적용하되, 국가는 제도의 단계적 개선을 추진할 수 있는 길을 선택할 수 있을 것이다.[3]

(2) 형식적 평등과 실질적 평등

형식적 평등은 법 앞의 평등을 말한다. 형식적 평등은 모든 사람은 그 지위나 신분 등에 상관없이 평등하게 법을 적용한다는 법적용의 평등이다. 법을 적용하는 기관은 행정권과 사법권으로 평등원칙에 구속된다. 평등원칙은 법적용의 준칙이며 입법의 준칙은 아니라는 데에서 주장하는 견해가 입법자비구속설이다.

실질적 평등은 법 내용의 평등을 말한다. 법을 평등하게 적용하는 것도 중요하지만 법의 내용 자체가 불평등하다면 아무리 법을 평등하게 적용하더라도 평등은 실현될 수 없다. 즉 평등의 실현은 법의 내용이 평등하여야 하며, 이는 법을 평등하게 제정하여야 가능하다. 평등원칙은 입법의 준칙이 된다는 데에서 주장하는 견해가 입법자구속설이다.

(3) 절대적 평등과 상대적 평등

절대적 평등에는 모든 사람을 모든 면에서 항상 평등하게 취급하는

일한 것으로 볼 것인지 아니면 다른 것으로 볼 것인지를 판단하기 위하여는 어떠한 요소가 결정적인 기준이 되는가가 문제된다. 두 개의 사실관계가 본질적으로 동일한가의 판단은 일반적으로 당해 법률조항의 의미와 목적에 달려있다」(헌재 1996.12.26, 96헌가18, 주세법 제38조의7 등에 대한 위헌제청).

2) 계희열, 헌법학(중), 박영사, 2000, 204면.

3) 「헌법상 평등의 원칙은 국가가 언제 어디서 어떤 계층을 대상으로 하여 기본권에 관한 상황이나 제도의 개선을 시작할 것인지를 선택하는 것을 방해하지는 않는다. 말하자면 국가는 합리적인 기준에 따라 능력이 허용하는 범위 내에서 법적 가치의 상향적인 구현을 위한 제도의 단계적 개선을 추진할 수 있는 길을 선택할 수 있어야 한다. 그것이 허용되지 않는다면 모든 사항과 계층을 대상으로 하여 동시에 제도의 개선을 추진하는 예외적인 경우를 제외하고는 어떠한 제도의 개선도 평등의 원칙 때문에 그 시행이 불가능하다는 결과에 이르게 되어 불합리할 뿐만 아니라 평등의 원칙이 실현하고자 하는 가치와도 어긋나기 때문이다」(헌재 1990.6.25, 89헌마107, 토지수용법 제46조 제2항의 위헌여부에 관한 헌법소원).

것을 말하는 무제한적 절대평등설과 신분을 이유로 한 차별만은 절대적으로 금지한다는 제한적 절대평등설이 있다. 그러나 이러한 절대적 평등은 실질적인 평등을 가져올 수 없다.

상대적 평등은 모든 사람을 모든 면에서 항상 평등하게 취급하는 것이 아닌 합리적인 근거나 정당한 이유가 있으면 그에 따른 차별을 인정하는 것이다. 평등은 이미 그 개념상 상이성과 상대성을 내포하고 있기 때문에 합리적이고 정당한 근거에 따라 차별을 하는 것은 인정된다.[4] 그러나 상대적 평등이 실질적 평등을 의미하는 것으로 충분하지는 않다. 구체적으로 비교되는 사실관계가 단지 일정 요소에서만 동일한 경우 법적으로 동일성 여부를 판단하기 위해서는 결정적인 기준이 되는 어떠한 요소가 문제가 된다.[5]

(4) 헌법상 평등개념

헌법 제11조 제1항 제1문에서의 "모든 국민은 법 앞에 평등하다."라는 것은 형식적인 법적 평등을 규정한 것이다. 즉 여기서의 법은 국회가 제정하는 형식적 의미의 법률은 물론 그 밖의 모든 법규범을 말한다.

형식적 평등은 법적용의 평등을 의미하고 사법권과 행정권이 이에 구속된다. 그러나 법적용의 평등은 법제정의 평등을 통해서 실질적으로 평등이 실현된다고 볼 때, 헌법의 '법 앞의 평등'은 법 내용의 평등도 의미하는 것으로 입법권도 이에 구속된다고 할 수 있다. 따라서 헌법상 '법 앞의 평등'은 법 내용의 평등을 의미하는 것으로 이해하여야 한다. 헌법재판소도 '법 앞의 평등'은 입법자까지 구속하는 법 내용의 평등으로 보고 있다.[6]

---

4) 계희열(중), 위의 책, 209면.

5) 「평등의 원칙은 입법자에게 본질적으로 같은 것을 자의적으로 다르게, 본질적으로 다른 것을 자의적으로 같게 취급하는 것을 금하고 있다. 그러므로 비교의 대상을 이루는 두 개의 사실관계 사이에 서로 상이한 취급을 정당화할 수 있을 정도의 차이가 없음에도 불구하고 두 사실관계가 모든 관점에서 완전히 동일한 것이 아니라 단지 일정 요소에 있어서만 동일한 경우에, 비교되는 두 사실관계를 법적으로 동일한 것으로 볼 것인지 아니면 다른 것으로 볼 것인지를 판단하기 위하여는 어떠한 요소가 결정적인 기준이 되는가가 문제된다. 두 개의 사실관계가 본질적으로 동일한가의 판단은 일반적으로 당해 법률조항의 의미와 목적에 달려있다」(헌재 1996.1.26, 96헌가18, 주세법 제38조의7 등에 대한 위헌제청).

6) i) 「법을 적용함에 있어서뿐만 아니라 입법을 함에 있어서도 불합리한 차별대우를 하여서는 아니된다는 것을 뜻한다. 즉 사리에 맞는 합리적인 근거없이 법을 차별하여 적용하여서는 아니됨은 물론 그러한 내용의 입법을 하여도 아니된다는 것」이다(헌재

(5) 평등권의 의의

평등권은 국가로부터 불평등한 대우를 받지 아니하고 국가에 대하여 평등한 처우를 요구할 수 있는 주관적 공권이다. 평등권은 정치적인 면에서는 참정권의 절대적인 평등을 보장받을 권리로 파악될 것이지만, 경제적인 면에서는 실질적인 평등을 보장받을 권리인 점에서 적극적인 권리로서의 측면도 가지고 있다.7) 이점은 자유권이 개인의 국가로부터의 방어권인 소극적인 권리인 점과 다르다.

4. 평등권의 내용

(1) 일반적 평등원칙

가. 일반적 평등원칙

헌법 제11조 제1항 제1문의 "모든 국민은 법 앞에 평등하다."는 것은 그 보호영역을 한정할 수 없는 일반적 평등원칙을 규정한 것이다. 구체적으로 평등원칙이 적용될 경우 일정한 사항을 직접 규정하는 개별적 평등원칙이 우선 적용되며, 이러한 개별적 평등원칙이 존재하지 않을 경우에 일반적 평등원칙이 적용된다.

헌법상 법 앞의 평등은 법적용의 평등뿐만 아니라 입법에 있어서 법 내용의 평등까지 요구된다. 따라서 평등원칙은 집행권과 사법권 및 입법자 모두를 구속하는 것이다.

1989.5.24, 89헌가37 등 병합, 금융기관의연체대출금에관한특별조치법 제5조의2의 위헌심판) ; ii) 「우리 헌법이 선언하고 있는 '인간의 존엄성'과 '법앞의 평등'은 행정부나 사법부에 의한 법적용상의 평등만을 의미하는 것이 아니고, 입법자에게 정의와 형평의 원칙에 합당하게 합헌적으로 법률을 제정하도록 하는 것을 명하는 법 내용상의 평등을 의미하고 있기 때문에 그 입법내용이 정의와 형평에 반하거나 자의적으로 이루어진 경우에는 평등권 등의 기본권을 본질적으로 침해한 입법권의 행사로서 위헌성을 면하기 어렵다」(헌재 1992.4.28, 90헌바24, 특정범죄가중처벌등에관한법률 제5조의3 제2항 1호에 대한 헌법소원); 헌재 1989.1.25, 88헌가7; 헌재 1989.9.8, 88헌가6.

7) 김철수, 헌법학개론, 박영사, 2000, 391면.

(2) 평등심사기준

가. 평등심사문제

평등원칙은 모든 국가권력을 구속하는 원칙이지만 입법자의 평등에 대한 판단을 헌법재판소가 심판하는 경우 그 심사기준과 심사한계가 문제된다. 평등에 있어서는 둘 이상의 대상을 전제하므로 우선 비교의 관점에 따른 비교대상을 정하고 나서 본질적으로 동일한 것을 다르게 취급하고 있는지의 여부를 정한 다음, 그 차별이 헌법상 정당한지의 여부를 결정할 것이다. 여기서 적용하는 심사기준으로 대표적인 것이 독일의 자의금지원칙과 미국의 합리성심사원칙이 있다.

나. 독일의 평등심사기준

독일의 학설과 판례는 일반적 평등원칙을 자의금지원칙을 통해 설명하고자 했고, 특히 독일 연방헌법재판소는 초기부터 계속되는 판결에서 자의금지원칙에 의해 판결하였다.[8] 여기서 '자의'란 입법자에 의하여 의도적으로 불합리하게 행해진 차별이라는 의미의 주관적 자의가 아니라, 차별을 통하여 규율하려는 사실상황과의 관계에 있어서 차별이 명백한 불합리적인 객관적 자의를 말한다.[9]

그러나 자의금지원칙에 따른 평등심사를 통해서는 실효성있는 입법자의 구속이 이루어질 수 없다고 보아 그 후에는 좀더 구체적으로 법률이 의도하는 차별이 인적 차별인가 아니면 사항적 차별인가로 구분하여, 인적 차별의 경우에는 보다 엄격한 차별과 차별목적간의 상호관계를 비례의 원칙을 기준으로 하는 비례성심사기준을 적용하고, 그 밖의 사항적 차별의 경우에는 여전히 자의금지의 원칙을 적용하여 구별하고 있다.[10]

그러나 법적으로 규율되는 모든 것에는 항상 인간이 관계되어 있는 것으로 법적 효과에 있어서 사항적 차별은 동시에 인적 차별을 의미하게 되고, 인적 차별과 사항적 차별을 명확하게 구별하는 것은 불가능하게 된다. 여기서 일반적 평등원칙은 규율대상과 차별기준에 따라 각각

---

8) BVerfGE 1, 14(52) ; 17, 319(330) ; 50, 177(191) ; 54, 11(25) ; 55, 72(89).

9) 한상운, 헌법강의, 고시계, 2001, 241면.

10) BVerfGE 82, 60(86) ; 83, 395(401) ; 84, 133(157) ; 84, 197(199) ; 84, 348(359) , 85, 191(210) ; 85, 238(244) ; 85, 360(383) ; 87, 234(255) ; 88, 5(12).

단순한 자의금지로부터 비례성의 요청에 이르기까지 입법자를 구속하는 다양한 한계가 도출된다고 하여 단계화된 평등심사방식을 적용하고 있나.[11)]

다. 미국의 평등심사기준

미국 연방대법원은 평등원치을 비합리적인 차별금지의 원칙으루 이해하여, 차별목적이 정당한 경우 그 목적 달성을 위한 수단으로서의 차별이 합리성이 있는지를 심사하는 기준으로 차별영역에 따라 3가지 기준을 적용해왔다.

첫째, 합리성심사기준으로 차별이 합리적인 이유에서 정당화될 수 있는가라는 단순한 합리성을 심사한다. 이는 1950년대 Warren대법원장 이전의 미연방대법원이 채택한 기준으로 모든 차별영역에서 채택한 완화된 심사기준으로 주로 경제, 사회영역의 입법에 적용된 기준이다.

둘째, 엄격심사기준으로 1950년대 후반 Warren대법원장 시대에 합리성심사와 함께 구별되는 엄격한 심사기준을 채택하였다. 이 기준은 차별이 긴급한 정부의 목적(compelling)을 추진하는 데 필요한 경우(necessary)에 한하여 허용된다는 것으로, 입법이 인종이나 국적에 편견을 가지고 소수에 대해 불이익을 주는 '의심스러운 차별'의 경우에 적용하였다. 이외에도 종교·언론·출판·집회·청원의 자유와 선거권·피선거권·주간이동권·재판청구권 등 국민의 기본적 권리의 차별에도 엄격한 심사를 적용하였다.

셋째, 중간심사기준으로 Warren대법원 이후 Burger대법원과 Rehnquist대법원에서 채택한 기준으로 이는 차별입법이 중요한 입법목적(important)과 그 차별이 목적과 수단사이에 실질적 관련성이 있을 것(substantially related)을 요하는 것이다. 성별이나 적서차별 등은 거의 의심스러운 차별로서 엄격심사보다 완화된 중간심사기준을 적용하였다.

그밖에 미연방대법원은 전통적으로 차별 받아온 소수집단에 대해 일정한 영역에서 보다 많은 혜택을 주도록 하는 적극적 평등실현조치(affirmative action)[12)]를 채택하기도 하였으나, 이는 오히려 상대 백인에

11) BVerfGE 88, 5(12) ; 88, 87(96).

12) Regents of Univ. of Califonia v. Bakke, 438 U.S. 265, (1978) ; Unites Steel Workers of America v. Webbcr, 443 U.S. 193 (1979) ; Firefighters Local Union No. 1784 v. Stotts. 104 S. Ct. (1984) ; Wygant v. Jackson Board of Education. 106 S. Ct.

대해 불리한 취급을 하게 한다 하여 역차별론을 가져오기도 하였다.

라. 한국의 평등심사기준

헌법재판소는 그동안 평등심사기준으로 자의성심사기준과 비례성심사를 기준으로 적용해왔다. 또한 최근에 와서는 심사기준을 좀 더 세분화하고 있다.

자의성심사[13]는 권력분립원리 아래에서 헌법재판의 심사기준이 되는 통제규범으로서의 평등원칙은 단지 자의적인 입법의 금지기준만을 의미하게 되므로 헌법재판소는 입법자의 결정에서 차별을 정당화할 수 있는 합리적인 이유를 찾아볼 수 없는 경우에만 평등원칙의 위반을 선언할 수 있다는 것을 근거로 하고 있다.[14] 따라서 이 심사는 어떤 입법수단이 가장 합리적이고 타당한 수단인가를 판단하지 않고 단지 입법자의 정치적 형성이 헌법적 한계 내에 머물고 있는가 하는 것에 국한하게 된다.

그러나 헌법재판소가 자의성심사를 한 경우에도 비교대상 간의 사실상의 차이나 입법목적의 차별을 발견하고 확인함에 그치는 정도가 보통이다. 이러한 완화된 심사기준에 따르면 어느 정도의 부정확성을 허용하므로 헌법재판소는 평등원칙이 제도의 단계적 개선을 방해하지 않는다고 하여 입법자의 평등구속의 정도를 보다 강하게 통제하려는 태도를 보인다.[15]

(1986); Local 28, Steel Metal Workers' International Association v. EEOC, 106 S. Ct. (1986) ; Johnson v. Transportation Agency, 107 S. Ct. (1987).

13) 자의성심사를 적용한 판례로는 헌재 1989.1.25, 88헌가7, 국가에 대한 가집행불가 ; 헌재 1989.3.17, 88헌마1, 경합자환산 경과규정 불비 ; 헌재 1989.4.17, 88헌마3, 불기소처분에 대한 헌법소원 ; 헌재 1991.2.11, 90헌가27, 중학교의무교육미실시 ; 헌재 1993.12.23, 89헌마189, 해직공무원보상 ; 헌재 1994.2.24, 91헌가3, 국가의 인지첩부면제 ; 헌재 1996.12.26, 96헌가18, 자도소주구입명령제 ; 헌재 1997.8.21, 94헌바2, 재정신청대상제한 ; 헌재 1998.3.26, 97헌마194, 밀수품감정행위금지 ; 헌재 1998.4.30, 96헌마7, 경찰공무원 당연퇴직규정 ; 헌재 1998.8.27, 97헌마372, 합동방송토론회 ; 헌재 1998.9.30, 98헌가7 등, 경매절차 발송송달 특례 등을 들 수 있다.

14) 헌재1997.1.16, 90헌마110등, 교통사고처리특례법 제4조 등에 대한 헌법소원 등.

15) 「헌법상 평등의 원칙은 국가가 언제, 어디서, 어떤 계층을 대상으로 하여 기본권에 관한 상황이나 제도의 개선을 시작할 것인지를 선택하는 것을 방해하지는 않는다. 말하자면 국가는 합리적인 기준에 따라 능력이 허용하는 범위 내에서 법적 가치의 상향적인 구현을 위한 제도의 단계적 개선을 추진할 수 있는 길을 선택할 수 있어서야 한다. 그것이 허용되지 않는다면 모든 사항과 계층을 대상으로 하여 동시에 제도의 개선을 추진하는 예외적인 경우를 제외하고는 어떠한 제도의 개선도 평등의 원칙 때문에 그 시행이 불가능하다는 결과에 이르게 되어 불합리할 뿐만 아니라 평등의 원칙이 실현하고자 하는 가치와도 어긋나기 때문이다」(헌재 1990.6.25, 89헌마107, 토지수용법 제46조 제2항의 위헌여부에 관한 헌법소원).

위와 같은 원칙적 자의성심사 이외에도 헌법재판소는 차별을 정당화하는 이유만을 심사하지 않고 차별을 정당화하는 이유와 차별사이의 비례싱을 심사하는 보다 엄격힌 기준을 적용하기도 한다. "평등에 관한 비례성심사에 있어서 헌법재판소는 헌법 제37조 제2항의 규정에 따라 이러한 기본권에 대한 제한이나 차별적인 대우를 하고자 하는 때에는, 첫째, 제한 또는 차별의 목적이 국가안전보장, 질서유지 또는 공공복리를 위하여 필요하고 정당한 것이어야 하고, 둘째 그 수단·방법이 목적의 실현을 위하여 실질적인 관계가 있어야 할 뿐만 아니라 그 정도 또한 적정한 것이어야 한다."[16]라고 한다.

그런데 평등권은 그 특수성으로 인해 자유권에 관해 일반적으로 적용되어 온 위와 같은 심사방법이 그대로 적용될 수는 없다.[17]

그 동안 헌법재판소는 비례성심사에 있어서 차별목적의 정당성과 차별이란 수단의 적정성만을 심사할 뿐 법익의 균형성심사는 거의 하지 아니하였다고 보여진다.[18] 그러나 헌법재판소가 적용해 온 자의성심사와 비례성심사도 좀 더 구체화되어가고 있다.[19]

---

16) 헌재 1989.5.24, 89헌가37, 금융기관의연체대출금에관한특별조치법 제5조의2의 위헌심판.

17) 「자유권침해 사례의 심사기준인 과잉금지원칙(비례성원칙) 중 '최소침해(필요성)의 원칙'은 평등권심사에서는 자유권에 대한 심사와는 다르게 응용되어야 한다. 본질적으로 불평등하게 다루어야 할 정당한 목적이 있는데도 불구하고 최소침해의 원칙에 따라서 최소한으로 불평등한 차별을 하라는 요구는 오히려 실질적으로 평등하게 대우하는 결과를 가져오기 때문이다」(강태수, 미연방대법원 판례와 우리 헌법재판소 결정의 교차점, 1999, 275~276면).

18) 「그 동안 헌법재판소는 평등심사에 있어 원칙적으로 자의금지원칙을 기준으로 하여 심사하여 왔고, 이따금 비례의 원칙을 기준으로 심사한 것으로 보이는 경우에도 비례심사의 본질에 해당하는 '법익 균형성(협의의 비례성)'에 대한 본격적인 심사를 하는 경우는 찾아보기 힘들었다고 할 수 있다」(헌재 2001.2.22, 2000헌마25, 국가유공자등예우및지원에관한법률 제34조 제1항 위헌확인).

19) ⅰ) 「평등위반 여부를 심사함에 있어 엄격한 심사척도에 의할 것인지, 완화된 심사척도에 의할 것인지는 입법자에게 인정되는 입법형성권의 정도에 따라 달라지게 될 것이다. 먼저 헌법에서 특별히 평등을 요구하고 있는 경우 엄격한 심사척도가 적용될 수 있다. 헌법이 스스로 차별의 근거로 삼아서는 아니되는 기준을 제시하거나 차별을 특히 금지하고 있는 영역을 제시하고 있다면 그러한 기준을 근거로 한 차별이나 그러한 영역에서의 차별에 대하여 엄격하게 심사하는 것이 정당화된다. 다음으로 차별적 취급으로 인하여 관련 기본권에 대한 중대한 제한을 초래하게 된다면 입법형성권은 축소되어 보다 엄격한 심사척도가 적용되어야 할 것이다.…그런데 가산점제도는 엄격한 심사척도를 적용하여야 하는 위 두 경우에 모두 해당한다」(헌재 1999.12.23, 98헌바33, 구국가유공자예우등에관한법률 제70조 등 위헌소원)라고 하여 제대군인이 공무원채용시험 등에 응시한 때에 5% 이내의 범위 내에서 가산점을 주도록 한 구국가유공자예우등에관한법률및제대군인지원에관한법률의 위헌여부에 관한 헌법소원에서 엄격한 심사척도의 비례성심사를 행할 유형구분의 기준을 구체적으로 제시하였다. ⅱ) 또한 헌법재판소는 2001.2.22,(2000헌마25) 국가유공자등예우및지원에관한법률 제34조 제1항

(3) 차별대우금지

가. 차별행위금지

헌법은 제11조 제1항 제2문에서 "누구든지 성별·종교 또는 사회적 신분에 의하여 정치적·경제적·사회적·문화적 생활의 모든 영역에 있어서 차별을 받지 아니한다."라고 규정하여, 차별금지의 사유와 차별금지의 영역을 명시적으로 규정하여 모든 영역과 사유에 있어서 차별대우를 금지하고 있다.

국가인권위원회법에서는 이러한 헌법상 차별금지에서 더 나아가 광범위한 사유에 의한 차별행위를 금하는 것을 명시하고 있다. 국가인권위원회법에서 제시하고 있는 차별행위는 다음과 같다.

위헌확인에서 「이 사건의 경우는 비교집단이 일정한 생활영역에서 경쟁관계에 있는 경우로서 국가유공자와 그 유족 등에게 가산점의 혜택을 부여하는 것은 그 이외의 자들에게는 공무담임권 또는 직업선택의 자유에 대한 중대한 침해를 의미하게 되는 관계에 있기 때문에 헌법재판소의 위 결정에서 비례의 원칙에 따른 심사를 하여야 할 두 번째 경우인 차별적 취급으로 인하여 관련 기본권에 대한 중대한 제한을 초래하게 되는 경우에는 해당한다고 할 것이다. 따라서 자의심사에 그치는 것은 적절치 아니하고 원칙적으로 비례심사를 하여야 할 것이나, 구체적인 비례심사의 과정에서는 헌법에서 차별명령규정을 두고 있는 점을 고려하여 보다 완화된 기준을 적용하여야 할 것이다」라고 하여 관련기본권에 중대한 제한을 초래하게 되므로 비례성심사를 하여야 할 것이지만 헌법에서 차별(우대)명령규정을 두고 있는 것으로 그보다 완화된 심사기준을 적용해야 한다」고 판시하였다. iii) 일반적인 평등원칙 내지 평등권의 침해 여부에 대한 위헌심사기준은 합리적인 근거가 없는 자의적 차별인지 여부이지만, 만일 입법자가 설정한 차별이 기본권의 행사에 있어서의 차별을 가져온다면 그러한 차별은 목적과 수단 간의 엄격한 비례성이 준수되었는지가 심사되어야 하며, 그 경우 불평등대우가 기본권으로 보호된 자유의 행사에 불리한 영향을 미칠수록, 입법자의 형성의 여지에 대해서는 그만큼 더 좁은 한계가 설정되어 보다 엄격한 심사척도가 적용된다(헌재 iv 2003. 9. 25. 2003헌마30, 공무원임명및시험시행규칙 제12조의3 위헌확인).

iv) 이 사건 조항은 일반 응시자들의 공직취임의 기회를 차별하는 것이며, 이러한 기본권 행사에 있어서의 차별은 차별목적과 수단 간에 비례성을 갖추어야만 헌법적으로 정당화될 수 있다. 종전 결정은 국가유공자와 그 가족에 대한 가산점제도는 모두 헌법 제32조 제6항에 근거를 두고 있으므로 평등권 침해 여부에 관하여 보다 완화된 기준을 적용한 비례심사를 하였으나, 국가유공자 본인의 경우는 별론으로 하고, 그 가족의 경우는 위에서 본 바와 같이 헌법 제32조 제6항이 가산점제도의 근거라고 볼 수 없으므로 그러한 완화된 심사는 부적절한 것이다....이 사건 조항의 위헌성은 국가유공자 등과 그 가족에 대한 가산점제도 자체가 입법정책상 전혀 허용될 수 없다는 것이 아니고, 그 차별의 효과가 지나치다는 것에 기인한다. 그렇다면 입법자는 공무원시험에서 국가유공자의 가족에게 부여되는 가산점의 수치를, 그 차별효과가 일반 응시자의 공무담임권 행사를 지나치게 제약하지 않는 범위 내로 낮추고, 동시에 가산점 수혜 대상자의 범위를 재조정 하는 등의 방법으로 그 위헌성을 치유하는 방법을 택할 수 있을 것이다(헌재 2006.02.23. 2004헌마675, 국가유공자등예우및지원에관한법률 제31조 제1항 등 위헌확인, 헌법불합치)라고 하여 가산점제도를 허용하는 경우에도 차별목적과 수단사이에 비례성을 갖추어야 하는 것을 강조하였다.

"평등권침해의 차별행위"라 함은 합리적인 이유 없이 성별, 종교, 장애, 나이, 사회적 신분, 출신지역(출생지, 원적지, 본적지, 성년이 되기 전의 주된 거주지역 등을 말한다), 출신국기, 출신민족, 용모 등 신체조건, 기혼·미혼·별거·이혼·사별·재혼·사실혼 등 혼인 여부, 임신 또는 출산, 가족형태 또는 가족상황, 인종, 피부색, 사상 또는 정치적 의견, 형의 효력이 실효된 전과, 성적(성적) 지향, 학력, 병력(병력) 등을 이유로 한 다음 각 목의 어느 하나에 해당하는 행위를 말한다. 다만, 현존하는 차별을 해소하기 위하여 특정한 사람(특정한 사람들의 집단을 포함한다. 이하 같다)을 잠정적으로 우대하는 행위와 이를 내용으로 하는 법령의 제·개정 및 정책의 수립·집행은 평등권침해의 차별행위(이하 "차별행위"라 한다)로 보지 아니한다.

가. 고용(모집, 채용, 교육, 배치, 승진, 임금 및 임금 외의 금품 지급, 자금의 융자, 정년, 퇴직, 해고 등을 포함한다)과 관련하여 특정한 사람을 우대·배제·구별하거나 불리하게 대우하는 행위

나. 재화·용역·교통수단·상업시설·토지·주거시설의 공급이나 이용과 관련하여 특정한 사람을 우대·배제·구별하거나 불리하게 대우하는 행위

다. 교육시설이나 직업훈련기관에서의 교육·훈련이나 그 이용과 관련하여 특정한 사람을 우대·배제·구별하거나 불리하게 대우하는 행위

라. 성희롱 행위(이상 국가인권위원회법 §2, 제4호)

나. 성에 근거한 차별금지

(가) 차별금지규정

헌법 제36조 제1항에 혼인과 가족생활에 있어서의 양성평등과 국가의 보장의무를 규정하여 국가생활에 있어서 실질적인 남녀평등을 구현하고자 하고 있다. 이를 위해 남녀차별금지및구제등에관한법률·여성발전기본법·남녀고용평등법 등을 제정하여 시행해왔다.

남녀는 법적으로 평등하며 원칙적으로 남녀의 성에 따른 차별을 하여서는 안된다. 그러나 남녀의 신체구조와 생리상 차이에 근거한 차별이나 그 밖의 합리적 근거에 의한 차별은 인정된다. 따라서 헌법 제32조 제4항 전단의 여성근로자의 특별보호, 제32조 제4항 후단의 고용·임금·근로조건에 있어서 여성의 부당차별금지, 제36조 제2항의 국가의 모성보호,

제34조 제3항의 국가의 여성복지와 권익향상을 위한 노력 등은 인정된다. 또한 근로기준법 제59조에서 여성근로자에게만 생리휴가를 주는 것, 헌법 제39조 제1항과 병역법 제3조 제1항에 의해 남성에게만 병역의무를 지게 하는 것 등은 부당한 차별로 보지 않는다.

(나) 간접차별의 금지

고용상 차별을 금지하고 있는 남녀고용평등법에서는 "차별이라 함은 사업주가 근로자에게 성별, 혼인, 가족 안에서의 지위, 임신 또는 출산 등의 사유로 합리적인 이유 없이 채용 또는 근로의 조건을 달리하거나 그 밖의 불이익한 조치를 취하는 경우(① 사업주가 채용 또는 근로의 조건은 동일하게 적용하더라도 그 조건을 충족할 수 있는 남성 또는 여성이 다른 한 성에 비하여 현저히 적고, ② 그로 인하여 특정 성에게 불리한 결과를 초래하며, ③ 그 조건이 정당한 것임을 입증할 수 없는 경우를 포함한다)를 말한다."라고 하여 간접차별(indirect discrimination) 또한 차별임을 강조하고 있다.

간접차별의 경우는 단체협약, 취업규칙 등에 모호한 규정으로 표시되므로 그 차별이 명료하게 나타나지 않는다. 동일사업장 내에서 남성근로자와 여성근로자간에 근로조건의 차이를 두는 경우에는 차별금지규정이 적용되지만 남녀근로자의 사업장을 달리하거나 차별을 당하는 여성근로자와 동일한 업무를 하는 남성근로자가 없는 경우에는 그 비교가 불가능하게 된다. 그러므로 종전에 명백한 규정이나 법률에서의 직접차별의 규제만으로 교묘하고 변화된 고용형태에 대응하기 어려운 점과 성차별의 부당행위의 근절을 위해서는 간접차별도 차별로 규제할 필요가 있다. 다만, 다음 각 목의 어느 하나에 해당하는 경우를 제외한다.

가. 직무의 성격에 비추어 특정성이 불가피하게 요구되는 경우
나. 근로여성의 임신·출산·수유 등 모성보호를 위한 조치를 취하는 경우
다. 그 밖에 이 법 또는 다른 법률에 의하여 적극적 고용개선조치를 취하는 경우에는 차별로 보지 않는다.

(다) 성차별금지를 반영한 판례

대법원은 강간죄에 있어서 부녀를 객체로 한 것은 평등위반이 아니라고 하고,[20] 최근에 성년 남자에게만 종원의 자격을 부여하고 성년 여성

20) 대판 1967.2.28, 67도1.

에게는 그 자격을 부여하지 않는 것이 우리 법질서가 지향하는 남녀평등의 이념에 부합하지 않는다고 판시하였다.[21]

남녀평등과 관련된 헌법재판소 판례로는 1997. 7.16.[22] 민법 제809조 제1항의 동성동본금혼규정의 위헌제청에서 동성동본금혼규정이 평등원칙에 위반된다하여 불합치결정을 내린 것, 1999.12.23.[23] 제대군인지원에 관한법률 제8조 제1항 등 위헌확인에서 동 법률에 규정된 가산점제도는 헌법 제11조에 위배되어 위헌결정을 내린 것, 2000.8.31.[24]에 국적법 제2조 제1항 제1호의 위헌제청에서 출생에 의한 국적취득에 있어 부계혈통주의를 규정한 것으로 헌법 제11조 제1항, 헌법 제36조 제1항에 위배되어 위헌이라고 결정한 것,[25] 호주제는 혼인·가족생활을 어떻게 꾸려나갈 것인지에 관한 개인과 가족의 자율적 결정권을 존중하라는 헌법 제36조 제1항에 부합하지 않는다는 것[26] 등이 있다.

(4) 적극적 평등실현조치

가. 의의 및 유래

적극적 평등실현조치(affirmative action)란 역사적으로 차별을 받아온 특정 집단에 대하여 차별로 인한 불이익을 보상해 주기위한 것으로 그 집단의 구성원에게 취업이나 학교입학 등에 있어서 우선적으로 사회적 이익을 부여하는 정부의 정책을 말한다.

미국에서는 흑인과 여성 등 특정한 집단의 구조적 차별을 인식하고 이들에 대한 과거의 차별을 보상하고 실질적인 평등을 실현하고자 차별의 기초가 된 인종이라든가 성별 등을 고려하여 우선적으로 처우

---

21) 대판 2005.7.21. 2002다1178, 종회회원확인

22) 96헌가6.

23) 98헌마363.

24) 97헌가12.

25) 주요개정사항은 ① 출생 당시에 부가 대한민국의 국민인 경우에 그 자녀에게 우리 국적을 부여하는 부계혈통주의를 채택했었으나, 부 또는 모 어느 한 쪽이 대한민국 국민이면 그 자녀에게 우리 국적을 부여하는 부모양계혈통주의(§2①, 1호)를 취하고, ② 국적취득을 목적으로 하는 위장혼인방지를 위해 대한민국 국민의 처가 된 외국인에게 우리 국적을 부여하던 제도를 폐지하고 대한민국 국민과 혼인한 외국인은 남녀 모두 혼인 후 국내에 2년 이상 거주하는 등 일정 요건을 갖추고 법무부장관의 귀화허가를 받아야만 국적을 취득하게 하고(§6②), ③ 남편이 우리나라 국적을 취득하면 처도 자동으로 대한민국 국민이 되는 수반취득조항과 처의 단독귀화금지조항을 삭제하여 혼인한 여성에게 독자적인 국적선택권을 보장해주는 것에 대한 것이다.

26) 헌재 2005.2.3, 2001헌가9, 민법 제781조 제1항 본문 후단부분 위헌제청 등

(preferential treatment)하였다. 계속되어온 과거의 차별을 제거하고 기회균등을 보장하고, 통합을 달성하기 위해 전통적으로 차별받아온 흑인이나 여성에 대하여 우선적으로 처우해 실질적 평등을 보장하고자 한 것이다.

이러한 적극적 평등실현조치는 미국의 케네디대통령이 1961년 행정명령 제10925호에서 채택함으로써 시작되었다. 고용에 있어서 차별행위를 금지하는 것은 민권법(The Civil Right Act) 제7편(Title 7 of the Civil Rights Act)에 잘 나타나 있다. 즉 "사용자가 고용의 보장, 기간, 조건 또는 특권에 관하여 피고용인의 인종, 피부색, 종교, 성, 출생국을 이유로 그에 대하여 차별행위를 하는 것은 불법고용행위(unlawful employment)이다."라고 규정하여 근로자들에게 차별없는 고용을 통해 평등한 기회를 보장하고자 하고 있다. 1964년에 제정된 민권법은 처음에 주된 목적이 직장에서의 인종차별을 금지하는데 있었지만 후에는 직장에서의 성차별을 철폐하는데 큰 역할을 하였다. 그래서 민권법 제7편에는 직장여성을 임신, 출산과 관련하여 차별하는 것을 금지하고, 사업장에서의 고의적 성차별과 성희롱이 있는 경우 사업주에게 배상을 명하고 그 피해를 구제받을 수 있도록 하였다.

나. 할당제

(가) 의의

특정한 성을 우대하는 조치로 할당제가 있다. 할당제는 현존하는 차별을 해소하기 위해 국가, 지방자치단체 또는 사업주가 잠정적으로 특정한 성을 우대하는 잠정적 조치이다. 한 성을 다른 성과 비교해 볼 때 그 비율에 있어서 심한 차이를 보일 때 그 차이를 차별로 보고 이러한 차별을 제거하기 위해 법적, 정치적 수단을 통해 낮은 성의 비율이 일정한 수준에 이를 때까지 우선적으로 고려하는 제도이다.

(나) 종류

할당제에는 일정한 직위나 자리의 일정 비율을 무조건적으로 한 성에게 할당하는 경직된 할당제, 자격이 동일할 때 또는 그 직에 필요한 최소한의 자격만 갖추면 특정한 성에게 우선적으로 고려하는 최소자격요건할당제, 특정한 성에 대한 임용의무를 인사결정시마다 부과하지 않고 일정기간 내에 목표율만 달성할 의무를 부과하는 목표할당제 등이 있다.

(다) 할당제의 근거 및 위헌성

특정한 성에게 비율을 할당해주는 할당제가 헌법상 평등권을 침해하여 위헌이라는 견해와 남녀의 실질적 평등의 실현을 위해 채택하는 수단으로서 헌법상 평등권규정에 합치한다는 합헌론이 대립된다. 요컨대 헌법상 평등은 절대적, 형식적 평등이 아닌 상대적, 실질적 평등을 의미하는 것으로 국가는 이러한 실질적 평등을 구현할 의무를 지며, 이러한 실질적 평등을 구현하기 위한 수단으로서 할당제는 헌법상 평등의 견지에서 어긋나지 않는다고 보아야 한다.

(라) 여성공천할당제

① 제도의 활용현황

여성의 정치참여기회를 확대하고자 여야간 합의에 의해 2000년 2월 16일 정당법을 개정하여 각 정당에게 국회의원 및 시·도의회의원의 비례대표후보의 30%를 여성으로 추천하도록 하는 여성공천할당제를 실시하였다. 그 결과 전체의 3%에 불과하던 여성국회의원의 비율이 16대 국회에서는 5.9%(비례대표는 16명 중 11명)로 향상되었고, 17대 국회에서는 13%(비례대표는 39명 중 29명)로 2배로 증가하였다. 이에 따라 2005년 유엔개발계획(UNDP)의 인간개발보고서(HDR)[27]에 의하면 우리나라의 여성권한척도(Gender Empowerment Measure, GEM)는 80개국 중 59위로 조사되어 향상을 보이고 있지만 아직도 여러 분야에서 여성의 참여는 제대로 이루어지지 않고 있다.

스위스의 세계경제포럼(WEF)이 2005년 5월 발표한 세계 각국의 양성평등지수에 관한 조사 보고서에 따르면 교육 분야에 있어서 한국여성의 지위는 전체 조사대상 58개국 중 54위로 평가되었다. 그리고 2005년 마스터카드 인터내셔널이 아시아·대평양 지역 13개 국가를 대상으로 노동시장의 여성참여도, 대학교육, 임원비율, 평균이상 수입 등을 비교한 결과 우리나라는 최하위를 벗어나지 못했다. 우리나라 여성의 경제활동 참가율은 52%로, 경제협력개발기구(OECD) 29개 회원국 가운데 27위를 기록하였다.

이같이 여성의 지위가 향상되었다고는 하지만 이는 부분에 불과하고 아직도 전체적인 여성의 지위향상을 위한 국가의 정책적 조치는 필요한 실정이다.

---

27) 유엔개발계획(UNDP)이 해마다 전 세계 국가들을 대상으로 인간개발지수(HDI), 양성평등지수(GDI), 여성권한척도(GEM) 등을 조사해 발표하는 보고서.

[표 1] 역대 국회에서의 여성의원비율

국회	총 의원수	여성의원수				여성 의원 비율 (%)	직선 여성 의원 비율 (%)	전국구 통일주체 국민회의 여성의원 비율(%)
		총수	지역구 여성 의원수	전국구 여성의원수 (비례대표)	통일주체 국민회의 여성의원수			
1대	200	1	1			0.5	0.5	
2	210	2	2			0.9	0.9	
3	203	1	1			0.5	0.5	
4	233	3	3			1.3	1.3	
5	233	1	1			0.4	0.4	
6	175	2	1	1		1.1	0.6	0.6
7	175	3	1	2		1.7	0.6	1.1
8	204	5	0	5		2.5	0	2.5
9	219	12	2		10	5.5	0.9	4.6
10	231	8	1		7	3.5	0.4	3.0
11	276	9	1	8		3.3	0.4	2.9
12	276	8	2	6		2.9	0.7	2.2
13	299	6	0	6		2.0	0	2.0
14	299	8	1	7		2.7	0.3	2.3
15	299	9	2	7		3.0	0.6	2.3
16	273	16	5	11		5.9	1.8	4.1
17	299	39	10	29		13.0	4.0	51.7
합계	4105	133	34	82	17	7.7	2.3	26.7

② 현행법 규정

현행법은 여성추천보조금과 후보자추천에 있어서 여성에게 할당을 하고 있다.

i) 공직선거법에서 여성추천 보조금에 대해 다음과 같이 규정하고 있다.

국가는 임기만료에 의한 지역구국회의원선거, 지역구시·도의회의원선거 및 지역구자치구·시·군의회의원선거에서 여성후보자를 추천하는 정당에 지급하기 위한 보조금(이하 "여성추천보조금"이라 한다)으로 최근 실시한 임기만료에 의한 국회의원선거의 선거권자 총수에 100원을 곱한 금액을 임기만료에 의한 국회의원선거, 시·도의회의원선거 또는 자치구·시·군의회의원선거가 있는 연도의 예산에 계상하여야 하도록 한다(공선법 §26①).

여성추천보조금은 제1항의 규정에 의한 선거에서 여성후보자를 추천한 정당에 대하여 다음 각 호의 기준에 따라 배분·지급한다(§26②). 이 경우 지역구시·도의회의원선거와 지역구자치구·시·군의회의원선거에서의 여성추천보조금은 제1항의 규정에 의하여 당해연도의 예산에 계상된 여성추천보조금의 100분의 50을 각 선거의 여성추천보조금 총액으로 한다. <개정 2006.4.28>

1. 여성후보자를 전국지역구총수의 100분의 30이상 추천한 정당이 있는 경우
   여성추천보조금 총액의 100분의 50은 지급 당시 정당별 국회의석수의 비율에 따라, 그 잔여분은 최근 실시한 임기만료에 의한 국회의원선거에서의 득표수의 비율(비례대표전국선거구 및 지역구에서 당해 정당이 득표한 득표수 비율의 평균을 말한다. 이하 "국회의원선거의 득표수 비율"이라 한다)에 따라 배분·지급한다.
2. 여성후보자를 전국지역구총수의 100분의 30이상 추천한 정당이 없는 경우
   가. 여성후보자를 전국지역구총수의 100분의 15이상 100분의 30미만을 추천한 정당
   여성추천보조금 총액의 100분의 50을 제1호의 기준에 따라 배분·지급한다.
   나. 여성후보자를 전국지역구총수의 100분의 5이상 100분의 15미만을 추천한 정당
   여성추천보조금 총액의 100분의 30을 제1호의 기준에 따라 배분·지급한다. 이 경우 하나의 정당에 배분되는 여성추천보조금은 가목에 의하여 각 정당에 배분되는 여성추천보조금 중 최소액을 초과할 수 없다.

ii) 정치자금법에서는 후보자 추천에 있어서 다음과 같이 규정하고 있다.

정당이 비례대표국회의원선거 및 비례대표지방의회의원선거에 후보자를 추천하는 때에는 그 후보자 중 100분의 50 이상을 여성으로 추천하되, 그 후보자명부의 순위의 매 홀수에는 여성을 추천하여야 한다(정자법 §47①). 정당이 임기만료에 따른 지역구국회의원선거 및 지역구지방의회의원선거에 후보자를 추천하는 때에는 각각 전국지역구총수의 100분의

30 이상을 여성으로 추천하도록 노력하여야 한다(법 §47②).

(마) 양성평등채용목표제

① 양성평등채용목표제의 실시

우리나라는 양성평등채용목표제(공무원채용목표제)를 시행함으로써 여성공무원이 일정 직급에 일정 비율이 채워질 때까지 여성을 채용하기 위한 정책을 실시해왔다. 여성의 공직진출의 확대를 위해 1995년 12월 12일 개정된 공무원임용시험령[28]과 1996년 3월 23일 개정된 지방공무원임용령에 의해 양성평등채용목표제가 1996년부터 2002년까지 한시적으로 5급 행정·외무고시와 7급 행정·공안직·외무행정직 등을 대상으로 적용되었다. 양성평등채용목표제는 여성합격률이 저조한 분야의 여성 진출을 돕기 위해 모집단위 5명 이상의 공무원 채용시험에서 여성을 최소 30% 이상이 되도록 추가채용하기 위해 도입하였다. 이 제도는 여성합격자수가 매년 책정되는 여성채용목표율에 미치지 못하는 경우에만 적용되는 것인데, 그 목표율은 1996년에 10%, 1997년에 13%, 1998년에 15%, 2000년 이후에는 20% 이상으로 책정되었다. 그 시행방법은 5급은 -3점, 7급은 -5점까지 합격선을 낮춰서 책정된 목표비율만큼 여성을 정원 외로 합격시키는 것이다.

양성평등채용목표는 2003년부터 양성 모두에게 이를 적용해 오고 있고, 현행 공무원임용시험령 제20조[29]에서 상세하게 규정하고 있다. 양성평등채용목표제는 시험 중 선발예정인원이 5명 이상인 시험단위를 그 대상으로 하고, 행정·외무고등고시, 교정직렬·소년보호직렬을 제외한 7·9급 공개채용시험, 시험령 제3조 제1항 제2호 및 제26조 제3항의 규정에 의하여 중앙인사위원회가 실시하는 특별채용시험(기능직은 제외)중 제한경쟁특별채용시험을 대상으로 하고 있다. 시험실시단위별 채용목표인원

---

28) 제11조의3: 시험실시기관의 장은 여성공무원의 임용기회를 확대하기 위하여 필요하다고 인정하는 경우에는 한시적으로 여성이 시험실시단계별로 선발예정비율의 일정비율 이상이 될 수 있도록 선발예정인원을 초과하여 여성을 합격시킬 수 있다.

29) 제20조 (여성 또는 남성의 선발예정인원 초과합격): ① 시험실시기관의 장은 여성과 남성의 평등한 공무원임용기회를 확대하기 위하여 필요하다고 인정하는 경우에는 제23조, 제25조, 제30조 및 제40조의 규정에 불구하고 한시적으로 여성 또는 남성이 시험실시단계별로 선발예정인원의 일정비율 이상이 될 수 있도록 선발예정인원을 초과하여 여성 또는 남성을 합격시킬 수 있다.
② 제1항의 규정에 의하여 여성 또는 남성을 합격시킬 경우에 그 실시대상시험의 종류, 채용목표비율, 합격자결정방법 기타 시험의 시행에 관하여 필요한 사항은 시험실시기관의 장이 정한다.

은 검찰사무직렬을 제외하고(2006년 19%, 2007년 20%), 합격예정인원에 30%를 곱한 인원수로 하고 있다.

② 양성평등채용목표제의 변화

그동안에 여성의 비율이 저조했던 직급에 일정비율의 여성을 채용하기 위해 실시해온 이러한 양성평등채용목표제가 근래에 와서는 오히려 여성공무원이 남성공무원보다 많아져 남성이 수혜자가 되는 추세를 보이고 있다. 작년에 채용된 7·9급 지방공무원 1만 2302명 중 50.5%인 6216명이 여성으로 공무원채용시험에서 여성이 초강세를 보이고 있다.

2006년 5월 11일 행정자치부의 지방자치단체 여성공무원 통계에 따르면 2005년 7·9급 지방공무원 공채에서 양성평등채용목표제에 의해 추가로 합격한 124명 중 남성이 68명으로 여성의 56명보다 많았다. 이 같은 여성합격률 상승으로 지방 여성공무원이 차지하는 비율은 2005년 말 전체 지방공무원 26만 6176명 중 26.5%(7만 568명)으로 2004년의 25.2%(6만 4683명)보다 1.3%(5885명)가 높아졌다.

이에 따라 지방공무원 7·9급 채용시험에서 양성평등채용목표제로 인한 혜택이 남성에게 많이 돌아간 것으로 나타났다는 것을 보여준다. 그러나 5급 이상 여성 관리직의 비율은 전체 지방직 가운데 5.9%에 불과하고, 5급 이상 여성 관리자가 1명도 없는 기초지방자치단체도 234개중 42개나 되는 것으로 보아 아직도 고위관리직에서는 여성의 비율이 저조한 실정에 있음을 알 수 있다.

다. 잠정적 우대조치 규정

(가) 여성차별철폐조약

여성차별철폐협약은 제4조에서 사실상의 평등을 실현하기 위해 잠정적 특별조치(temporary special measure)를 취할 수 있도록 규정하고 있다. 협약에서는 "남성과 여성 사이의 사실상의 평등을 촉진할 목적으로 당사국이 채택한 잠정적 특별조치는 본 협약에서 정의한 차별로 보지 아니하나, 그 결과 불평등한 또는 별도의 기준이 유지되어서는 결코 아니된다."고 규정하고 있다. 그리고 이러한 조치는 기회와 대우의 평등이라는 목적이 달성되었을 때 중단되어야 하는 잠정적인 것임을 언급하고 있다. 또한 모성을 보호할 목적으로 협약에 수록된 제 조치를 포함한 특별조치를 채택하는 것은 차별적인 것으로 보아서는 안된다는 것을 명시하고 있다.

(나) 여성발전기본법 등

i) 여성발전기본법은 제6조에서는 다음과 같이 적극적 조치에 대해 규정하고 있다.

- 국가 및 지방자치단체는 여성의 참여가 현저히 부진한 분야에 대하여 합리적인 범위 안에서 여성의 참여를 촉진함으로써 실질적인 남녀평등이 이루어질 수 있도록 관계법령이 정하는 바에 따라 적극적 조치를 취할 수 있다(§6①).
- 여성가족부장관은 국가기관 및 지방자치단체의 장에 대하여 제1항의 규정에 의한 적극적 조치를 취하도록 권고하고 그 결과를 점검하여야 한다(§6②).

ii) 국가인권위원회법 제2조 제4호 단서에서는 다음과 같이 규정하고 있다.

- 다만, 현존하는 차별을 해소하기 위하여 특정한 사람(특정한 사람들의 집단을 포함한다. 이하 같다)을 잠정적으로 우대하는 행위와 이를 내용으로 하는 법령의 제·개정 및 정책의 수립·집행은 평등권침해의 차별행위(이하 "차별행위"라 한다)로 보지 아니한다(§2).

iii) 여성기업지원에관한법률에서는 여성창업과 자금지원에 대해 다음과 같이 규정하고 있다.

- 정부는 중소기업창업지원법 제4조 제2항의 규정에 따라 창업자 및 창업지원관련 사업을 하는 자에 대한 지원을 실시함에 있어 여성창업자 및 여성창업 지원실적이 우수한 창업지원관련 사업자를 우대할 수 있다(§8②).
- 중소기업청장은 여성의 창업을 촉진하기 위하여 중소기업창업지원법 제5조 제2항의 규정에 의한 창업보육센터 사업자를 지정할 때에는 여성을 위한 창업보육센터 사업자를 우선 지정할 수 있다(§8③).
- 국가 및 지방자치단체는 기업에 대한 자금을 지원함에 있어 여성기업의 활동과 창업을 촉진하기 위하여 여성기업을 우대하여야 한다(§10).

[판례 1] 군가산점제도의 위헌성[헌재 1999.12.23. 98헌마363]

1. 사건의 개요

청구인 이유진은 1998.2. 이화여자대학교를 졸업한 청구인 조경옥, 박은주, 김정원, 김은정은 같은 대학교 4학년에 재학 중이던 여성들로서 모두 7급 또는 9급 국가공무원 공개경쟁채용시험에 응시하기 위하여 준비 중에 있으며, 청구인 김형수는 연세대학교 4학년에 재학 중이던 신체장애가 있는 남성으로서 역시 7급 국가공무원 공개경쟁채용시험에 응시하기 위하여 준비 중에 있다.

청구인들은 제대군인이 6급 이하의 공무원 또는 공·사기업체의 채용시험에 응시한 때에 필기시험의 각 과목별 득점에 각 과목별 만점의 5퍼센트 또는 3퍼센트를 가산하도록 규정하고 있는 제대군인지원에관한법률 제8조 제1항, 제3항 및 동법시행령 제9조가 자신들의 헌법상 보장된 평등권, 공무담임권, 직업선택의 자유를 침해하고 있다고 주장하면서 1998.10.19. 이 사건 헌법소원심판을 청구하였다.

2. 판단

(1) 가산점제도의 평등위반성

가. 차별취급의 적합성 여부

가산점제도는 공무원 채용시험의 필기시험의 각 과목별 만점의 5% 또는 3%를 제대군인에게 가산토록 함으로써 제대군인의 취업기회를 특혜적으로 보장하고, 그 만큼 제대군인이 아닌 사람의 취업의 기회를 박탈·잠식하는 제도이다. 그런데 제대군인이 아닌 사람들이란 다름 아니라 절대다수의 여성들과 상당수의 남성들(심신장애가 있어 군복무를 할 수 없는 남자, 보충역에 편입되어 복무를 마친 남자)로서 이들은 제대군인이 될 수 없는 사람들이고, 특히 여성과 장애인은 이른바 우리 사회의 약자들이다. 헌법은 실질적 평등, 사회적 법치국가의 원리에 입각하여 이들의 권익을 국가가 적극적으로 보호하여야 함을 여러 곳에서 천명하고 있다. 성별에 의한 차별을 금지하고 있는 헌법 제11조, 인간다운 생활을 할 권리를 보장하고 있는 헌법 제34조 제1항 외에도, 위에서 본 헌법 제32조 제4항, "국가는 여자의 복지와 권익의 향상을 위하여 노력하여야 한다."

고 규정하고 있는 헌법 제34조 제3항, "신체장애자 및 질병·노령 기타의 사유로 생활능력이 없는 국민은 법률이 정하는 바에 의하여 국가의 보호를 받는다."고 규정하고 있는 헌법 제34조 제5항, "국가는 모성의 보호를 위하여 노력하여야 한다."고 규정하고 있는 헌법 제36조 제2항 등이 여기에 해당한다. 그럼에도 불구하고 여성과 장애인은 각종의 제도적 차별, 유·무형의 사실상의 차별, 사회적·문화적 편견으로 생활의 모든 영역에서 어려움을 겪고 있고, 특히 능력에 맞는 직업을 구하기 어려운 것이 현실이다. 이러한 현실을 불식하고 평등과 복지라는 헌법이념을 구현하기 위하여 여성·장애인 관련분야에서 이미 광범위한 법체계가 구축되어 있다. 여성발전기본법, 남녀차별금지및구제에관한법률, 남녀고용평등법에서 여성의 사회참여 확대, 특히 공직과 고용부문에서의 차별금지와 여성에 대한 우대조치를 누차 강조하고 이를 위한 각종 제도를 마련하고 있으며, 장애인복지법, 장애인고용촉진등에관한법률은 장애인에 대한 차별금지와 보호장치를 규정하고 있다. 어떤 입법목적을 달성하기 위한 수단이 헌법이념과 이를 구체화하고 있는 전체 법체계와 저촉된다면 적정한 정책수단이라고 평가하기 어려울 것이다. 여성에대한모든형태의차별철폐에관한협약 등의 각종 국제협약, 위 헌법규정과 법률체계에 비추어 볼 때 여성과 장애인에 대한 차별금지와 보호는 이제 우리 법체계내에 확고히 정립된 기본질서라고 보아야 한다. 그런데 가산점제도는 아무런 재정적 뒷받침없이 제대군인을 지원하려 한 나머지 결과적으로 이른바 사회적 약자들의 희생을 초래하고 있으므로 우리 법체계의 기본질서와 체계부조화성을 일으키고 있다고 할 것이다.

요컨대 제대군인에 대하여 여러 가지 사회정책적 지원을 강구하는 것이 필요하다 할지라도, 그것이 사회공동체의 다른 집단에게 동등하게 보장되어야 할 균등한 기회 자체를 박탈하는 것이어서는 아니되는데, 가산점제도는 공직수행능력과는 아무런 합리적 관련성을 인정할 수 없는 성별 등을 기준으로 여성과 장애인 등의 사회진출기회를 박탈하는 것이므로 정책수단으로서의 적합성과 합리성을 상실한 것이라 하지 아니할 수 없다.

나. 차별취급의 비례성 여부

차별취급을 통하여 달성하려는 입법목적의 비중에 비하여 차별로 인한 불평등의 효과가 극심하므로 가산점제도는 차별취급의 비례성을 상실하고 있다.

ㄱ) 가산점제도는 우선 양적으로 수많은 여성들의 공무담임권을 제약하는 것이다. 이 사건 심판기록에 편철된「7·9급 채용시험 여성응시자 및 합격자비율」에 의하면 시난 1996년부터 1998년까지 3년간 7급 국가공무원 채용시험의 여성 응시자는 연간 약 만 명 전후에 이르고, 9급 국가공무원 채용시험의 경우 연간 약 4~5만 명에 이른다. 가산점제도는 이처럼 많은 여성들의 공직진출에의 희망에 걸림돌이 되고 있다.

ㄴ) 공무원 채용시험의 합격여부에 미치는 효과가 너무나 크다. 각 과목별 득점에 각 과목별 만점의 5% 또는 3%를 가산한다는 것은 합격여부를 결정적으로 좌우하는 요인이 된다. 더욱이 7급 및 9급 국가공무원 채용시험의 경우 경쟁률이 매우 치열하고 합격선도 평균 80점을 훨씬 상회하고 있으며(심판기록에 편철된「남·녀별 응시자 및 합격자의 평균 점수·연령, 합격선」에 의하면 1998년도의 경우 7급 일반행정직의 합격선은 남성이 86.42점, 여성이 85.28점이며, 9급 일반행정직의 경우 95.50점이다), 그 결과 불과 영점 몇 점 차이로 합격, 불합격이 좌우되고 있는 현실에서 각 과목별로 과목별 만점의 3% 또는 5%의 가산점을 받는지의 여부는 결정적으로 영향을 미치게 되고, 가산점을 받지 못하는 사람은 시험의 난이도에 따라서는 만점을 받고서도 불합격될 가능성이 없지 아니하다.

가산점제도의 영향력은 통계상으로도 여실히 드러난다. 심판기록에 편철된「합격자의 과목별 성적표」에 의하여 1998년도 7급 국가공무원 일반행정직 채용시험의 경우를 분석하여 보면, 합격자 99명 중 제대군인가산점을 받은 제대군인이 72명으로 72.7%를 차지하고 있는데 반하여, 가산점을 전혀 받지 못한 응시자로서 합격한 사람은 6명뿐으로 합격자의 6.4%에 불과하며, 특히 그 중 3명은 합격선 86.42점에 미달하였음에도 이른바 여성채용목표제에 의하여 합격한 여성응시자이다. 그러므로 가산점의 장벽을 순전히 극복한 비제대군인은 통틀어 3명으로서 합격자의 3.3%에 불과함을 알 수 있다. 한편, 1998년도 7급 국가공무원 검찰사무직의 경우 합격자 15명 중 가산점을 전혀 받지 못한 응시자로서 합격한 사람은 단 1명뿐이다.

이러한 사실에서 잘 알 수 있는 바와 같이 가산점제도는 결국 여성들과 같이 가산점을 받지 못하는 사람들을 6급 이하의 공무원

채용에 있어서 실질적으로 거의 배제하는 것과 마찬가지의 결과를 초래하고 있다.

ㄷ) 뿐만 아니라 가산점제도는 제대군인에 대한 이러한 혜택을 몇 번이고 아무런 제한없이 부여하고 있다. 채용시험 응시횟수에 무관하게, 가산점제도의 혜택을 받아 채용시험에 합격한 적이 있었는지에 관계없이 제대군인은 계속 가산점혜택을 받을 수 있다. 이는 한 사람의 제대군인을 위하여 몇 사람의 비제대군인의 기회가 박탈당할 수 있음을 의미하는 것이다.

ㄹ) 가산점제도는 승진, 봉급 등 공직내부에서의 차별이 아니라 공직에의 진입 자체를 어렵게 함으로써 공직선택의 기회를 원천적으로 박탈하는 것이기 때문에 공무담임권에 대한 더욱 중대한 제약으로서 작용하고 있다.

ㅁ) 더욱이 심각한 것은 공무원 채용시험이야말로 여성과 장애인에게 거의 유일하다시피 한 공정한 경쟁시장이라는 점이다. 사회적·문화적 편견으로 말미암아 여성과 장애인에게 능력에 맞는 취업의 기회를 민간부문에서 구한다는 것은 매우 어려운 실정이다. 이에 반하여 공무원채용시험은 국가가 능력주의와 평등원칙에 입각하여 공개적으로 실시하는 것이고, 또 그러하여야 하므로(국가공무원법 제26조는 능력의 실증에 의한 임용원칙을, 제35조는 동일한 자격을 가진 모든 국민에게 평등하게 공개적으로 채용시험을 실시할 것을 규정하고 있다) 이들을 공무원채용시험에 있어서마저 차별을 가한다면 그만큼 이들에게 심각한 타격을 가하는 것이 된다. 그런데 공직부문에서 여성의 진입이 봉쇄되면 국가전체의 역량발휘의 면에서도 매우 부조화스러운 결과를 야기한다. 국민의 절반인 여성의 능력발휘 없이 국가와 사회 전체의 잠재적 능력을 제대로 발휘할 수는 없다. 통계청의 자료에 의할 때 1997. 12.말 현재 전체 여성공무원은 265,162명으로 전체공무원의 28.7%만을 차지하고 있을 뿐이고, 그것도 전체 여성공무원 중 53.8%는 교육공무원, 18.6%는 기능직 공무원인 점, 한국여성개발원의 자료에 의하여 1997년 기준 여성공무원의 계급별분포를 볼 때 6급 이하가 22.2%, 5급이 3.2%, 4급이 1.6%, 1급 내지 3급이 0.9%인 점을 감안하면 우리나라의 공직사회는 남자가 주도하는 사회라고 하지 아니할 수 없는데, 이는 결코 바람직한 것이 아니다. 더구나 정보화시대에 있어 여성의 능

력은 보다 소중한 자원으로 인식되어 이를 개발할 필요성이 점증하고 있다는 점까지 생각해 보면, 가산점제도는 미래의 발전을 가로막는 요소라고까지 말할 수 있다.

다. 이른바 여성공무원채용목표제와의 관계

여성공무원채용목표제(이하 "채용목표제"라고 한다)는 공무원임용시험령 제11조의3, 지방공무원임용령 제51조의2에 근거를 두고 1996년부터 실시되었는데, 행정·외무고등고시, 7급 및 9급 국가공무원 채용시험 등에서 연도별 여성채용목표비율을 정해놓고(7급 공채의 경우 1996년 10%, 1997년 13%, 1998년 15%, 1999년 20%, 2000년 20%, 2001년 23%, 2002년 25%, 9급 공채의 경우는 1999년 20%, 2000년 20%, 2001년 25%, 2002년 30%), 여성합격자가 목표비율 미만인 경우 5급 공채는-3점, 7·9급 공채는-5점의 범위 내에서 목표미달 인원만큼 추가로 합격처리하는 제도이다.

채용목표제는 이른바 잠정적 우대조치의 일환으로 시행되는 제도이다. 잠정적 우대조치라 함은, 종래 사회로부터 차별을 받아 온 일정집단에 대해 그동안의 불이익을 보상하여 주기 위하여 그 집단의 구성원이라는 이유로 취업이나 입학 등의 영역에서 직·간접적으로 이익을 부여하는 조치를 말한다. 잠정적 우대조치의 특징으로는 이러한 정책이 개인의 자격이나 실적보다는 집단의 일원이라는 것을 근거로 하여 혜택을 준다는 점, 기회의 평등보다는 결과의 평등을 추구한다는 점, 항구적 정책이 아니라 구제목적이 실현되면 종료하는 임시적 조치라는 점 등을 들 수 있다.

현재 시행되고 있는 채용목표제로 인하여 가산점제도의 위헌성이 제거되는 것인지 살펴본다.

ㄱ) 채용목표제는 가산점제도와는 제도의 취지, 기능을 달리 하는 별개의 제도이다.

채용목표제는 종래부터 차별을 받아 왔고 그 결과 현재 불리한 처지에 있는 여성을 유리한 처지에 있는 남성과 동등한 처지에까지 끌어 올리는 것을 목적으로 하는 제도이다. 이에 반하여 가산점제도는 공직사회에서의 남녀비율에 관계없이 무제한적으로 적용되는 것으로서, 우월한 처지에 있는 남성의 기득권을 직·간접적으로 유지·고착하는 결과를 낳을 수 있는 제도이다.

ㄴ) 채용목표제의 효과는 매우 제한적이다.

첫째, 평등지향의 목표 자체가 제한적이다. 2002년 최종연도까지 행정・외무고등고시의 경우 20%, 7급 공채(교정・소년보호・보호관찰 직렬 제외)의 경우 25%, 9급 공채의 경우 30%를 목표로 삼고 있다. 둘째, 채용목표제는 한시적, 잠정적 제도이다. 2002년이 지나면, 그리고 위 목표가 달성되면 채용목표제는 종료된다. 셋째, 심판기록에 편철된 「여성채용목표제에 의한 여성합격자 비율」에 의하면 1996년부터 1998년까지 3년간 행정고시의 경우 연간 2명에서 5명까지, 7급 국가공무원 채용시험의 경우 연간 9명에서 16명까지의 여성만이 채용목표제의 혜택을 받아 최종합격하였다. 연간 만여 명의 7급 공무원 여성응시자, 또 연간 4~5만여 명의 9급공무원 여성응시자에게 심대한 불이익을 가하는 가산점제도로 인한 피해를 이러한 실적의 채용목표제로 보전하기는 어려울 것이다.

이상과 같은 점을 고려해 볼 때 채용목표제의 존재를 이유로 가산점제도의 위헌성이 제거되거나 감쇄된다고는 할 수 없다.

(2) 가산점제도의 공무담임권 침해성

가산점제도는 제대군인에 해당하는 대부분의 남성을 위하여 절대 다수의 여성들을 차별하는 제도이고, 그 기준을 형식적으로는 제대군인 여부에 두고 있으나 실질적으로는 성별에 두고 있는 것과 마찬가지임은 앞에서 본 바와 같다. 그러나 공직수행능력에 관하여 남녀간에 생리적으로 극복할 수 없는 차이가 있는 것이 아니므로 공직자선발에 있어서 적성・전문성・품성 등과 같은 능력이 아니라 성별을 기준으로 공직취임의 기회를 박탈하는 것은 명백히 불합리한 것이어서 헌법적으로 그 적정성을 인정받을 수 없다.

3. 결론

결론적으로 가산점제도는 제대군인에 비하여, 여성 및 제대군인이 아닌 남성을 비례성원칙에 반하여 차별하는 것으로서 헌법 제11조에 위배되며, 이로 인하여 청구인들의 평등권이 침해된다.

[판례 2] 종중회원자격을 성년남자에게만 인정하는 종중규약의 위헌성
[대판 2005.7.21. 2002다1178, 종회회원확인]

1. 사건의 개요

원심은, 피고는 용인 이씨 시조 길권의 18세손 말손을 중시조로 하는 종중이고, 원고들은 말손의 후손인 여성들로서 용인 이씨 33세손이며, 피고의 종중규약 제3조에 "본회는 용인 이씨 사맹공(휘 末字 孫字)의 후손으로서 성년이 되면 회원자격을 가진다."고 규정되어 있는 사실을 인정한 다음, 위 규약에서 회원 자격을 남자로 제한하고 있지 않으므로 원고들도 피고 종회의 회원(종원) 자격을 갖는다는 원고들의 주장에 대하여, 종래 관습상 종중은 공동선조의 분묘수호와 제사 및 종원 상호간의 친목을 목적으로 공동선조의 후손 중 성년인 남자를 종원으로 하여 구성되는 종족의 자연적 집단으로서 혈족이 아닌 자나 여성은 종중의 구성원이 될 수 없고, 종중의 구성원이 될 수 없는 자에게 종원의 자격을 부여하는 종회의 결의에 따라 제정된 회칙은 종중의 본질에 반하여 부적법하다는 법리에 비추어 볼 때, 비록 피고의 종중규약이 회원의 자격을 명시적으로 남자로 제한하고 있지는 않다고 하더라도 이로 인하여 여성도 피고 종회의 회원 자격을 갖는다고 할 수는 없다고 하여 이를 배척하고, 나아가 피고가 관습상의 종중과 다른 종중 유사단체에 해당한다는 원고들의 주장에 대하여도, 피고의 종중회의에 여성들이 참석한 적이 없었던 점과 종중은 성년의 남자를 구성원으로 하여 자연적으로 성립된다는 점에 비추어 볼 때, 피고가 종중규약을 통하여 피고 종중을 관습상의 종중과는 다른 종중 유사의 사단으로 변경하려는 의사가 있었다고 인정할 수 없다고 하여 이를 배척하였다.

2. 대법원의 판단

(1) 종중에 대한 종래의 대법원판례

종래 대법원은 관습상의 단체인 종중을 공동선조의 분묘수호와 제사 및 종원 상호간의 친목을 목적으로 하여 공동선조의 후손 중 성년 남자를 종원으로 하여 구성되는 종족의 자연적 집단이라고 정의하면서, 종중은 공동선조의 사망과 동시에 그 자손에 의하여 성립되는 것으로서 종중의 성립을 위하여 특별한 조직행위를 필요로 하는 것이 아니므로, 반드시 특별하게 사용하는 명칭이나 서면화된 종중규약이 있어야 하거나 종중의 대표자가 선임되어 있는 등 조직을 갖추어야 하는 것은 아니라고 하였고, 종원은 자신의 의사와 관계없이 당연히 종중의 구성원이 되는 것이어서 종원 중 일부를 종원으로 취급하지 않거나 일부 종원에 대하여 종원의 자격을 영원히 박탈하는 내용으로 규약을 개정하는 것은 종중의 본질에 반하는 것으로 보았으며, 혈족이 아닌 자나 여성은 종중의 구성원이 될 수 없다고 하였다.

(2) 종중 구성원의 자격을 성년 남자로 제한하는 종래 관습법의 효력

가. 종중에 대한 사회일반의 인식 변화

종중은 조상숭배의 관념을 바탕으로 제사를 일족일가(一族一家)의 최중요사(最重要事)로 하는 종법사상(宗法思想)에 기초한 제도로서, 조상에 대한 제사를 계속 실천하면서 남계혈족(男系血族) 중심의 가(家)의 유지와 계승을 위하여 종원들 상호간에 긴밀한 생활공동체를 달성하는 것을 주된 목적으로 성립되었으며, 성년 남자만을 종중의 구성원으로 하는 종래의 관행은 이러한 종법사상에 기초한 가부장적, 대가족 중심의 가족제도와 자급자족을 원칙으로 한 농경중심의 사회를 그 토대로 하고 있었다.

그런데 우리 사회는 1970년대 이래의 급속한 경제성장에 따른 산업화·도시화의 과정에서 교통과 통신이 비약적으로 발달하고 인구가 전국적으로 이동하면서 도시에 집중되며 개인주의가 발달하는 한편 대중교육과 여성의 사회활동참여가 대폭 증대되고 남녀평등의식이 더욱 넓게 확산되는 등 사회 환경이 전반적으로 변화하였고, 이에 따라 가족생활과 제사문화 등에 있어서도 커다란 변화가 있게 되었다.

가족생활에서는 부모와 미혼의 자녀를 구성원으로 하는 핵가족의 생활공동체를 바탕으로 출산율의 감소와 남아선호(男兒選好) 내지 가계계승(家系繼承) 관념의 쇠퇴에 따라 딸만을 자녀로 둔 가족의 비율이 증가하게 되었고, 부모에 대한 부양에 있어서도 아들과 딸의 역할에 차이가 없게 되었으며, 핵가족의 확산 등에 따라 과거의 엄격한 제사방식에도 변화가 생겨 여성이 제사에 참여하는 것이 더 이상 특이한 일로 인식되지 않게 되었다.

그리고 국토의 효율적인 이용을 위한 국토이용계획의 수립과 묘지제

도의 변화로 화장(火葬)이 확산됨에 따라 조상의 분묘수호를 주된 목적의 하나로 하는 종중의 존립기반이 동요될 수 있는 요인이 생겼고, 개인주의의 발달과 함께 조상숭배관념이 약화됨으로써 종중에 대하여 무관심한 현상이 일부 나타나고 있기도 하며, 다른 한편으로는 교통·통신의 발달, 경제적 생활여건의 개선과 더불어 자아실현 및 자기존재확인 욕구의 증대 등으로 종중에 대한 관심이 고조되는 현상도 일부 나타나고 있다.

이러한 변화된 사회현실은 종중의 구성원에 대한 국민의 인식에도 적지 않은 변화를 가져오게 되었는바, 종중이 종원의 범위를 명백히 하기 위하여 일족의 시조를 정점으로 그 자손 전체의 혈통, 배우자, 관력 등을 기재하여 반포하는 족보의 편찬에 있어서 과거에는 아들만을 기재하는 경우가 보통이었으나 오늘날에는 딸을 아들과 함께 기재하는 것이 일반화되어 가고 있고, 전통적인 유교사상에 입각한 가부장적 남계혈족 중심의 종중 운영과는 달리 성년 여성에게도 종원의 지위를 부여하는 종중이 상당수 등장하게 되었으며, 나아가 종원인 여성이 종중의 임원으로 활동하고 있는 종중들도 출현하게 되었다.

결국, 위와 같은 사회 환경과 인식의 변화로 인하여 종원의 자격을 성년 남자로만 제한하고 여성에게는 종원의 자격을 부여하지 않는 종래의 관습에 대하여 우리 사회 구성원들이 가지고 있던 법적 확신은 그것이 현재 소멸되었다고 단정할 수는 없으나 상당 부분 흔들리거나 약화되어 있고, 이러한 현상은 시일의 경과에 따라 더욱 심화될 것으로 보인다.

나. 우리 사회 법질서의 변화

우리 헌법은 1948.7.17. 제정 시에 모든 국민은 법률 앞에 평등이며 성별에 의하여 정치적, 경제적, 사회적 생활의 모든 영역에 있어서 차별을 받지 아니한다고 선언하였으나, 가족생활관계를 규율하는 가족법 분야에서는 헌법에서 선언한 남녀평등의 원칙이 바로 반영되지는 못하였다.

그 후 1980.10.27. 전문 개정된 헌법에서는 혼인과 가족생활은 개인의 존엄과 양성의 평등을 기초로 성립되고 유지되어야 한다는 규정이 신설되었는바, 이는 유교사상에 의하여 지배되던 우리의 전통적 가족제도가 인간의 존엄과 남녀평등에 기초한 것이라고 보기 어렵기 때문에 헌법이 추구하는 이념에 맞는 가족관계로 성립되고 유지되어야 한다는 헌법적 의지의 표현이라고 할 것이다.

한편, 1985.1.26.부터 국내법과 같은 효력을 가지게 된 유엔의 여성차별철폐협약(CONVENTION ON THE ELIMINATION OF ALL FORMS OF DISCRIMINATION AGAINST WOMEN)은 '여성에 대한 차별'이라 함은 정치적, 경제적, 사회적, 문화적, 시민적 또는 기타 분야에 있어서 결혼여부와 관계없이 여성이 남녀동등의 기초 위에서 인권과 기본적 자유를 인식, 향유 또는 행사하는 것을 저해하거나 무효화하는 것을 목적으로 하는 성별에 근거한 모든 구별, 제외 또는 제한을 의미한다고 규정하면서, 위 협약의 체약국에 대하여 여성에 대한 차별을 초래하는 법률, 규칙, 관습 및 관행을 수정 또는 폐지하도록 입법을 포함한 모든 적절한 조치를 취할 것과 남성과 여성의 역할에 관한 고정관념에 근거한 편견과 관습 기타 모든 관행의 철폐를 실현하기 위하여 적절한 조치를 취할 의무를 부과하였다. 그리고 1990.1.13. 법률 제4199호로 개정되어 1991.1.1.부터 시행된 민법은 가족생활에서의 남녀평등의 원칙을 특히 강조하고 있는 헌법정신을 반영하여 친족의 범위에 있어서 부계혈족과 모계혈족 및 부족인척(夫族姻戚)과 처족인척(妻族姻戚) 사이의 차별을 두지 아니하고, 호주상속제를 폐지하는 대신 호주승계제도를 신설하면서 실질적으로 가족인 직계비속 여자가 호주승계인이 되어 조상에 대한 제사를 주재(主宰)할 수 있도록 하였으며, 재산상속분에 있어서도 남녀의 차별을 철폐하였다.

또한, 1995.12.30. 법률 제5136호로 제정되어 1996.7.1.부터 시행된 여성발전기본법은 정치·경제·사회·문화의 모든 영역에 있어서 남녀평등을 촉진하고 여성의 발전을 도모함을 목적으로 하여, 모든 국민은 남녀평등의 촉진과 여성의 발전의 중요성을 인식하고 그 실현을 위하여 노력하여야 하고, 국가 및 지방자치단체는 남녀평등의 촉진, 여성의 사회참여확대 및 복지증진을 위하여 필요한 법적·제도적 장치를 마련하고 이에 필요한 재원을 조달할 책무를 지며, 여성의 참여가 현저히 부진한 분야에 대하여 합리적인 범위 안에서 여성의 참여를 촉진함으로써 실질적인 남녀평등의 실현을 위한 적극적인 조치를 취할 수 있도록 규정하였다.

나아가 2005. 3. 31. 법률 제7428호로 개정된 민법은, 호주를 중심으로 가(家)를 구성하고 직계비속의 남자를 통하여 이를 승계시키는 호주제도가 남녀평등의 헌법이념과 시대적 변화에 따른 다양한 가족형태에 부합하지 않는다는 이유에서 호주에 관한 규정과 호주제도를 전제로 한 입적 · 복적 · 일가창립 · 분가 등에 관한 규정을 삭제하고, 자녀의 성(姓)과 본(本)은 부(父)의 성과 본을 따르는 것을 원칙으로 하되 혼인신고 시 부모의 협의에 의하여 모(母)의 성과 본을 따를 수도 있도록 규정하기에 이르렀다.

다. 종중 구성원에 관한 종래 관습법의 효력

앞에서 본 바와 같이 종원의 자격을 성년 남자로만 제한하고 여성에게는 종원의 자격을 부여하지 않는 종래 관습에 대하여 우리 사회 구성원들이 가지고 있던 법적 확신은 상당 부분 흔들리거나 약화되어 있고, 무엇보다도 헌법을 최상위 규범으로 하는 우리의 전체 법질서는 개인의 존엄과 양성의 평등을 기초로 한 가족생활을 보장하고, 가족 내의 실질적인 권리와 의무에 있어서 남녀의 차별을 두지 아니하며, 정치·경제·사회·문화 등 모든 영역에서 여성에 대한 차별을 철폐하고 남녀평등을 실현하는 방향으로 변화되어 왔으며, 앞으로도 이러한 남녀평등의 원칙은 더욱 강화될 것인바, 종중은 공동선조의 분묘수호와 봉제사 및 종원 상호간의 친목을 목적으로 형성되는 종족단체로서 공동선조의 사망과 동시에 그 후손에 의하여 자연발생적으로 성립하는 것임에도, 공동선조의 후손 중 성년 남자만을 종중의 구성원으로 하고 여성은 종중의 구성원이 될 수 없다는 종래의 관습은, 공동선조의 분묘수호와 봉제사 등 종중의 활동에 참여할 기회를 출생에서 비롯되는 성별만에 의하여 생래적으로 부여하거나 원천적으로 박탈하는 것으로서, 위와 같이 변화된 우리의 전체 법질서에 부합하지 아니하여 정당성과 합리성이 있다고 할 수 없다. 따라서 종중 구성원의 자격을 성년 남자만으로 제한하는 종래의 관습법은 이제 더 이상 법적 효력을 가질 수 없게 되었다고 할 것이다.

3. 결론

따라서 종중 구성원의 자격을 성년 남자로 제한하는 관습에 법적 규범인 관습법으로서의 효력을 인정하고 이를 적용하여 성년 여성인 원고들에게 피고 종회의 회원 자격을 인정하지 아니한 원심의 판단에는 관습법의 효력에 관한 법리를 오해함으로써 판결에 영향을 미친 위법이 있다고 할 것이다.

[판례 3] 출생에 의한 국적취득에서 부계혈통주의의 위헌성
[헌재 2000.8.31, 97헌가12]

1. 사건의 개요

신청인은 1955. 9. 3.에 김태익(1928. 10. 13.생)을 아버지로 하고 염해수(1933.3.27.생)를 어머니로 하여 평안북도 만포시에서 출생하여 1957년경 부모를 따라 중국 흑룡강성 목단강시에 이주하여 그곳에서 성장하였다. 신청인은 1995.11.4. 03:00경 전남 무안군 해안을 통하여 대한민국에 밀입국하여 서울로 상경하였는데 그 다음날 경찰공무원에게 검문을 받고 귀순의사를 밝혔으나 같은 달 8. 서울외국인보호소에 수감되었고 서울외국인보호소장은 같은 달 24. 신청인에 대하여 강제퇴거명령을 하였다.

이에 신청인은 자신이 대한민국의 헌법 및 국적법에 의한 대한민국의 국민이므로 강제퇴거명령의 대상인 '외국인'에 해당하지 아니한다는 이유로 위 강제퇴거명령의 무효확인 등을 구하는 이 사건 본안소송을 제기하였다.

신청인이 대한민국의 국민이라고 주장하는 근거는, 자신의 아버지인 위 김태익의 아버지가 조선인이었으므로 국적에관한임시조례(1948.5.11. 공포. 남조선과도정부 법률 제11호) 제2조 제1항 및 제헌헌법 제3조, 제100조에 따라 위 김태익은 제헌헌법의 공포와 동시에 대한민국의 국적을 취득하였는데, 그 후 1955.9.3.에 신청인이 대한민국의 국민인 위 김태익을 아버지로 하여 출생하였으므로 신청인은 1948.12.20. 법률 제16호로 제정된 국적법 제2조 제1항 제1호에 따라 대한민국의 국적을 취득하였다는 것인바, 기록에 나타난 각 증거들을 종합하여 볼 때 위 김태익은 조선인을 아버지로 하여 출생한 것으로 보이지만 위 국적에관한임시조례가 시행되기 이전에 이미 중국 흑룡강성에 거주하면서 중국국적을 취득한 것으로 인정되고 그가 그 이후 신청인 출생 이전에 중국국적을 포기하였다는 점에 대하여는 이를 인정할 자료가 부족한 상태이므로 신청인 출생 당시 위 김태익이 대한민국의 국민이었다고 보기는 어렵다.

이에 신청인은 나아가 그가 대한민국의 국민이라고 주장하는 새로운 근거로, 자신의 어머니인 위 염해수의 아버지가 조선인이었으므로 국적에관한임시조례 제2조 제1항 및 제헌헌법 제3조, 제100조에 따라 위 염해수가 제헌헌법의 공포와 동시에 대한민국의 국적을 취득하였는데, 그 후 1955.9.3.에 신청인이 대한민국의 국민인 위 염해수를 어머니로 하여 출생하였으므로 신청인은 대한민국의 국적을 취득함이 당연할 것임에도 불구하고, 1948.12.20. 법률 제16호로 제정된 국적법 제2조 제1항 제1호(1997. 12. 13. 법률 제5431호로 전문개정되기 전의 것. 이하 "구법")는 부계(父系)혈통주의에 입각하여 아버지가 대한민국의 국민인 경우만 그 자(子)가 대한민국의 국적을 취득하도록 하고 있으므로 신청인이 대한민국의 국적을 취득하지 못한 것이라고 주장하면서, 위 국적법 제2조 제1항 제1호가 헌법상의 평등원칙에 위배하여 남녀를 부당하게 차별하고 있다는 이유로 위헌심판제청을 신청하였고, 제청법원은 1997.8.20. 이를 받아들여 헌법재판소에 위헌심판을 제청하였다.

2. 헌법상 평등원칙의 위반여부

가. 헌법 제11조 제1항은 "모든 국민은 법 앞에 평등하다. 누구든지 성별·종교 또는 사회적 신분에 의하여 정치적·경제적·사회적·문화적 생활의 모든 영역에 있어서 차별을 받지 아니한다."고 하여 평등원칙을 선언하고 있다.

헌법 제11조 제1항이 규정하고 있는 평등원칙은 법치국가질서의 근본요청으로서 모든 국가기관에게 법을 적용함에 있어서 정당한 근거 없이 개인이나 일정한 인적 집단을 불평등하게 대우하는 것을 금지한다. 따라서 모든 사람은 평등하게 법규범을 통해서 의무를 부담하고 권리를 부여받으며, 반대로 모든 공권력주체에 대해서는 일정한 사람들에게 유리하거나 불리하게 법을 적용하거나 적용하지 않는 것이 금지된다. 그러나 헌법 제11조 제1항의 규범적 의미는 이와 같은 '법 적용의 평등'에서 끝나지 않고, 더 나아가 입법자에 대해서도 그가 입법을 통해서 권리와 의무를 분배함에 있어서 적용할 가치평가의 기준을 정당화할 것을 요구하는 '법 제정의 평등'을 포함한다. 따라서 평등원칙은 입법자가 법률을 제정함에 있어서 법적 효과를 달리 부여하기 위하여 선택한 차별의 기준이 객관적으로 정당화될 수 없을 때에는 그 기준을 법적 차별의 근거로 삼는 것을 금지한다. 이때 입법자가 헌법 제11조 제1항의 평등원칙에 어느 정도로 구속되는가는 그 규율대상과 차별기준의 특성을 고려하여 구체적으로 결정된다.

헌법재판소는 제대군인지원에관한법률 제8조 제1항 등 위헌확인 사건에서 판시하기를, "평등원칙 위반 여부에 대한 심사척도는 입법자에게 인정되는 입법형성권의 정도에 따라 달라지게 될 것이나 헌법에서 특별히 평등을 요구하고 있는 경우와 차별적 취급으로 인하여 관련 기본권에 대한 중대한 제한을 초래하게 된다면 입법형성권은 축소되어 보다 엄격한 심사척도가 적용되어야 한다. 제대군인에 대한 가산점제도는 헌법 제32조 제4항이 특별히 남녀평등을 요구하고 있는 '근로' 내지 '고용'의 영역에서 남성과 여성을 달리 취급하는 제도이고, 헌법 제25조에 의하여 보장된 공무담임권이라는 기본권의 행사에 중대한 제약을 초래하는 것이기 때문에 엄격한 심사척도에 의하여야 한다. 가산점제도는 결과적으로 여성과 장애인 등 이른바 사회적 약자들이 희생당하고 있으며, 각종 국제협약, 실질적 평등 및 사회적 법치국가를 표방하고 있는 우리 헌법과 이를 구체화하고 있는 전체 법체계 등에 비추어 우리 법체계 내에 확고히 정립된 기본질서라고 할 '여성과 장애인에 대한 차별금지와 보호'에도 저촉되므로 정책수단으로서의 적합성과 합리성을 상실한 것"이라고 하였다(헌재 1999. 12. 23. 98헌마363, 판례집 11-2, 770, 787-791).

이 결정에서 설시한 평등원칙 위반에 대한 위헌심사기준과 남녀차별이 위헌이라는 취지의 논증은 이 사건에 그대로 이끌어 쓸 수 있다. 그 결과, 부계혈통주의 원칙을 채택한 구법조항은 출생한 당시의 자녀의 국적을 부의 국적에만 맞추고 모의 국적은 단지 보충적인 의미만을 부여하는 차별을 하고 있으므로 위헌이라는 결론에 이르게 된다. 다시 말하면, 한국인 부와 외국인 모 사이의 자녀와 한국인 모와 외국인 부 사이의 자녀를 차별취급하는 것은, 모가 한국인인 자녀와 그 모에게 불리한 영향을 끼치므로 헌법 제11조 제1항의 남녀평등원칙에 어긋남이 분명하고 이러한 차별취급은 헌법상 허용되지 않는 것이다.

나. 헌법은 제36조 제1항에서 "혼인과 가족생활은 개인의 존엄과 양성의 평등을 기초로 성립되고 유지되어야 하며 국가는 이를 보장한다."고 규정하고 있다.

헌법 제36조 제1항은 혼인제도와 가족제도에 관한 헌법원리를 규정한 것으로서 혼인제도와 가족제도는 인간의 존엄성 존중과 민주주의의 원리에 따라 규정되어야 함을 천명한 것이다(헌재 1997. 7. 16. 95헌가6등, 판례집 9-2, 1, 17). 이 규정은 가족생활이 '양성의 평등'을 기초로 성립, 유지될 것을 명문화한 것으로 이해되므로 입법자가 가족제도를 형성함에 있어서는 이를 반드시 고려할 것을 요구하고 있다.

구법조항이 규율하는 사실관계를 다시 살펴보면, 한국인과 외국인 간의 혼인에서 배우자의 한쪽이 한국인 부인 경우와 한국인 모인 경우 사이에 성별에 따른 특별한 차이가 있는 것도 아니고, 양쪽 모두 그 자녀는 한국의 법질서와 문화에 적응하고 공동체에서 흠없이 생활해 나갈 수 있는 동등한 능력과 자질을 갖추었는데도 불구하고 전체 가족의 국적을 가부(家父)에만 연결시키고 있다. 그러나 이와 같이 가족의 장(長) 또는 중심을 부로 정하는 것은 가족생활에서 양성평등의 원칙을 선언하고 있는 헌법의 명문에 비추어 타당성이 있는지 의심스럽다.

국적취득에서 혈통주의는 사회적 단위인 가족에로의 귀속을 보장하는 한편 특정한 국가공동체로의 귀속을 담보하며 부모와 자녀간의 밀접한 연관관계를 잇는 기본이 된다. 만약 이러한 연관관계를 부와 자녀 관계에서만 인정하고 모와 자녀 관계에서는 인정하지 않는다면, 이는 가족 내에서의 여성의 지위를 폄하(貶下)하고 모의 지위를 침해하는 것이다.

그러므로 구법조항은 헌법 제36조 제1항이 규정한 "가족생활에 있어서의 양성의 평등원칙"에 위배된다.

다. 국적이 다른 부모로부터 출생한 자녀의 국적을 규율하고 있는 구법조항은 한국인 부모 일방의 성별에 따른 차별을 하고 있다. 그 결과, 한국인 모와 그 자녀의 법적 지위는 한국인 부와 그 자녀의 법적 지위에 비교하여 보면 현저한 차별취급을 받고 있다.

모가 한국인인 자녀들은 외국인이므로 병역의무의 면제와 같은 혜택을 누릴 수 있으나, 국적에 따른 차별은 대체로 불리한 쪽으로 연관된다. 즉, 그들은 외국인이므로 원칙적으로 대한민국의 공무원이 될 수 없고(국가공무원법 제35조, 지방공무원법 제33조, 외무공무원법 제8조), 거주·이전의 자유(헌법 제14조, 출입국관리법 제7조, 제17조), 직업선택의 자유(헌법 제15조, 수산업법 제5조, 도선법 제6조), 재산권(헌법 제23조, 외국인토지법 제3조, 특허법 제25조, 항공법 제6조), 선거권 및 피선거권(헌법 제24조, 제25조, 공직선거및선거부정방지법 제15조, 제16조), 국가배상청구권(헌법 제29조 제2항, 국가배상법 제7조), 범죄피해자구조청구권(헌법 제30조, 범죄피해자구조법 제10조), 국민투표권(헌법 제72조, 제130조 제2항, 국민투표법 제7조) 및 사회적 기본권 등을 누릴 수 없거나 제한적으로밖에 향유하지 못하게 된다. 그러나 외국인과 혼인을 한 한국인인 부 또는 모의 국적에 따라 그들 자녀의 국적을 다르게 함으로써 생기는 이러한 차별을 정당화하는 실질적인 공익이 있는 것도 아니다.

법무부장관은, 구법은 출생시의 적출자는 부의 국적을, 비적출자는 모의 국적을 기준으로 각 국적을 취득할 수 있게 한 것이므로 남녀를 차별하는 것이 아니고, 외국인 부의 적출자는 통상 그 부의 국적을 취득하게 되므로 부계혈통주의는 이중국적 방지를 위한 합리성이 있다고 주장한다. 그러나 구법조항이 자녀와 국가의 관계에서 이중국적을 방지하는데 기여한다는 사유로도 위와 같은 차별이 정당한 것으로 되는 것은 아니다. 자녀의 입장에서 볼 때, 이중국적으로 인한 불이익은 추가로 모의 국적을 취득함으로써 얻는 이익보다 더 크지 않고 그 자녀가 국가공동체에 들어오는 것을 막아야 할 절대적인 공익이 있는 것도 아니므로 법무부장관의 위 주장은 받아들이지 아니한다.

그러므로 구법조항은 자녀의 입장에서 볼 때에도 한국인 모의 자녀를 한국인 부의 자녀에 비교하여 현저하게 차별취급을 하고 있으므로 헌법상의 평등원칙에 위배되는 것이다.

3. 결론

이상 살펴본 이유에 의하면, 구법조항은 부계혈통주의를 채택함으로써 헌법 제11조 제1항의 평등원칙과 헌법 제36조 제1항의 가족생활에 있어서의 양성의 평등원칙에 위배되는 조항이고, 그와 같은 차별로 인하여 그 자녀의 기본권에 중대한 제한을 초래한 것이므로 헌법에 위반되는 규정이다.

Ⅱ. 여성발전기본법

1. 입법배경 및 경과

성차별적 관행이 뿌리 깊은 우리나라에서 헌법상의 규정과 헌법재판을 통해서만 양성의 평등을 이룰 수 없다. 이러한 그동안의 차별을 국가가 적극적인 입법정책을 통해 해소하고자 하는 차원에서 여성발전기본법이 제정되었다. 그리하여 헌법의 평등이념에 입각해 정치, 경제, 사회, 문화의 모든 영역에서 양성평등을 촉진하고 여성의 사회참여확대와 복지증진 등의 여성발전을 도모해 오고 있다.

여성발전기본법은 1995년 12월 30일(법률 제5135호)로 제정, 공포되었다. 이 법은 1998.2.28, 2001.1.29, 2005.3.24.에 정부조직법 관련법률의 개정, 1999.1.29에 정부출연연구기관등의설립·운영및육성에관한법률 관련 개정, 1999.2.8.에 남녀차별금지및구제에관한법률 관련하여 개정되었다. 최종적으로 2005.12.29.(법률 7786호)에 개정되었으며, 이는 남녀차별금지및구제에관한법률이 폐지됨에 따라 동 법률의 부칙에서 효력을 유지하고 있는 직장내 성희롱 방지 교육 등에 관한 내용을 이 법에서 규정하는 한편, 양성평등 전문교육기관인 한국양성평등교육진흥원의 설립 근거를 명시하는 등 현행 제도의 운영과정에서 나타난 미비점을 개선·보완하려 하였다.

2. 내용

여성발전기본법은 총칙, 여성정책 기본계획 등, 여성정책의 기본시책, 여성발전기금, 여성단체의 지원 등 보칙의 전문 6장, 36개조와 부칙으로 구성되어 있다.

(1) 총칙

제1장 총칙에서는 법의 목적, 기본이념, 국가 및 지방자치단체의 책무, 잠정적 우대조치 등에 관해 규정하고 있다.

이 법의 목적은 헌법의 남녀평등이념을 구현하기 위한 국가와 지방자치단체의 책무 등에 관한 기본적인 사항을 규정함으로써 정치·경제·사회·문화의 모든 영역에 있어서 남녀평등을 촉진하고 여성의 발전을 도모함에 있다(§1).

이 법이 추구하는 기본이념은 개인의 존엄을 기초로 하여 남녀평등의 촉진, 모성의 보호, 성차별적 의식의 해소 및 여성의 능력개발을 통하여 건강한 가정의 구현과 국가 및 사회의 발전에 남녀가 공동으로 참여하고 책임을 분담할 수 있도록 하는 것이다(§2). 국가와 지방자치단체는 남녀평등의 촉진, 여성의 사회참여확대 및 복지증진을 위하여 필요한 법적·제도적 장치의 마련과 이에 필요한 재원을 조달할 책무를 지닌다(§3).

이러한 정책의 일환으로 국가 및 지방자치단체는 여성의 참여가 현저히 부진한 분야에 대하여 합리적인 범위 안에서 여성의 참여를 촉진함으로써 실질적인 남녀평등이 이루어질 수 있도록 관계법령이 정하는 바에 따라 적극적 조치를 취할 수 있다(§4).

(2) 여성정책 기본계획 등

제2장에서는 여성정책기본계획의 수립 및 시행협조에 관해 규정하고 있다.

여성부장관은 여성정책에 관한 기본계획을 5년마다 수립하여야 한다. 이를 중앙행정기관의 장과 특별시장·광역시장 및 도지사에게 부담시키고 여성부장관은 이를 조정·점검하여야 한다. 이 규정이 필요한 때에 여성부장관 등은 관계 중앙행정기관·지방자치단체·공공기관 기타 법인 또는 단체에 대하여 협조를 요청할 수 있다는 것을 정하고 있다.

(3) 여성정책의 기본시책

제3장에서는 여성정책의 결정과정 및 정치참여, 고용평등, 모성보호의 강화, 성폭력 및 가정폭력 예방 등에 관하여 규정하고 있다.

가. 정책결정과정 및 정치참여

국가 및 지방자치단체는 각종 위원회 등 정책결정과정에 여성의 참여를 확대하기 위한 방안을 강구하도록 하고 있으며, 여성의 공직참여의 확대에 관해 규정하고 있다.

나. 근로에 있어 고용평등과 모성보호

국가 및 지방자치단체는 근로자의 채용·교육훈련·승진·퇴직 등 고용전반에 걸쳐 남녀평등을 이룩할 것, 육아휴직제 실시 등 근로자의 가정생활과 직장생활을 조화시킬 수 있는 제도를 마련할 것을 규정하고 있다. 또한 국가·지방자치단체 또는 사업주는 성희롱의 예방 등 직장내의 평등한 근무환경을 조성을 위하여 필요한 조치를 취할 것을 규정하고 있다.

국가·지방자치단체 또는 사업주는 여성의 임신·출산 및 수유기간 동안에 이들을 특별히 보호하며 이를 이유로 불이익을 받지 않도록 하고, 국가 및 지방자치단체는 취업여성의 임신·출산 및 수유와 관련한 모성보호비용에 대하여 사회보장기본법에 의한 사회보험 및 재정 등을 통한 사회적 부담을 높여 나가도록 하여 모성보호를 책무로 규정하고 있다.

다. 양성평등과 지원

가정교육, 학교교육, 사회교육에 있어서 양성평등을 규정하고 평등한 가족관계의 확립과 맞벌이부부·편부모가정 등에 대한 필요한 지원책을 강구할 것을 규정하고 있다. 또한 국가 및 지방자치단체는 대중매체의 성차별적 내용이 개선되도록 지원하고 대중매체를 통한 남녀평등의식을 확산하도록 규정하고 있다.

라. 여성복지증진

국가 및 지방자치단체는 관계 법률이 정하는 바에 의하여 저소득 모자가정, 미혼모, 가출여성 및 요보호여성의 발생을 예방하고 이를 선도·보호하여야 하며, 노인여성과 농어촌에 거주하는 여성의 복지증진에 노력할 것을 규정하고 있다.

마. 성폭력 및 가정폭력 예방

국가 및 지방자치단체는 성폭력범죄의 예방과 피해자를 보호하여야 하고 가정에서 일어나는 폭력문제에 대한 대책을 강구할 것을 규정하고 있다.

이 항목은 1994.1.5. 제정된 「성폭력범죄의처벌및피해자보호등에관한법률」에서의 성폭력에 대한 예방의 중요성을 확인한 것이며 가정폭력에 대해서는 1997.12.13.의 「가정폭력방지및피해자보호등에관한법률」이 제정되어 있다.

바. 가사노동가치의 평가

국가 및 지방자치단체는 가사노동에 대한 경제적 가치를 정당하게 평가하여 이를 법제도나 시책에 반영하도록 규정하고 있다.

사. 여성국제협력

국가 및 지방자치단체는 국제기구나 국제회의에 있어서의 여성의 참여를 확대하고 여성의 국제적 평화증진운동과 국제협력강화를 위한 활동을 지원할 것, 국제연합 여성차별철폐협약 등 여성관련국제조약의 체결 또는 이행에 노력할 것을 규정하고 있다.

(4) 여성발전기금

국가는 이 법의 목적을 실현하기 위한 사업 등의 지원에 필요한 재원을 확보하기 위하여 여성발전기금의 설치를 규정하고 있다. 이 기금은 여성의 권익증진을 위한 사업의 지원, 여성단체사업의 지원, 여성관련시설의 설치 및 운영의 지원, 여성의 국제협력사업의 지원, 기타 남녀평등실현과 여성발전 등을 위하여 대통령령이 정하는 사업의 지원을 위해 사용하도록 규정하고 있다.

(5) 여성단체의 지원 등

국가 및 지방자치단체는 여성단체의 조직과 활동에 필요한 행정적인 지원, 필요한 경비보조, 여성의 권익 및 복지증진과 교육을 위한 여성과 관련된 시설의 설치·운영할 수 있고, 비영리법인 또는 비영리단체가 남녀평등과 여성발전을 촉진하는 활동을 하는 경우에 필요한 지원을 할 수 있다.

(6) 보칙

이 법에 의한 권한의 위임·위탁 등에 대해 규정하고 있다. 즉 이 법에 의한 권한의 일부를 시·도지사에 위임, 사무의 일부를 여성단체 또는 여성정책 관련 전문기관에 위탁할 수 있도록 규정하고 있다.

[판례 1] 여성부의 위헌성 [헌재 2004.9.23. 2003헌마16]

1. 사건의 개요

청구인들은 남성들로서, 정부조직법 제26조 및 제42조에 의하여 신설된 여성부의 조직과 기능은 여성의 남성에 대한 역차별을 심화시키는 것으로 헌법 제11조 제1항이 보장하는 평등권을 침해하는 것이며, 또한 이 사건 법률조항들이 여성부를 신설함으로써 성을 이유로 한 사회적 특수계급을 창설한 것은 헌법 제11조 제2항이 보장하는 평등권을 침해하는 것이다. 또한 여성부의 신설은 남성과 여성의 대결을 조장하고 성별간의 위화감을 조성함으로써 헌법의 정신에 반한다고 하여 2003.1.6. 헌법소원심판청구를 하였다. 청구인들은 변호사인 대리인을 선임하지 아니하고 이 사건심판청구를 한 이후 헌법재판소의 대리인선임 보정명령을 받고 중원종합법무법인을 대리인으로 선임한 후 2003.1.28. 소송위임장을 제출하였으나 2004.7.13. 소송대리인 위 중원종합법무법인은 심판청구에 관한 아무런 서면제출없이 2004.7.13. 대리인의 지위를 사임하였다.

헌법재판소 전원재판부는 2004.7.14. 헌법재판소법 제25조 제3항에 따라 변호사를 대리인으로 선임하고, 그 대리인명의로 헌법재판소법 제71조 제1항의 사항을 기재한 헌법소원심판청구서를 작성하여 제출할 것을 명하는 보정명령을 발하였으나, 청구인들은 이 보정명령을 송달받고도 그 보정기간 내에 보정하지 아니하였다.

2. 판단

이 사건 기록을 종합하여 살피건대, 청구인들이 이 사건 심판청구서를 헌법재판소에 제출한 이후 청구인들의 소송대리인 변호사가 선임된 사실은 인정되나, 동 변호사가 대리인 지위를 사임한 후 보정명령을 발했으나 보정기간인 7일을 경과해서도 보정을 하지 않아 헌법재판소법 제25조의 규정에 의한 대리인의 선임없이 청구된 부적법한 심판청구라고 하였다. 나아가 청구인들은 이 사건 법률조항들에 근거한 여성부의 설치 자체로 인하여 일반국민의 입장에서 자신들의 기본권인 평등권 등을 침해당하였다고 주장한 것에 대해서는 이는 법령의 시행과 동시에 기본권 침해를 받은 경우에 해당하는 것으로 이 사건 법률조항들은 2001.1.29.

법률 제6400호로 개정된 정부조직법에 신설된 조항들로서 그 공포일로부터 시행된 것인데, 2003.1.6. 제기된 이 사건 심판청구는 그 1년이 경과한 것으로 그 청구기간을 도과한 청구라는 점에서도 부적법하다고 하여 각하하였다.

제 3 편

여성과 가족법

Ⅰ. 가족법개정과 여성의 권리
Ⅱ. 친족관계와 여성의 권리
Ⅲ. 혼인·이혼과 여성의 권리
Ⅳ. 재산과 여성의 권리

제 3 편

여성과 가족법

Ⅰ. 가족법개정과 여성의 권리

1. 민법의 제정

우리 민법은 1958년 2월 22일(법률 제471호)에 제정되고, 1960년 1월 1일에 발효되었다. 우리 민법이 제정되기 전에 통용되었던 구민법의 대부분은 우리의 전통적 관습을 그대로 답습한 것이었다. 그래서 제정당시 민법은 특히 가족법의 분야는 많은 불평등한 문제를 담고 있었다. 그동안 학계와 여성계인사들을 중심으로 가족법 개정의 논의와 노력이 있어왔고 몇 차례에 걸쳐 가족법을 개정해왔다.

구체적으로 1962년 12월 31일 개정(법률 제1250호)된 가족법은 혼인 기타의 사유로 법률상 당연히 분가되는 법정분가 규정을 두었다. 그리고 1977년 12월 31일 개정(법률 3051호)되어 1979년 1월 1일 시행되었다. 또한 1989년 1월 13일 개정(법률 4199호)되어 1990년 1월 1일자로 시행되었고, 2005년 3월 31일(법률 제7428호)에서 가족법의 대폭적 개정이 있었다.

2. 1977년 가족법의 개정

여성단체들이 연합하여 '범여성가족법개정촉진위원회'를 결성하고 호주제, 동성동본불혼규정 폐지 등 10개 항목의 개정을 추진하였으나 국회는 오히려 원래의 개정안에서 호주제, 동성동본 혼인금지 등 논란이 많은 부분을 삭제하고 통과시켰다. 이를 살펴보면 다음과 같다.

(1) 성년의제

성년자는 부모의 동의없이 혼인할 수 있으며(§808), 미성년자는 혼인하면 성년으로 간주되는 성년의제(§826의2)를 규정하였다.

(2) 친권의 공동행사(§909①, ②)

친권은 부모가 공동으로 행사하되 당사자간 합의가 되지 아니하는 경우에는 부가 친권을 행사한다.

(3) 법정상속분(§1009)

재산상속에서 호주상속을 하는 장남을 제외한 아들과 미혼인 딸은 균등하게 재산을 상속하고 처의 상속분은 장남과 같다. 호주상속하는 장남자에게 고유의 상속분의 5할을 가산하고 출가한 딸은 차남의 1/4로 하였다(§1009②). 남편의 경우 처의 전 재산을 그의 직계존속과 상관없이 단독 상속한다. 그러나 여전히 재산상속에 있어서 성차별을 하고 있었다.

(4) 유류분제도 신설(§1112, §1118)

일정한 상속인을 위하여 반드시 상속재산의 일정부분을 남겨놓도록 하는 제도가 유류분제도이다. 유류분은 배우자와 자녀의 경우에는 법정상속분의 1/2, 직계존속과 형제자매는 법정상속분의 1/3이다.

(5) 소유불분명재산

소유불분명한 재산은 호주의 소유로 추정되던 것을 부부의 공유로 추정하도록 하였다(§796②).

(6) 부모친권공동행사(§909①, ②)

부모가 공동으로 친권을 행사하도록 하고 부모의 의견이 일치하지 않는 경우에는 부가 친권을 행사하도록 하였다.

(7) 협의이혼의 가정법원확인제도

종전대로 협의이혼제도를 인정하였으나 협의이혼신고에 대한 가정법원의 확인제도를 마련하였다.

그러나 민법의 개정에도 불구하고 여전히 남계혈통 계승을 위한 호주제도와 친족의 범위가 부계혈족 8촌 이내, 모계혈족 4촌 이내로 차별이 있었고, 동성동본불혼의 경우 남계혈통을 중시하였다. 또한 자녀는 부의 성과 본을 따르며 부가에 입적하게 하여 성차별을 지니고 있었으며, 개정된 조항 내에도 여전히 성차별의 내용을 담고 있었다.

3. 1990년 가족법의 개정

(1) 개정경과

1990년 민법개정안은 김장숙 의원 외 147인의 발의로 1988년 11월 7일에 국회에 제안되었는데 호주제도의 폐지, 동성동본불혼제도의 폐지가 주 골자였다. 1989년 12월 8일 제147회 국회에서는 동 개정 법안에 대한 의견 청취 후 동법안을 본회의에 부의하지 않고 대신 위원회의 대안을 국회본회의에 제출하기로 하였다. 국회는 1989년 12월 19일 본회의에서 위원회의 대안을 수정없이 통과시켰다. 그래서 개정안의 호주제도폐지가 대안에서 호주승계제도로 수정, 존치되었고 개정안의 동성동본불혼제도의 폐지는 그대로 존치시켰다.

(2) 주요 개정내용

가. 호주의 권한 축소(호주승계제도)

호주상속을 호주승계로 개정하고, 호주상속순위는 호주승계순위로, 호주상속회복청구권은 호주승계회복청구권으로 바뀌게 되었다. 직계비속 장남자도 분가할 수 있도록 하는 호주승계권의 포기를 허용하여 강제적 호주상속제가 임의적 호주승계제로 전환되었다. 그래서 상속은 상속재산만을 의미하게 되었다.

민법개정 전 호주는 가(家) 내부에서 상당한 권한을 행사할 수 있었으나, 1990년의 민법개정으로 그 권한이 대폭 축소되었다. 호주의 권한은 다음과 같다.

① 가족의 거가(去家)에 대한 동의권.

가족이 그 모의 재혼가에 입적할 경우 종래의 호주는 거가에 대한 동의권을 가진다(§784②).

② 직계혈족을 입적시킬 권한.

호주는 타가의 호주 아닌 자기의 직계존속이나 직계비속을 자신의 가에 입적시킬 수 있다(§785).

③ 친족회에 관한 권한.

가정법원에 대하여 친족회 소집을 청구할 권한(§966), 친족회에 출석하여 의견을 개진할 수 있는 권한(§968), 친족회의 결의에 갈음할 재판을 청구할 권한(§969), 친족회의 결의에 대한 이의의 소를 제기할 권한(§972)이 있다.

④ 폐가할 수 있는 권한.

일가창립 또는 분가로 인하여 호주가 된 자는 타가에 입양하기 위하여 폐가할 수 있고(§793), 여(女) 호주는 혼인하기 위하여 폐가할 수 있다(§794).

구민법은 호주에 대하여 가족부양의무를 지우고 있었으나(§797), 1990년 개정시 이를 삭제하였다.

이와 같이 1990년의 가족법개정으로 호주의 권한은 매우 빈약하게 되었고, 호주의 의무는 전혀 없게 되었다. 여기서 호주의 가부장적 권한이 거의 삭제되었으므로 호주제는 실질적으로 형해화된 것이고, 상징적인 의미만 있는 것이 아니냐는 의문이 있을 수 있다. 그러나 아직도 거가동의권, 직계혈족 입적권과 같은 권리가 유보되어 있다는 점은 차치하더라도, 강제적 가(家의) 구성과 이에 수반되는 가족관계의 강제형성, 가(家의) 승계라는 호주제의 요소는 엄존하고 있고, 이는 상징적인 의미만 지니는 것이 아니라 민사실체법적 효과를 지니고 있다. 가장 대표적인 사례만 보더라도, 여자가 혼인하면 친가의 가족에서 시가(媤家) 또는 부가(夫家)의 가족으로 신분이 전환되고, 자녀가 이혼한 모를 따라 재혼가정에서 가족공동체를 이루고 있더라도 재혼 부가(夫家)의 가족이 될 수 없으며, 호주의 장남자가 사망하고 그 처와 자녀들이 시가와는 별도로 완전히 독립된 생활공동체로 살아가더라도 그 처를 중심으로 한 독립적인 가족관계를 따로 형성하지 못하고 여전히 그 처의 시아버지이자 그 자녀들의 할아버지인 호주와의 가족관계에 얽매이게 된다. 신분관계를 이와 같이 강제로 변화시키기도 하고 변화를 방해하기도 하는 것은 엄연한 법적 효과를 말한다.

나. 친족의 범위의 조정(§777)

친족은 사회관습상 그 개념이 막연한 것으로 각 시대와 민족에 따라 다르다. 인류의 친족관계는 자연적인 혈연을 중점으로 하여 출발해서 의제적 혈연을 포함하고, 다시 배우자와 그 혈연을 포함하여 현재의 친족개념이 구성되었다.[1] 법률은 관습상 친족을 그대로 법률상 친족으로 인정하지 않고, 신분에 의하여 부양관계, 상속관계 등 일정한 가족법상의 권리와 의무를 가지게 하는 범위를 인정하고 있다.

친족의 범위를 개정 전에는 8촌이내의 부계혈족, 4촌이내의 모계혈족, 남편의 8촌 이내의 부계혈족, 남편의 4촌 이내의 모계혈족, 처의 부모, 배우자로 규정하고 있었으나, 부계, 모계혈족간의 차이와 부부간의 차이를 없애고, 8촌 이내의 혈족과 4촌 이내의 인척 그리고 배우자를 친족의 범위로 규정하였다.

① 8촌이내의 혈족

자연혈족(혈연)과 법정혈족(입양)

② 4촌이내의 인척

혈족의 배우자(형제의 처, 고모의 부, 자매의 부, 질의 처)와 배우자의 혈족(배우자의 부모, 조부모, 형제자매, 형제자매의 자) 및 배우자의 혈족의 배

1) 배금숙·최금숙, 여성과 법률, 박영사, 2002, 403면.

우자(배우자의 백숙부 또는 형제의 처)

③ 배우자

법률상 혼인에 의하여 결합한 남녀를 말한다.

다. 계모자관계와 적모서자관계의 폐지(§773, §774폐지)

법정혈족관계로서 계모자관계와 적모서자관계는 소멸되었다.

라. 면접교섭제도의 신설(§837의2)

자(子)의 복리를 위하여 필요한 때에는 당사자의 청구에 의하여 가정법원은 면접교섭권을 제한하거나 배제할 수 있도록 하였다(§837의2②).

마. 재산분할청구권제도의 신설(§839의2)

이혼 후의 배우자의 보호를 위한 제도로서 부부공동생활 중 축적된 재산에 대하여는 처의 협력을 인정하여 처가 소유하게 될 잠정적 지분을 확보해주는 재산분할청구권을 신설하였다.

바. 기여분제도(§1008의2) 및 분여제도(§1057의2)

기여분제도는 공동상속인 중 1인이 상속재산의 유지와 증가에 기여하였거나 피상속인을 특별히 부양한 경우 상속분 산정에 있어서 그 기여액을 가산해주는 것이고, 특별연고자에 대한 상속재산의 분여제도는 상속인이 없는 경우 피상속인과 생계를 같이 하고 있던 자, 피상속인의 요양·간호를 한 자, 기타 피상속인과 특별한 연고가 있던 자의 청구가 있으면 상속재산의 전부 또는 일부를 분여해주는 제도이다. 이는 특별연고자가 상속재산을 분여 받을 권리와 성질이 같은 것이라고 할 수 있다.

사. 이성양자의 호주승계

그 이전민법에서는 양부와 동성동본이 아닌 자는 호주상속을 할 수 없도록 하였으나 동성동본이 아닌 자도 호주를 승계할 수 있게 하였다(§877②).

아. 법정상속분 개정

동순위의 상속인이 수인인 때에는 그 상속분은 균분으로 하고(§1009①), 피상속인의 배우자의 상속분은 직계비속과 공동으로 상속하는 때에는 직계비속의 상속분의 5할을 가산하고 직계존속과 공동으로 상속하는 때에는 직계존속의 상속분의 5할을 가산하도록 개정하였다(§1009②).

형부와 처제, 형수와 시동생은 혼인할 수 있는가?

1990년 민법개정이전에 민법은 "남계혈족의 배우자, 남편의 혈족, 기타 8촌 이내의 인척이거나 인척이었던 자 사이에는 혼인하지 못한다(§809②)"고 규정하고 있어 처제와 형부는 관습적으로 혼인이 인정되기도 하였다. 그러나 1990년 민법개정으로 부계중심만이 아닌 부부중심으로 친족의 범위가 바뀌었으므로 처제와 형부는 4촌 이내의 인척에 해당하므로 법률상 혼인은 불가능하게 되었다.

1990년 민법개정이전에도 형수와 시동생은 혼인할 수 없었고 개정 이후에도 혼인할 수 없다. 1990년 민법개정 전에는 남계혈족을 중심으로 친족개념이 형성되어 형수와 시동생은 혼인할 수 없었고, 1990년 민법개정이후에는 부부중심으로 친족의 범위가 바뀌었지만 형수와 시동생은 여전히 친족으로 혼인할 수 없는 것이다.

4. 2005년 가족법의 개정[2)]

2005년 3월에는 그동안에 논란이 되어왔던 호주제 폐지를 골자로 하는 민법개정안이 통과됨으로써 2008년 1월 1일부터 호주제를 폐지하고, 친양자제도를 도입하며, 부모 협의 하에 어머니의 성과 본을 따를 수 있는 길이 열리게 되었나. 이로써 우리의 가족법은 헌법에 규정되어 있는 평등하고 자유권적 이념에 부합되는 가족법의 실현에 기여할 수 있게 되었는 바 그 개정내용의 골자를 보면 다음과 같다.

(1) 호주제도 폐지 등[3)]

호주에 관한 규정과 호주제도를 전제로 한 입적·복적·일가창립·분

2) 2005.3.31 법률 7427호로 개정, 2006.4.1. 시행.
3) 민법 제 778조·제780조 및 제782조 내지 제796조 삭제.

가 등에 관한 규정을 삭제하고 호주와 가(家)의 구성원과의 관계로 정의되어 있는 가족에 관한 규정을 새롭게 정하였다. 이로써 호적제가 폐지되고 개인이 태어나면서 각자 하나의 신분등록부를 갖는 새로운 신분등록제가 도입되었다.

(2) 자녀의 성과 본

자녀의 성과 본은 부의 성과 본을 따르는 것을 원칙으로 하되, 혼인신고시 부모의 협의에 의하여 모의 성과 본도 따를 수 있도록 하였다(§781①).

(3) 자녀의 성과 본의 변경

자녀의 복리를 위하여 자녀의 성과 본을 변경할 필요가 있는 때에는 부 또는 모 등의 청구에 의하여 법원의 허가를 받아 이를 변경할 수 있도록 하였다(§781⑥).

(4) 동성동본금혼제도 폐지 등

양성평등과 혼인의 자유를 침해할 우려가 있는 동성동본금혼제도를 폐지하고 근친혼금지제도로 전환하되, 근친혼제한의 범위를 합리적으로 조정하였다(§809).

(5) 여성에 대한 재혼금기기간 규정 폐지

부성추정의 충돌을 피할 목적으로 여성에 대하여 6월의 재혼금지기간을 두고 있는 것은 여성에 대한 차별적인 규정으로 비쳐질 수 있고, 친자관계감정기법의 발달로 이러한 제한 규정을 둘 필요성이 없어졌으므로 이를 삭제하였다(§811 삭제).

(6) 처의 친생부인의 소 제기 인정

지금까지 친생부인의 소는 부(夫)만이 제기할 수 있고 제소기간도 출생을 안 날부터 1년 내로 제한하였으나, 이는 혈연진실주의 및 부부평등의 이념에 부합되지 아니하는 측면이 있으므로 앞으로는 부(夫)뿐만 아니라

처(妻)도 제소할 수 있도록 하고, 제소기간도 친생부인사유를 안 날부터 2년 내로 연장하는 등 친생부인제도를 합리적으로 개선하였다(§846, §847).

(7) 친양자제도 신설

종전 양자제도를 그대로 유지하면서 양자의 복리를 더욱 증진시키기 위하여, 양친과 양자를 친생자관계로 보아 종전의 친족관계를 종료시키고 양친과의 친족관계만을 인정하며 양친의 성과 본을 따르도록 하는 친양자제도를 신설하였다(§908의2 내지 §908의8).

(8) 친권 행사의 기준 신설

부모 등 친권자가 친권을 행사함에 있어서는 자(子)의 복리를 우선적으로 고려하여야 한다는 의무규정을 신설하였다(§912).

Ⅱ. 친족관계와 여성의 권리(호주제도)

1. 호주제도의 의미

호주란 가족집단의 가장을 의미한다. 호주를 중심으로 그와 그의 배우자, 혈족 그리고 그 가에 입적한 자는 가(家를) 구성한다. 법률상 가라 호주를 중심으로 하여 호주와 가족이라는 법률상 신분관계로 상호간에 연결된 관념적인 호적상의 가족집단을 말한다.

호주상속제가 있었던 1990년 개정민법 이전에 호주권에는 재산권적 성격이 있었으나, 호주상속제가 호주승계제로 전환되어 약한 신분권적 성격만이 남아있게 되었다. 그러나 명목상에 지나지 않는 호주제도라 하여도 이로 인해 차별을 조장하고 여성의 권익이 침해되었다.

2. 2005년 가족법개정 전 호주제도의 문제점

① 호주승계 순위에서 남녀 간 차별이 있었다. 호주승계순위를 직계비속남자, 처, 가족인 직계비속여자 순으로 규정하였다.

② 여성은 혼인으로 남편의 호적에 입적하고 자녀는 아버지의 호적에 입적한다. 처는 부의 혈족이 아닌 직계비속을 부의 동의를 얻어 그 가에 입적하게 할 수 있다(§784①). 남편이 없는 여성은 자녀나 친족이 호주인 호적에 입적한다.

③ 이혼한 여성은 친가에 복적하거나 일가를 창립하도록 규정되어 자녀는 아버지의 호적에 남게 된다. 여성이 아이를 데리고 재혼한 경우 아이는 전아버지의 호적에 남아있어야 하고 새아버지의 호적에는 입적할 수 없고 입적하더라도 새아버지에게 입양되는 수밖에 없었다.

④ 여성은 자신의 혼인 외 출생자와 호적을 함께 하고자 할 때에는 남편의 동의를 얻어야 하나(구 §784), 남편의 혼인외 자녀는 배우자인 아내의 동의를 필요로 하지 않았다(구 §785).

⑤ 자녀는 출생이나 인지로 부의 호적에 입적하고 그 자녀가 혼인하거나 입양되지 않는 한 그 호적을 떠나 다른 호적에 입적할 수 없다.

⑥ 2000년 12월 23일 개정 전의 국민연금법에 의하면(§65①, 4호) 유족연금수급권의 소멸시기를 자녀 또는 손자녀인 수급권자가 출가한 때라고 규정하여, 여성이 결혼하면 유족연금을 수급할 권리를 박탈당했다. 또한 2000년 12월 30일 개정 전의 '국가유공자등예우및지원에관한법률'(§5①)은 보상받는 유족 또는 가족의 범위에서 제2호에 자녀를 두고 있지만, 출가한 딸은 제7호의 최후 순위로 두었다.

[판례 1] 호주제의 위헌성
[전원재판부 2005.02.03. 2001헌가9, 헌법불합치]

1. 사건의 개요 및 경과

(1) 2001헌가9·10 사건

신청인들은 혼인하였다가 이혼 후 일가를 각 창립한 자들로서, 자의 친권행사자이며 양육자인데도 자의 호적은 전 부(夫)가 호주로 있는 가(家)에 편제되어 있었다. 신청인들은 그들의 자(子)를 자신의 가(家)에 입적시키기 위하여 2000.10.경 관할 호적관청에 각기 입적신고를 하였으나 호적관청은 민법 제781조 제1항 본문을 들어 입적신고를 받아들이지 아니하였다. 이에 신청인들은 당해사건 법원에 각 호적관청의 처분에 대한 불복을 신청하였고, 그 재판계속 중에 민법 제778조, 제781조 제1항 본문이 위헌이라고 주장하면서 위헌법률심판제청신청을 하였고, 법원은 민법 제781조 제1항[4] 본문 중 후단에 대한 신청을 받아들여 헌법재판소에 위헌법률심판을 제청하고, 나머지 조항에 대한 신청은 모두 각하하였다.

(2) 2001헌가11 내지 15 사건, 2004헌가5 사건

당해사건의 신청인들은 혼인하여 각 그 배우자와 하나의 가(家)를 이루어 동일한 가적에 올라 있고, 호적상 호주는 부로, 신청인들은 부(夫)가 호주로 되어 있는 가를 무호주, 즉 호주가 없는 가로 바꾸기 위하여 2000.10.경 또는 동년 11.경, 2002.3.경(2004헌가5) 각기 관할 호적관청에 호주변경신고를 하였으나, 호적관청들은 현행법상 무호주제도는 인정되지 않는다는 이유로 호주변경신고의 수리를 거부하였다. 이에 신청인들은 당해사건 법원에 각 호적관청의 수리거부처분에 대한 불복을 신청하였고, 그 재판계속 중에 민법 제778조, 제826조 제3항 본문[5]이 위헌이라고 주장하면서 위헌법률심판제청신청을 하였는데, 당해사건 법원은 2001. 3. 29. 민법 제826조 제3항 본문에 대한 신청은 모두 각하하고, 민법 제778조[6]에 대한 신청은 모두 받아들여 헌법재판소에 위헌법률심판을 제청하였다.

헌법재판소는 위 민법 조항에 대해 다음과 같이 판단하였다.

"민법 제980조는 호주가 사망한 때 등의 경우에 호주승계가 되도록 규정하고 있으며, 민법 제778조는 일가의 계통을 계승한 자는 호주가 된다고 규정하고 있다. 여기서 일가의 계통의 계승이란 곧 호주승계에 다

---

4) 제781조(자의 입적, 성과 본) ① 자는 부의 성과 본을 따르고 부가에 입적한다. 다만, 부가 외국인인 때에는 모의 성과 본을 따를 수 있고 모가에 입적한다.

5) 제826조(부부간의 의무) ③ 처는 부의 가에 입적한다. 그러나 처가 친가의 호주 또는 호주승계인인 때에는 부가 처의 가에 입적할 수 있다.

6) 민법 제778조(호주의 정의) 일가의 계통을 계승한 자, 분가한 자 또는 기타 사유로 인하여 일가를 창립하거나 부흥한 자는 호주가 된다.

름 아니다.

그런데 민법 제984조는 호주승계의 순위를, ① 직계비속남자 ② 가족인 직계비속여자 ③ 처 ④ 가족인 직계존속여자 ⑤ 가족인 직계비속의 처로 정하고 있다. 즉, 사망한 전 호주의 아들, 손자, 미혼의 딸, 처, 어머니, 며느리 순으로 되어 있어 철저히 남성우월적 서열을 매기고 있음을 알 수 있다.

이와 같은 호주승계제도를 통하여 가는 그 구성원의 사망, 혼인, 분가 등에도 불구하고 부단히 후세에 이어지게 되어 그 영속성이 보장되는바, 그 기초에는 남계혈통은 계승되어야 한다는 관념이 놓여 있다.

구민법은 호주의 직계비속장남자의 임의분가를 금지하고(제788조 제1항 단서), 호주상속권은 이를 포기하지 못하도록 함으로써(제991조), 호주라는 법적 지위를 강제로 승계시키고 있었다. 그러나 현행 민법은 호주의 직계비속장남자의 임의분가도 허용하고(민법 제788조 제1항), 호주승계권의 포기를 허용함으로써(민법 제991조) 강제적 호주승계의 제도는 해소되었다. 그러나 호주승계순위의 남성우월로 인하여 실제 직계비속남자들 모두(예컨대, 형제들 모두 또는 아들·손자 모두) 호주승계권을 포기하지 않는 한 호주의 지위는 남자에 의해 승계되므로, 호주승계포기조항으로 인하여 남계혈통의 계승이라는 호주제도 본래의 취지와 기능에 큰 변화가 생겼다고는 평가하기 어렵다.

2. 호주제의 위헌성

(1) 양성평등원칙 위반

가. 성역할에 관한 고정관념에 기초한 차별

호주제는 남계혈통을 중심으로 인위적 가족집단인 가를 구성하고 이를 승계한다는 것이 그 본질임은 위에서 본바와 같다. 인위적 가족집단인 가를 구성·유지하는 것이 정당한지 여부를 차치하고서, 남계혈통 위주로 가를 구성하고 승계한다는 것은 성에 따라 아버지와 어머니를, 남편과 아내를, 아들과 딸을, 즉 남녀를 차별하는 것인데, 이러한 차별을 정당화할 만한 사유가 없다....호주제의 남녀차별은 가족 내에서의 남성의 우월적 지위, 여성의 종속적 지위라는 전래적 여성상에 뿌리박은 차별로서 성역할에 관한 고정관념에 기초한 차별에 지나지 않는다.

나. 호주승계 순위의 차별

민법 제778조는 민법 제984조와 결합하여 호주 지위의 승계적 취득에 있어 철저히 남성우월적 서열을 매김으로써 남녀를 차별적으로 취급하고 있다. 남자라는 이유만으로 어머니와 누나들을 제치고 아들이, 또한 할머니, 어머니를 제치고 유아인 손자가 호주의 지위를 차지하게 된다. 미혼의 딸도 아들이나 손자가 없을 경우에는 호주가 될 수 있으나, 나중에 혼인하게 되면 남편 또는 시아버지가 호주인 가의 가족원으로 입적되므로 평생을 미혼으로 지내지 않는 한 호주의 지위를 계속 유지한다는 것은 불가능하다. 호주제는 모든 직계비속남자를 정상적 호주승계자로 놓고 고안된 제도이며, 여자들은 남자들이 없을 경우 일시적으로 가를 계승시키기 위하여 보충적으로 호주 지위가 주어지는 잔여범주로서 존재하는 것이다.

다. 혼인시 신분관계 형성의 차별

혼인이란 남녀가 평등하고 존엄한 개인으로서 자유로운 의사의 합치에 의하여 생활공동체를 이루는 것이어야 하므로 부부관계라는 생활공동체에 있어 남녀는 동등한 지위를 유지하여야 한다. 그런데 민법 제826조 제3항 본문에 의하여 여자는 혼인하면 법률상 당연히 부(夫)의 가에 입적하게 되는바, 이 조항은 민법 제789조와 결합하여 다음과 같은 법률효과를 일으킨다.

첫째, 부(夫)가 호주의 직계비속장남자인 경우에, 부는 법정분가하지 않고 그대로 자신의 가에 머무는 반면, 처는 종래 소속되어 있던 자신의 가를 떠나 부의 가의 새로운 가족원이 된다(대개의 경우 친정아버지가 호주인 가에서 시아버지가 호주인 가로의 전입을 의미한다).

둘째, 부(夫)가 호주의 직계비속 장남자가 아닌 경우에, 부는 법정분가하면서 새로운 가의 호주가 되는 반면, 처는 부의 가에 입적되므로 입부혼을 제외하고는 그 가의 가족원이 될 뿐 호주지위를 획득할 수 없다. 부부는 혼인관계의 대등한 당사자로서 부부공동체에 있어 동등한 지위와 자격을 누려야 할 것임에도 불구하고 이러한 처의 입적제도는 처의 부에 대한 수동적·종속적 지위를 강제한다.

라. 자녀의 신분관계 형성의 차별

(가) 부가입적원칙의 문제

민법 제781조 제1항 본문 후단은 "자는 …… 부가에 입적한다."고 규정하고 있다. 이 조항에 따라 혼인중의 자(子)는 출생에 의하여 당연히 부가에 입적한다. 입부혼의 경우에는 반대로 부부간의 자는 모가에 입적한다(민법 제826조 제4항). 부가 외국인인 때에도 모가에 입적한다(민법 제781조 제1항 단서). 혼인외의 자는 부가 인지함으로써 부가에 입적한다. 부의 인지가 없는 혼인외의 자는 모가에 입적한다(민법 제781조 제2항).

이와 같이 현행 민법은 극히 예외적 경우를 제외하고는 자를 부가에 입적하는 것으로 규정하고 있다. 자녀가 태어나면 당연히 부가에 입적된다는 것은 그 자체로 가의 존재를 전제로 하여 자녀를 부계혈통만을 잇는 존재로 간주하겠다는 부계혈통 우위의 사고에 기초한 것인데, 이는 자녀가 부모의 양계혈통을 잇는 존재라는 자연스럽고 과학적인 순리에 반하며, 부에 비하여 모의 지위를 열위에 둠으로써 부당히 차별하는 것이다. 모가에 입적할 수 있는 예외적 규정을 두고 있지만 이는 모두 부가로의 입적이 불가능한 경우로 한정되어 그 범위가 너무 협소하므로 원칙적인 남녀차별성을 치유할 수 없다.

(나) 부모가 이혼한 경우의 문제

자(子)에 대한 신분법적 규율은 첫째로, 자의 복리향상에 그 목적을 두어야 하고, 둘째, 가능한 한 친자관계 당사자의 자율적 결정을 존중하는 것이어야 한다. 그런데 일률적으로 자를 부가(父家)에 입적하도록 함으로써 부모가 이혼한 경우에 대단히 심각한 문제가 야기된다. 법적인 가족관계는 부자간에 있을 뿐이지, 모자간에는 존재하지 않으며, 모는 주민등록상의 '동거인'에 불과하게 된다. 부(夫)의 혈족 아닌 처의 직계비속만이 친가복적이나 일가창립을 통하여 모와 동적(同籍)할 수 있을 뿐이다(민법 제787조 제1항).

모와 자녀가 현실적 가족생활대로 법률적 가족관계를 형성하지 못하여 비정상적 가족으로 취급됨으로써 사회생활을 하는데 여러모로 불편할 뿐 아니라 극심한 정신적 고통을 겪게 된다. 이러한 결과는 헌법에 반함은 물론 오늘날의 가족현실에도 전혀 부합하지 않는다.

(다) 인수입적의 문제

처가 부의 혈족이 아닌 직계비속을 가에 입적시키려면 부의 동의가 있어야 하며, 이 경우에 그 직계비속이 타가의 가족인 때에는 그 호주의 동의를 얻어야 한다(민법 제784조). 그리하여 이혼 후 자녀를 양육하여 오다가 재혼한 처가 전부 소생의 자녀들과 함께 살더라도 재혼한 부의 동의가 없으면 자녀들과 각기 다른 가의 구성원이 될 수밖에 없다. 실령 재혼한 부가 동의하더라도, 전부가 동의하지 않으면 자녀들은 전부의 가를 떠날 수 없다...부가 처의 혈족이 아닌 직계비속을 입적함에는 처의 동의라는 제한이 없는데 비하여, 처의 경우 위와 같은 제한을 둔 것은 부계혈족 아닌 혈족의 부가입적을 제한하려는 것이고(제784조 제1항의 경우), 또한 가계계승을 고려한 것으로서(동조 제2항의 경우) 역시 남계혈통만을 중시하는 호주제의 정신과 맞닿아 있다.

(라) 미혼모의 경우의 문제

미혼모가 자녀를 출산한 경우 부가 인지하지 않으면 모가에 입적한다(민법 제781조 제2항). 그러나 생부가 인지하면 모나 자녀의 의사에 상관없이 부의 가에 입적된다. 생부가 모와 혼인할 의사가 없고, 자녀를 양육하지도, 그럴 의사가 없더라도 생부의 일방적 행위에 의하여 자녀는 가족관계의 엄청난 변화를 감수하여야 하는데, 이 또한 남성우월적 사고에 터잡은 것이다.

(2) 개인의 존엄 위반

헌법 제36조 제1항은 혼인과 가족생활은 개인의 존엄을 존중하는 가운데 성립되고 유지되어야 함을 분명히 하고 있다. 혼인과 가족생활은 인간생활의 가장 본원적이고 사적(私的)인 영역이다. 이러한 영역에서 개인의 존엄을 보장하라는 것은 혼인·가족생활에 있어서 개인이 독립적 인격체로서 존중되어야 하고, 혼인과 가족생활을 어떻게 꾸려나갈 것인지에 관한 개인과 가족의 자율적 결정권을 존중하라는 의미이다.…호주제는 개인을 독립적 인격체로서 존중하는 것이 아니라 오로지 남계혈통 중심의 가의 유지와 계승이라는 목적을 위한 대상적·도구적 존재로 파악하고 있다. 호주제는 혼인과 가족생활 당사자의 복리나 선택권을 무시한 채 가의 유지와 계승이라는 관념에 뿌리박은 특정한 가족관계의 형태를 법으로써 일방적으로 규정하고 강요하는 것인데, 이는 혼인과 가족생활에서 개인의 존엄을 존중하라는 헌법 제36조 제1항의 요구에 부합하지 않는다.

(3) 변화된 사회환경과 가족상

부계혈통주의에 입각한 가부장적 가족제도가 우리 민족 전래의 가족제도임을 인정하고, 호주제가 그러한 가족제도와 일정한 연관성을 가진다고 가정하더라도 호주제가 성립·유지될 수 있었던 사회적 배경은 오늘날 더 이상 존재하지 않는다.…오늘날 가족이란 일반적으로 부모와 미혼자녀로 구성되는 현실의 생활공동체를 의미하는 것으로 인식되고 있고, 대부분의 가족이 그러한 소가족의 형태를 띠고 있다. 가족의 기능이나 가족원의 역할분담에 대한 의식도 현저히 달라졌고 특히 남녀평등관념이 정착되고 있다.…한편, 사회의 분화에 따라 가족의 형태도 매우 다변화되고 있다. 부모와 자녀로 구성되는 전형적 가족뿐 아니라 자녀가 없는 부부만의 가족, 모와 자녀로 구성되는 가족, 재혼부부와 그들의 전혼소생자녀들로 구성되는 가족들도 많다. 할아버지부터 손자녀까지 같이 사는 3세대이상 가구는 급격히 감소하고 있다. 여성의 경제력 향상, 이혼율 증가 등으로 여성이 가구주로서 가장의 역할을 맡는 비율이 점증하고 있다.

호주제와 가제도는 이러한 오늘날의 현실적 가족의 모습과 더 이상 조화되지 않으며 그 존립기반이 이렇게 무너진 지금 호주제를 더 이상 존치할 필요는 없다고 할 것이다.[7)]

---

7) 이에 대해 재판관 김영일, 재판관 권성은 반대의견에서 현행법상의 호주제는 고대 이래 조선 중기까지 이어져온 우리 고유의 합리적 부계혈통주의의 전통을 이어받아 부계혈통주의의 존립을 위한 극히 기본적인 요소만을 담고 있는 것으로서, 일제 잔재로서의 색채를 불식하고 우리 고유의 관습으로 복귀한 것으로 평가할 수 있으며, 혼인과 가족관계를 규율하는 가족법은 전통성·보수성·윤리성을 강하게 가질 수밖에 없어서 혼인과 가족관계에 관한 헌법규정을 해석함에 있어서는 가족법의 전통적 성격을 고려하지 않을 수 없고, 특히 가족법의 영역에서 도식적인 평등의 잣대로 우리의 전통문화를 함부로 재단함으로써 전통가족문화가 송두리째 부정되고 해체되는 결과를 초래하여서는 아니되는 바, 현행법상의 호주제는 전통 가족제도의 핵심인 부계혈통주의에 입각한 가의 구성 및 가통의 계승을 위한 제도로서 이를 위하여 마련된 처의 부가입적 원칙, 자의 부가입적 원칙 및 호주승계제도는 우리 사회의 오랜 전통과 현실에 기초한 것일 뿐만 아니라 여성에 대한 실질적 차별을 내용으로 하고 있는 것으로 보기 어렵다는 점에서 평등원칙에 위반되지 아니하며, 호주제가 신분관계를 일방적으로 형성되는 측면이 있다고 하더라도 이는 가족제도를 법제화하는 과정에서 부득이한 것일 뿐만 아니라 임의분가, 호주승계권의 포기 등 이를 완화하는 제도를 두고 있으므로 개인의 존엄을 존중하지 않는 것이라 보기도 어려우므로 결국 헌법 제36조 제1항에 위반되지 아니한다고 주장하였다.

3. 심판대상조항들의 위헌성

호주제는 헌법 제36조 제1항에 위반된다.…민법 제778조는 당사자의 의사와 자결권을 외면한 채 법률로 호주의 지위를 강요한다는 점에서 개인의 존엄에 반할 뿐만 아니라 호주 지위의 획득에 있어 남녀를 차별하고 있으며, 민법 제781조 제1항 본문 후단 및 민법 제826조 제3항 본문은 당사자의 의사와 자율적 선택권을 무시한 채 혼인 및 자녀에 관한 신분관계를 일방적으로 형성한다는 점에서 개인의 존엄에 반하고 나아가 정당한 이유 없이 남녀를 차별한다.

이상과 같은 이유로 심판대상조항들은 헌법에 위반된다라고 보았다. 호주제를 전제하지 않는 새로운 호적정리체계로 호적법을 개정하는 데에는 일정한 시간이 소요되는 반면, 그 동안 국민들의 신분관계의 변동사항을 방치할 수는 없으므로 부득이 헌법불합치결정을 선고하면서 호적법 개정 시까지 심판대상조항들을 잠정적으로 계속 적용케 하는 것이 필요하다는 취지에서 헌법불합치결정을 내렸다.

4. 헌법불합치 결정의 선택

심판대상조항들은 호주제의 골격을 이루며 호주제와 불가분의 일체를 이루는 핵심요소이므로 이 조항들이 위헌으로 되면 호주제 및 가제도는 더 이상 존속하기 어렵다. 위헌결정으로 호주제가 폐지되면 호주를 기준으로 가별로 편제토록 되어 있는 현행 호적법이 그대로 시행되기 어려워, 신분관계를 공시·증명하는 공적 기록에 큰 공백이 생긴다. 이러한 법적 상태는 신분관계의 중요한 변동사항을 호적이 따라가지 못하는 것으로서 중대한 법적 공백을 의미한다. 호주제를 전제하지 않는 새로운 호적정리체계로 호적법을 개정하는 데에는 일정한 시간이 소요되는 반면, 그 동안 국민들의 신분관계의 변동사항을 방치할 수는 없으므로 호적법 개정시까지 심판대상조항들을 잠정적으로 계속 적용케 하는 것이 필요하고, 입법자는 조속히 호적법을 개정하여 위헌인 호주제의 잠정적인 지속을 최소화할 의무가 있다고 하여 부득이 헌법불합치결정을 선고하였다.

Ⅲ. 혼인 · 이혼과 여성의 권리

1. 서설

혼인은 남녀가 부부로서 평생을 함께할 것을 목적으로 하는 결합관계로 시대와 사회에 따라 다양하게 변천해왔다. 역사적으로 혼인은 난혼(promiscuity), 군혼(groupmarriage), 일부다처혼(polygamy), 일처다부혼(polyandry), 일부일처제(monogamy)가 있어왔고 오늘날 대부분의 국가는 일부일처제를 택하고 있다. 혼인은 인류가 본능에 기초한 종족보존의 본능적인 결합관계에서 점차 혼인당사자를 위한 것으로 변천해왔다.

우리나라는 신라, 고구려에서는 일부다처혼이 행해졌다. 고려시대에는 첩제도가 성행하였고 첩도 처와 같이 개가가 금지되었다. 여말에는 축첩장려정책을 써 양반은 물론 서인에게도 일처일첩이 허용되었다. 조선왕조에 와서는 간략한 혼인식례를 하는 양첩과 혼인의식이 전혀 없는 천첩의 축첩제도가 공인되었다. 일제시대에도 첩제도가 공인되었으나 1915년 첩의 입적신고를 금지하여 비로소 일부일처제가 법률상 확립되었다.

2. 약혼과 여성의 권리

약혼은 장차 혼인할 것을 목적으로 하는 남녀간의 일종의 계약이다. 반드시 당사자간 합의를 요하므로 과거 혼인 양자의 부모끼리 합의하여 행하던 정혼은 무효이다.

(1) 실질적 요건

약혼은 당사자의 합의만으로써 성립한다. 남자 만18세, 여자 만16세에 달하면 부모의 동의를 얻어 약혼할 수 있다(§801). 약혼적령에 달하지 않은 약혼은 취소할 수 있다. 성년에 달한 자는 부모나 후견인의 동의 없이 자유로이 약혼할 수 있다. 배우자 있는 자가 약혼하거나 약혼자 있는 자가 하는 이중약혼은 원칙적으로 인정되지 않는다. 근친관계에 있는 자 사이의 약혼은 혼인장애가 되는 사유를 갖는 것으로 무효라고 보아야 한다.

(2) 형식적 요건

약혼에는 아무런 방식도 필요하지 않다. 따라서 예물교환이나 약혼식 없는 약혼이 무효가 되지 않는다.

(3) 약혼의 해제

약혼 당사자는 ① 약혼 후 자격정지 이상의 형의 선고를 받은 때, ② 약혼 후 금치산 또는 한정치산의 선고를 받은 때, ③ 성병, 불치의 정신병 기타 불치의 악질이 있는 때, ④ 약혼 후 타인과 약혼 또는 혼인을 한 때, ⑤ 약혼 후 타인과 간음한 때, ⑥ 약혼 후 1년 이상 그 생사가 불명한 때, ⑦ 정당한 이유 없이 혼인을 거절하거나 그 시기를 지연하는 때, ⑧ 기타 중대한 사유가 있는 때에 약혼을 해제할 수 있다(§804).

약혼의 해제는 상대방에 대하여 의사표시로 하면 되고 상대방에게 의사표시를 할 수 없는 경우에는 해제의 원인이 있음을 안 때에 해제된 것으로 본다(§805). 약혼이 해제된 경우에는 당사자 일방이 과실이 있는 상대방에 대하여 이로 인해 발생한 재산상 손해, 정신상 고통에 대해 손해배상책임을 진다.

당사자 쌍방의 과실이 있는 경우나 쌍방의 과실이 없는 경우에는 손해배상청구권이 발생하지 않는다고 보아야 한다. 쌍방과실이 있는 경우에는 과실상계에 따라 손해배상액을 정한다. 약혼으로 교환한 예물에 대해서 유책자는 예물반환청구권이 없다. 혼인이 성립한 후에 혼인이 해소되더라도 약혼 시에 받았던 예물의 반환은 하지 않아도 된다.

(4) 약혼의 효과

약혼 당사자는 서로 성실하게 교제하여 장래에 부부공동체를 이룰 의무를 지지만 그 의무를 위반하는 경우라도 혼인을 강제할 수는 없다(§803). 다만 일방이 의무를 위반하는 경우에 상대방은 손해배상청구권을 행사할 수 있다고 보아야 한다.

약혼자 사이에 출생한 자가 있는 경우 혼인 외의 자이나 약혼당사자가 혼인하면 그 자녀는 준정(準正)에 의해 혼인중의 출생자가 된다(§855②).

3. 혼인과 여성의 권리

(1) 혼인의 성립

민법은 혼인의 성립에 관하여 무효와 취소요건을 규정하고 있다.

가. 실질적 요건

① 혼인당사자간에 혼인할 의사의 합치가 있어야 하며, 의사의 합치가 없는 혼인은 무효이다(§815). 호적상 부부가 되는 것으로 가장하는 가장혼인은 당사자간 혼인할 의사가 없는 것으로 무효라고 보아야 한다.[8)]

당사자가 혼인의사를 가지고 있으나 신고를 게을리 하고 있는 경우, 당사자가 혼인관계를 해소하기로 합의하였으나 일방이 혼인의사를 명백히 철회하지 않는 이상 일방에 의한 혼인신고는 무효라고 할 수 없다.[9)]

② 남자 만 18세, 여자 만 16세인 혼인적령에 달해야 한다. 당사자가 이 혼인연령에 달하지 못한 자인 경우에 혼인신고의 수리가 거부된다(§813).

③ 부모의 동의가 있어야 한다.

미성년자가 혼인하는 경우 부모의 동의를 얻어야 하며 만일 부모일방이 동의권을 행사할 수 없는 경우에는 다른 일방의 동의를 얻어야 한다(§808①). 부모가 모두 동의권을 행사할 수 없는 경우에는 친족회의 동의를 얻어야 한다(§808②, ④). 부모 등의 동의 없는 신고는 수리되지 않으나, 잘못 수리된 경우에는 당사자 또는 법정대리인이 취소할 수 있다(§816, §817).

④ 동성혼 등이 아니어야 한다(§809).

우생학적 또는 윤리학적인 견지에서 민법에서는 근친혼[10)]을 금하고

---

8) 대판 1980.1.29, 72므62, 63.

9) 대판 2000.4.11, 99므1329.

10) (근친혼 등의 금지) ① 8촌 이내의 혈족(친양자의 입양 전의 혈족을 포함한다) 사이에서는 혼인하지 못한다.

있다. 동성동본의 혈족사이에 혼인할 수 없게 규정되어 있으나 그 범위가 일정하지 않고 원래는 동성동본의 혈족이었으나 사성, 그 밖의 이유로 성이 바뀐 이성동본의 혈족인 경우 혼인할 수 있는가라는 것과 외형상 동성동본이라도 혈족이 아닌 경우에도 혼인을 할 수 없을 것인가의 문제가 있다. 동성동본일지라도 혈족이 아닌 경우에는 혼인신고서에 혈족이 아니라는 사실을 기재하여야 하며(호적법 §76①, 6호), 이 신고는 소명자료 없이 수리되어야 한다.[11] 그리고 동성동본간 혼인이라 할지라도 혼인의 합의가 있는 이상 혼인의 취소사유가 될 뿐 무효사유가 되지 않는다고 본다.[12]

동성동본불혼규정은 1997.7.16. 헌법재판소의 헌법불합치결정으로 1999.1.1.부터 그 효력이 상실되었다.

⑤ 중혼이 아니어야 한다(§810).

배우자가 있는 법률상 혼인의 중혼은 하지 못한다. 사실혼관계와 중복하는 경우에는 중혼이 아니다. 중혼이 된 경우에 전혼에 대하여는 혼인을 계속하기 어려운 중대한 사유가 있는 것으로 하여 이혼의 원인이 되나 후혼은 취소할 수 있다(§816, 1호).

나. 형식적 요건

혼인은 호적법에 정한 바에 의하여 신고함으로써 그 효력이 생긴다(§812). 혼인신고는 당사자 쌍방과 성년자인 증인 2인이 연서하고 호적법 제76조에 의한 기재사항을 기재한 혼인신고서를 당사자의 본적지 또는 주소지, 현주소에서 신고하여야 한다(§812②, 호적법 §25). 신고는 수리에 의하여 효력이 발생한다.

외국에 있는 우리국민 사이의 혼인은 그 외국주재 대사・공사 또는 영사에게 신고할 수 있다(§814①, 호적법 §76).

생존 중에 유효하게 작성하여 우송한 신고서는 본인 사망 후에 도달하는 경우에도 효력이 생기며 사망시에 신고한 것으로 본다(호적법 §46).

---

② 6촌 이내의 혈족의 배우자, 배우자의 6촌 이내의 혈족, 배우자의 4촌 이내의 혈족의 배우자인 인척이거나 이러한 인척이었던 자 사이에서는 혼인하지 못한다.

③ 6촌 이내의 양부모계(養父母系)의 혈족이었던 자와 4촌 이내의 양부모계의 인척이었던 자 사이에서는 혼인하지 못한다.

11) 서울지법 1973.5.18, 72다265.

12) 대판 1969.9.23, 69므22.

(2) 혼인의 무효와 취소

가. 혼인의 무효

혼인의 무효란 처음부터 당사자간에 혼인의 효력이 발생하지 않는 것을 말한다.

① 당사자간에 혼인의 합의가 없는 때(§815, 1호).

② 당사자간에 직계혈족, 8촌 이내의 방계혈족 및 그 배우자간 친족관계가 있거나 또는 있었던 때(§815, 2호).

③ 당사자간에 직계인척, 부의 8촌 이내의 혈족인 인척관계가 있거나 또는 있었던 때(§815, 3호).

혼인이 무효가 되면 그 혼인은 처음부터 아무런 효과가 발생하지 않는다. 그러므로 당사자 사이의 출생자는 혼인 외의 출생자이고, 처는 원칙적으로 친가에 복적 내지 일가를 창립하여야 한다(§787①).

나. 혼인의 취소

① 혼인연령에 달하지 않은 혼인은 당사자 또는 그 법정대리인이 그 취소를 청구할 수 있다(§807, §816, 1호, §817).

② 부모 등의 동의를 얻지 않은 미성년자와 금치산자의 혼인은 당사자 또는 그 법정대리인이 취소를 청구할 수 있다(§817, §808, §816, 1호)

③ 중혼인 경우에는 당사자 및 그 배우자, 직계존속, 8촌 이내의 방계혈족 또는 검사가 그 취소를 청구할 수 있다(§818).

④ 혼인 당시 배우자 일방에게 부부생활을 계속할 수 없는 악질 기타 중대한 사유가 있음을 알지 못하고 혼인한 때에는 그 혼인은 취소할 수 있다(§816, 2호).

⑤ 사기 또는 강박으로 인한 혼인은 취소할 수 있다. 사기 또는 강박으로 인하여 혼인의 의사를 표시한 때에는 사기를 안 날 또는 강박을 면한 날로부터 3월을 경과한 때에는 취소권이 소멸한다(§823).

혼인의 취소의 효력은 소급하지 않고 장래를 향하여 해소되는 것이다. 그러므로 혼인에 의해 출생한 자는 혼인이 취소되어도 혼인중의 자이다. 이혼시 인정되는 재산분할청구권은 혼인 취소의 경우에도 인정된다(가소법 §2① 마류사건 4호).

(3) 혼인의 일반적 효력

가. 친족관계의 발생

부부는 혼인으로 인하여 배우자의 신분을 취득하고, 8촌 이내의 혈족과 4촌 이내의 인척과 친족관계가 생긴다.

나. 동거 · 부양 · 협조의 의무(§826①)

동거의무는 동거하는 거소를 같이 하는 의무를 말한다(§826①). 그러나 직업상, 해외유학, 질병 등의 정당한 이유로 일시적으로 별거하는 것은 합의가 있는 한 유효하다고 보아야 하고, 이는 서로 인용하여야 한다.

동거장소는 부부의 협의에 의하여 정한다(§828②). 협의가 이루어지지 않을 경우에는 당사자의 청구에 의하여 가정법원이 정한다(§826②).

정당한 이유없이 동거를 거절하였을 경우에는 악의의 유기로서 이혼사유가 된다(§840, 2호).

부부는 서로 부양하여야 하며 협조하여야 한다(826①). 부부의 공동생활에 필요한 비용의 부담은 당사자 사이에 특별한 약정이 없으면 부부가 공동으로 부담한다(§833). 부양의무를 이행하지 않는 경우에는 심판에 의하여 부양을 강제할 수 있고 부양의무의 불이행은 악의의 유기로 이혼의 원인이 된다(§840, 2호).

다. 정조의무

부부는 서로 정조를 지켜야 한다. 이 의무에 위반하여 부정한 행위를 한 경우에는 이혼의 원인이 되고(§840, 1호) 손해배상책임을 진다.

라. 부부간 계약취소권

부부간의 계약은 혼인 중 언제든지 부부 일방이 이를 취소할 수 있다. 그러나 제3자의 권리를 해하지는 못한다(§828).

마. 성년의제

미성년자가 혼인을 한 때에는 성년에 달한 것으로 본다(§826의2). 일단 성년의제가 되면 성년 이전에 혼인이 해소되더라도 행위능력에 있어서 성년으로 해석하여야 한다.

4. 이혼과 여성의 권리

(1) 협의 이혼

당사자가 서로 합의해서 혼인을 해소하는 것을 협의이혼이라고 한다. 우리 민법은 당사자의 의사합의가 있으면 이혼할 수 있도록 하고 있다(§834). 미국 등 서방국가들은 재판상 이혼만을 허용하고 있으나 우리는 협의이혼과 재판상 이혼을 모두 인정하고 있다.

협의이혼이 유효하게 성립하기 위하여서는 실질적 요건과 형식적 요건을 필요로 한다.

가. 실질적 요건

① 당사자 사이에 이혼의 합의가 있어야 한다.

이혼의사의 합치가 없는 이혼의 경우는 무효이며, 자유로운 의사여야 한다. 따라서 사기·강박에 의한 이혼의사의 합의는 취소할 수 있다(§835).

② 금치산자는 부모 또는 후견인의 동의를 얻어야 한다. 부모 또는 후견인이 없거나 동의할 수 없을 때에는 친족회의 동의를 얻어 이혼할 수 있다(§808③).

③ 자녀가 있는 경우에는 친권자를 정하여 이혼신고서에 기재하여야 한다(§909④).

나. 형식적 요건

협의이혼이 성립되려면 혼인과 마찬가지로 신고하여야 한다. 협의이혼은 가정법원의 확인을 받은 날로부터 3개월 이내에 신고함으로써 효력이 생긴다(§836①, 호적법 §79의2). 신고는 당사자 쌍방과 성년자인 증인 2인이 연서한 서면으로 한다(§836②).

재외국민이 협의이혼을 하고자 하는 경우에 서울가정법원(호적법 §79의 2), 해외공관의 장인 영사, 공사 등의 확인이 있어야 신고가 수리된다. 따라서 이러한 확인이 없는 신고는 무효로 보아야 한다.

(2) 재판상 이혼

재판상 이혼사유는 다음과 같다.

① 배우자에 부정한 행위가 있었을 때(§840, 1호).

부부사이의 성적 신의성실의무(정조의무)에 위반하는 모든 행위를 말한다.[13]

② 배우자가 악의로 다른 일방을 유기한 때(§840, 2호).

배우자의 '악의의 유기'란 정당한 사유 없이 동거, 부양, 협조의 의무(§826①)를 이행하지 않는 것이다. 따라서 질병, 경제적 이유, 학대, 구타 등 부득이한 사정으로 별거하는 것은 악의의 유기가 되지 않는다.

③ 배우자 또는 직계존속으로부터 심히 부당한 대우를 받았을 때(§840, 3호).

'심히 부당한 대우'의 정도는 사회통념과 당사자의 신분, 지위 등을 참작하여 결정할 것이나, 적어도 배우자 일방이 부부의 동거생활을 계속하는데 대하여 고통을 느낄 정도를 말한다고 본다.

④ 자기의 직계존속이 배우자로부터 심히 부당한 대우를 받았을 때(§840, 4호).

⑤ 배우자의 생사가 3년 이상 분명하지 아니한 때(§840, 5호).

이 경우 이혼판결은 공시송달과 궐석재판의 절차를 통해 이루어지고, 비록 이혼 판결 후 생사불명자가 생존, 귀환하더라도 혼인이 부활하지 않는다고 본다.

⑥ 기타 혼인을 계속하기 어려운 중대한 사유가 있을 때(§840, 6호).

'중대한 사유'란 혼인관계가 심각하게 파탄되어 혼인에 적합한 생활을 회복할 수 없을 정도에 이른 것으로 이에 대한 판단은 법원이 개별저 사건에 대한 구체적 사실에 따라 판단하게 된다고 본다.

'기타 혼인을 계속하기 어려운 중대한 사유가 있을 때'는 다른 일방이 그 사유를 안 날로부터 6개월, 그 사유가 있은 날로부터 2년을 경과하면 이혼을 청구하지 못한다(§842).

---

13) 간통에까지는 이르지 않으나 부부의 정조의무에 충실하지 않은 일체의 행위가 포함된다는 것이 통설, 판례의 태도이다(대판 1963.3.14, 63다54).

(3) 이혼의 일반적 효과

이혼은 혼인에 의해 이루어진 부부관계를 해소시키고 신분상·재산상 모든 관계를 혼인전의 상태로 복귀시키는 것을 말한다.

가. 부부관계의 소멸

이혼으로 부부관계는 소멸한다. 따라서 부부로서 갖는 모든 권리의무는 소멸하고, 혼인으로 인해 생긴 인척관계도 소멸한다. 다만 부모와 자녀 사이의 친족관계는 변하지 않는다.

나. 자녀의 양육권 및 친권

(가) 양육권

이혼으로 인해 발생하는 가장 중요한 사항은 자의 보호에 관한 문제라고 할 수 있다. 이혼한 경우에도 자녀의 양육 및 친권행사에 관하여 부모는 동등한 권리를 갖는다. 이혼을 하는 경우 자녀의 양육자와 양육에 관한 필요한 사항은 부모의 협의에 의하여 정한다(§837①). 부모가 양육에 관한 사항의 협의가 되지 않거나 협의할 수 없는 때에는 가정법원이 당사자의 청구 또는 직권에 의하여 그 자의 연령, 부모의 재산상황 기타 사정을 참작하여 양육에 필요한 사항을 정하며 언제든지 그 사항을 변경 또는 다른 적당한 처분을 할 수 있다(§837②).

이혼할 때 가장 중요한 문제가 이러한 양육에 관한 것이나 우리의 경우는 법률상 형식적인 조항에 치우쳐있어 실질적인 자의 복리를 위한 보장은 거의 없는 것이 현실이다. 이혼 시에 양육비문제가 아이의 양육에 있어서 가장 필요한 것이고 이것이 앞으로 자녀의 성장이나 교육을 위해서 필수불가결한 것이다. 그래서 미국에서는 이혼 시에 '자녀를 위한 최선의 이익'을 가장 중요한 요소로 보고 자녀 양육자를 결정하고 자녀 양육비지급의무를 결정한다. 일방이 자녀 양육권(physical custody)을 가지게 되면 다른 일방은 자녀 양육비 지급의무를 가지게 된다. 장래에 대학에 진학을 하거나 결혼 시에 결정권을 갖는 법적인 양육권은 부부가 이혼 시에 공평하게 반분한다. 이같이 미국에서의 법은 자녀의 양육에 있어서도 부부 중 양육자가 아닌 타방에게는 양육비지급의무를 지우고 있어 이혼 후에도 부모로서 책임을 다하도록 규정하고 있다.

(나) 친권

이혼으로 인하여 자에 대한 공동친권의 행사는 단독친권행사로 변경된다. 이혼 시 부모의 협의에 의해서 친권을 행사할 자를 정하고 부모의 의견이 일치하지 아니하는 경우에는 당사자의 청구에 의하여 가정법원이 이를 정한다(§909②). 그러나 일단 친권자가 정해졌더라도 친권자를 변경할 필요가 있는 경우에 가정법원은 자의 복리를 위하여 필요하다고 인정되는 경우에는 자의 4촌 이내의 친족의 청구에 의하여 정하여진 친권자를 다른 일방으로 변경할 수 있다(§909⑥).

다. 자(子)의 면접교섭권

면접교섭권(Visiting Right)이란 이혼 후 부모 중 자녀를 직접 양육하지 않는 자와 면접, 교통, 방문, 숙박, 서신교환 등을 할 수 있는 권리를 말한다. 이는 1990년 민법개정에서 신설된 것으로, 면접교섭권의 행사방법과 범위에 관하여는 우선 부모가 협의하여 정하여야 한다.

가정법원은 자의 복리를 위하여 필요한 때에는 당사자의 청구 또는 직권에 의하여 면접교섭을 제한하거나 배제할 수 있다(§837의2②). 방탕한 생활, 알코올 중독 등으로 자녀의 양육에 악영향을 끼칠 염려가 있는 경우는 자의 복리를 위해서 면접교섭권이 제한될 수 있다.

미성년자가 이혼하는 경우 부모의 동의를 요하는가?

우리 민법에는 미성년자라도 부모의 동의를 얻어 혼인하면 성년자가 되는 성년의제제도가 있다(§826의2). 그래서 부모나 후견인의 동의를 얻지 않고도 이혼이 가능하다. 그러면 미성년자가 이혼 후 다시 미성년으로 신분이 회복되느냐가 문제가 된다. 여기서는 행위무능력자보호제도의 부활로 민법상 행위무능력자인 미성년자와 거래한 상대방 사이에서 이루어진 계약 등 거래안전의 문제가 생기기 때문에 미성년자가 이혼 후에도 민법상 성인의 신분은 그대로 유지된다고 보아야 한다.

혼인의 파탄에 대해 책임이 있는 배우자가 이혼청구를 하는 경우 이를 인정할 것인가의 문제이다. 유책배우자의 이혼청구에 대해서는 그동안 많은 경우의 유책배우자가 남자여서 경제적인 약자인 처를 보호한다는 차원에서 이를 제한해왔다.[14] 그러나 판례는 유책배우자의 이혼청구를 인정하기도 한다. 즉 판례는 혼인생활의 파탄에 대하여 오로지 또는 주로 책임이 있는 배우자는 그 파탄을 사유로 하여 이혼을 청구할 수 없는 것이나, 다만 그 상대방도 혼인생활을 계속할 의사가 없음이 객관적으로 명백하고 다만 오기나 보복적 감정에서 이혼에 응하지 않고 있을 뿐이라는 등 특별한 사정이 있는 경우에는, 예외적으로 유책배우자에게도 이혼청구권이 인정된다[15]고 보기도 한다.

Ⅳ. 재산과 여성의 권리

1. 혼인의 재산상 효력

결혼한 부부에게 있어서는 재산의 귀속·관리·비용부담 등에 관하여 여러 가지 재산적 법률문제가 발생한다. 혼인으로 인해 발생한 부부공동생활에 필요한 비용의 부담이나 재산의 귀속, 관리 등 부부간의 재산관계를 정하게 되는데 이것이 부부재산제이다.

부부재산제에는 계약으로 자유롭게 정하는 부부재산계약과 부부재산계약이 체결되지 않은 경우나 불완전한 경우에 적용하는 법정재산제가 있다.

(1) 부부재산계약

부부재산계약은 혼인 성립 전에 체결할 수 있으며(§829①), 결혼 이후에 체결된 부부재산계약의 효력을 인정하지 않는다. 부부재산계약으로는 주로 증여, 재산의 처분제한, 재산의 관리권, 재산의 사용수익권, 결혼비용부담, 혼인생활비용의 부담 등에 대해 할 수 있다. 부부재산계약은 혼인 중에 이를 변경하지 못하나(§829②), 정당한 사유가 있을 때에는 법원

14) 대판 1990.4.24, 89 므 1214.
15) 대판 1993.3.9, 92 므 990; 대판 1995.11.21, 95 므 731; 대판 1996.6.25, 94 므 741.

의 허가를 얻어서 변경할 수 있다(§829②).

(2) 법성재산제

가. 부부별산제

부부가 혼인신고 전에 부부재산계약을 체결하지 않는 한 그 재산관계는 법정재산제(§830~§833)에 의한다(§829①). 민법은 부부재산에 있어서 완전한 별산제를 취하고 단지 제3자에 대하여 일정한 범위에서 부부의 연대책임을 인정하고 있다. 부부의 일방이 혼인 전부터 가지고 있던 고유재산과 혼인 중 자기의 명의로 취득한 재산, 혼인중 시부모로부터 증여받은 재산은 그 특유재산으로 하여 각자가 관리・사용・수익한다(§830①, §831).

나. 부부공유제

귀속이 불분명한 재산, 즉 부부의 누구에게 속한 것인지 분명하지 아니한 재산은 부부의 공유로 추정한다.

다. 혼인생활비용의 부담

부부공동생활에 필요한 비용의 부담은 당사자 사이에 특별한 약정이 없으면 부부가 공동으로 부담한다(§833). 부부공동생활에 필요한 비용으로는 부부와 자녀의 생활비, 의료비, 교육비 등 혼인생활을 하는데 필요한 모든 비용을 들 수 있다. 부부의 공동부담부분은 부부가 협의하여 정하게 되나 협의가 이루어지지 않은 때에는 가정법원의 조정·심판에 의하여 결성된다(가사소송법 §2①, 마류사건 1호).

라. 일상가사대리권과 일상가사비용의 연대책임

부부는 일상가사에 대하여 서로 대리권이 있으며(§827①), 부부의 일방이 일상가사에 관하여 제3자와 법률행위를 할 때에는 다른 일방은 이로 인한 채무에 대하여 연대책임이 있다(§832). 법률행위로 인한 책임은 그 행위를 한 남편이나 아내가 부담하는 것이 원칙이지만 상대방보호를 위하여 일상가사에 대해 부부간 연대책임을 인정하고 있다.

일상가사란 부부의 공동생활상 필요로 하는 통상의 사무를 말한다. 그 내용, 정도 및 범위는 부부의 사회적인 지위, 계급, 직업, 재산, 수입의 능력 등 개별적으로 인정할 현실적 생활능력을 고려하여 주관적 의사와 더불어 객관적으로 결정하여야 한다.

부부의 일방이 가사에 관하여 경험이나 사려가 없는 낭비자일 경우에 일상가사대리권을 제한할 수 있다. 이때는 일상의 식량의 구입만 허용한다든지 하고 그 외에는 금지를 하는 등 제한의 범위를 특정하여야 한다.

2. 재산분할청구권

(1) 의의

재산분할청구권은 이혼을 한 당사자의 일방이 다른 일방에 대하여 부부의 공동재산에 대해 청산한다는 의미로 재산분할을 청구하는 권리이다. 이혼으로 부부의 공동생활은 없어지고 경제생활도 종료되기 때문에 공동재산의 청산에 들어가게 된다. 이때 혼인 중 부부의 기여로 증식된 재산에 대해 분할을 청구할 수 있게 된다.

(2) 재산분할의 방법

재산분할에는 정확히 1/2씩 분할하는 방법(equal distribution)과 재산분할에 형평성을 고려하여 분할하는 방법(equitable distribution)이 있다.

미국의 부부재산제도는 부부별산제(the system of separate property, the commom law system)와 공동재산제(the system of community property, civil law system)로 나뉜다. 부부별산제는 양배우자가 자신의 재산을 소유하고 그 권한을 행사하는 것이고 공동재산제는 결혼기간 동안에 취득한 모든 재산은 공동재산으로 추정되고 양 배우자는 공동재산에 대하여 1/2 지분을 가지고 있다. 미국의 부부재산제도는 대다수의 주가 부부별산제를 채택하고 있고 8개의 주가 공동재산제를 채택하고 있다. 특히 위스콘신주는 공동재산제의 원칙에 근거한 통일부부재산법(The Uniform Marital Property Act)을 채택하는데 이는 공동재산제에 가까운 것이다.

미국에서는 일방의 배우자가 사망한 때에는 생존 배우자가 재산을 상속하지 못하는 경우가 발생하지 않도록 생존 배우자를 보호하기 위한 입법이 제정되었고, 이혼에 의하여 재산을 분할할 때에는 대다수의 주에서 결혼기간 동안에 취득한 모든 재산을 특유재산과 부부재산으로 나눈 다음 특유새산은 각 소유자에게 수고 부부재산은 여러 요소들을 고려한 공평분할을 원칙으로 하고 있다.

(3) 재산분할청구권의 대상

우리민법은 부부별산제를 택하고 있어 부부의 일방이 혼인 중 그의 명의로 취득한 재산만을 그의 특유재산으로 보고 있고(§830①), 처의 가사노동에 대한 재산적 가치기여에 대한 평가는 이루어지지 않게 된다.[16] 이에 대한 불합리함을 시정하고자 민법은 재산분할청구권을 신설하여 이혼 시 처의 경우 축적재산에 대한 대가를 받지 못하고 경제적으로 불리한 상태에 있는 처에 대한 몫을 평가해주고자 하였다. 한 가정의 재산은 부부 공동의 협력에 의하여 이루어진 것이기 때문에 이혼 시에 이 재산에 대한 기여도에 따라 각자의 몫에 해당하는 재산의 분할을 청구할 수 있게 한 것이다.

재산분할청구권의 대상이 되는 재산은 당사자 쌍방의 협력으로 이룩한 공유재산이다. 부부공동명의로 취득한 재산, 혼인 중에 공동생활을 위하여 취득한 가재도구 등은 물론 부부일방의 명의로 되어 있는 것으로 혼인 중에 부부가 협력하여 취득한 재산, 대지 기타의 부동산, 부부공동생활의 기금이 되는 예금, 주식 등도 이에 속한다. 재산분할청구권의 대상이 되는 재산은 유형의 재산뿐만 아니라 장래의 퇴직금, 연금수급권,[17] 보험, 영업상의 신용의 확립, 의사・변호사 등의 전문적 자격취득에 대한 협력・공헌 등의 무형재산도 포함되어야 한다.

(4) 재산분할청구권의 행사방법

재산분할청구권은 당사자간의 협의 또는 재판상 청구를 통하여 행사할 수 있다(§839의2②). 재산분할을 할 것인가와 그 액수, 방법은 우선 당

16) 미국의 경우는 혼인 후 부부가 취득한 재산은 모두 공유재산으로 보아 공유재산은 이혼시에 반반씩 분할하도록 하고 있다. 특히 뉴욕주의 형평분배법에 의하면 결혼기간 중 사업에서 벌어들인 재산뿐 아니라 일방배우자가 획득한 자격증 등으로 벌어들인 수입도 재산분할의 대상으로 삼고 있다.

17) 국민연금법 제57조의 2에서는 혼인기간이 5년 이상인 배우자 또는 배우자였던 자에게 '분할연금수급권'을 인정하고 있다.

사자가 협의하거나 조정에 의하여 정하게 된다(가사소송법 §2① 마류 4호).

재산분할에 관하여 협의가 되지 아니하거나 협의할 수 없는 때에는 가정법원은 당사자의 청구에 의하여 당사자 쌍방의 협력으로 이룩한 재산의 액수 기타 사정을 참작하여 분할의 액수와 방법을 정한다(§939의2 ②). 그리고 재산분할청구권은 이혼한 날부터 2년을 경과한 때에는 소멸한다.

(5) 재산분할의 비율과 고려

재산분할에 있어서는 균분으로 하자는 평등설과 사건에 따라 부부가 혼인 중 재산의 형성에 기여한 내용에 따라 기여도를 평가하여 그 비율을 정하자는 기여도설이 대립되어 있다. 현행법상 재산분할의 비율은 그 기준이 추상적이어서 그 분할의 확정은 법관의 재량에 맡겨지고 있다.

재산분할은 대체로 처가 전업주부인 경우는 기여도를 1/3을 인정한 사례가 가장 많았고 많게는 50%까지 인정하고, 처가 가업에 참가하고 그 외 가사노동을 한 경우 처의 비율은 30%에서 50%까지 인정하였고, 부부가 함께 직장에 다닌 경우 처의 수입 및 가사, 육아에 대한 공헌도를 고려하여 재산형성에 대한 기여도를 50%를 인정한 사례가 가장 많았으나 그 기여도를 1/3로 인정한 경우도 있었다. 이처럼 각 경우도 법관의 재량이 중요한 변수가 되고 있어 그 기여도 인정비율이 일정하지 않는다는 점이 문제라고 하겠다.

재산분할에 있어서는 혼인기간, 혼인중의 생활정도, 현재의 자산, 수입, 직업, 연령, 건강상태, 취업가능성, 재혼가능성, 자녀의 양육상황 등을 고려하여 판단하여야 한다[18].

(6) 재산분할금의 지급방법

재산분할금의 지급은 금전급부나 현물급부에 의한다. 현물급부의 경우에는 물건의 특정으로써 가능하며 그 평가까지 정할 필요는 없고, 분할이 곤란한 경우에는 물건의 경매를 명할 수 있다(가사소송규칙 §98). 금전급부를 하는 경우 일시급으로 할 것인가 분할급으로 할 것인가는 구체

18) 서울가정법원은 "이혼 후 원고와 피고 쌍방의 생활능력, 그 밖의 심리에 나타난 제반 사정을 고려"하여 재산분할시 이를 고려하고 있다(서울가정법원 1991.6.7, 89드58308).

적인 사정에 따라 정하여야 할 것이다. 재산분할을 정기급으로 하는 경우 의무자가 이를 이행하지 않으면 권리자는 민사소송법에 의한 강제집행에 의하여 보호받을 수 있다. 가정법원이 신청에 의하여 의무자에게 일정한 기간 내에 의무집행을 명하고(가사소송법 §64), 이에 위반하면 과태료를 부과하고(가사소송법 §67①), 이 명령을 받은 자가 정당한 이유없이 3회 이상 의무를 이행하지 않으면 권리자의 신청에 의해 가정법원이 30일의 범위 내에서 그 의무이행이 있을 때까지 의무자를 감치에 처함으로써(가사소송법 §68①) 이행을 강제할 수 있다.

3. 위자료청구권

위자료청구권은 배우자 일방이 유책의 상대방에게 정신상 고통에 대한 손해배상으로서 청구하는 권리이다. 위자료청구권의 행사는 상대방에게 유책사유가 있어야 하며, 당사자 쌍방에게 유책사유가 있는 경우에 상호간에 위자료청구권은 존재하지 않는다. 협의이혼을 하기로 하고 당사자간에 위자료에 관한 약정을 할 수 있고, 당사자간에 배상에 관한 계약이 성립되거나 소를 제기한 경우에는 이를 양도 또는 상속할 수 있다(§843, §806③). 위자료청구권은 이혼 후 3년 내에 행사하여야 한다.

남편 몰래 보증을 서준 경우 처의 채무를 남편이 갚아야 하는가?

남편 몰래 사업하는 친구의 금전차용에 보증을 서준 경우 친구가 돈을 갚지 않자 채권자가 아내가 친구에게 보증을 서준 것을 이유로 남편에게 금전을 갚을 것을 요구하는 경우에 남편은 아내가 보증서준 빚을 갚아야 하는가가 문제가 될 수 있다. 이 경우 부부는 각자의 재산을 각자가 소유하게 되어있고 그 관리·사용·수익에 있어서도 각자가 따로인 부부별산제를 채택하고 있다. 따라서 아내가 진 빚을 부부공동으로 책임져야 할 의무는 없고 처의 채무는 처가 책임을 져야 한다.

그러나 처의 채무에 남편이 보증을 섰다거나 일상가사에 관한 채무의 경우라면 남편도 책임을 지게 된다. 판례나 학설은 부부의 일방이 배우자 명의의 부동산을 처분하거나 담보로 제공하는 것, 일상생활비로서 객관적으로 타당시 되는 범위를 초과한 소비대차, 가옥의 임대, 어음배서행위 등은 일상가사의 범위 내에 들지 않는다고 보나, 부부공동생활에 통상 필요로 하는 의식주에 관한 사무나 가족의 보호, 오락, 교제, 자녀의 양육, 교육 등에 관한 사무 등은 일상가사 범위 내에 속한다고 보고 있다.

사실혼관계가 해소된 경우에 재산분할청구를 할 수 있는가?

사실혼은 사실상으로 혼인생활을 하고 있으나 혼인신고를 하지 않아 법률상 혼인이 인정되지 않는 부부관계를 말한다. 대법원은 "사실혼이란 당사자 사이에 혼인의 의사가 있고, 객관적으로 사회 관념상으로 가족질서적인 면에서 부부공동생활을 인정할 만한 혼인생활의 실체가 있는 경우이므로, 법률혼에 대한 민법의 규정 중 혼인신고를 전제로 하는 규정은 유추 적용할 수 없으나, 부부재산의 청산의 의미를 갖는 재산분할에 관한 점은 부부의 생활공동체라는 실질에 비추어 인정되는 것이므로 사실혼관계에도 준용 또는 유추적용할 수 있다."라고 하여 사실혼관계의 해소 시에도 재산분할청구를 인정하고 있다(대판 1995.3.28, 93므1584).

[판례 1] 동성동본금혼제도의 위헌성
[헌재 1997.7.16, 95헌가6 내지 13, 헌법불합치결정]

1. 사건의 개요

서울가정법원은, 동성동본(동성동본)인 자와 혼인하려 하는 제청신청인들의 혼인신고를 수리하지 아니한 처분에 대하여 그들이 불복을 신청한 위 각 당해사건에서, 민법 제809조 제1항[19]의 위헌여부가 그 사건들의 재판의 전제가 된다 하여 1995.5.17. 각 위헌법률심판제청결정을 하였고(95호파3029 내지 3036), 그 각 결정서는 모두 같은 달 29. 헌법재판소에 접수되었다.

---

19) 제809조(동성혼 등의 금지) ① 동성동본인 혈족사이에서는 혼인하지 못한다.

2. 심판

이 사건 법률조항은 동성동본인 혈족사이의 혼인을 그 촌수의 원근에 관계없이 일률적으로 모두 금지하고 민법은 이를 위반한 혼인을 취소할 수 있도록 하였을 뿐만 아니라 아예 그 혼인신고 자체를 수리하지 못하도록 하고 있어, 동성동본인 혈족은 서로가 아무리 진지하게 사랑하고 있다고 하더라도 또 촌수를 계산할 수 없을 만큼 먼 혈족이라 하더라도 혼인을 할 수 없고 따라서 혼인에 있어 상대방을 결정할 수 있는 자유를 제한하고 있는 동시에, 그 제한의 범위를 동성동본인 혈족, 즉 남계혈족에만 한정함으로써 성별에 의한 차별을 하고 있다. 그렇다면 이 사건 법률조항은 이미 위에서 본 바와 같이 금혼규정으로서의 사회적 타당성 내지 합리성을 상실하고 있음과 아울러 "인간으로서의 존엄과 가치 및 행복추구권"을 규정한 헌법이념 및 규정과 "개인의 존엄과 양성의 평등"에 기초한 혼인과 가족생활의 성립·유지라는 헌법규정에 정면으로 배치된다 할 것이고, 또 그 금혼의 범위를 동성동본인 혈족, 즉 남계혈족에만 한정하여 성별에 의한 차별을 하고 있는데 이를 시인할만한 합리적인 이유를 찾아볼 수 없으므로 헌법상의 평등의 원칙에도 위반되는 것이다.

결국 이 사건 법률조항은 헌법 제10조, 제11조 제1항, 제36조 제1항에 위반될 뿐만 아니라 그 입법목적이 이제는 혼인에 관한 국민의 자유와 권리를 제한할 "사회질서"나 "공공복리"에 해당될 수 없다는 점에서 헌법 제37조 제2항에도 위반된다 할 것이다....따라서 비록 이 사건 법률조항에 위헌성이 있다고 하여도 헌법재판소가 곧바로 위헌결정을 할 것이 아니라 입법형성권을 가지고 있는 국회가 우리민족의 혼인풍속, 윤리의식, 친족관념 특히 국민의 혼인윤리의식이나 친족관념이 어떻게 얼마나 변화하였는지, 동성동본금혼제도가 과연 사회적 타당성이나 합리성을 완전히 상실하였는지, 동성동본금혼제도의 친족범위를 제한하여 합헌적으로 개선할 방법은 없는지, 그리고 동성동본금혼제도를 폐지함에 있어 우리민족의 혼인풍속이나 친족관념에 비추어 현행 근친혼금지규정이나 혼인무효 및 취소에 관한 규정을 새로 정비할 필요는 없는지 등을 충분히 고려하여 새로이 혼인제도를 결정할 수 있도록 헌법불합치결정을 하여야 한다.

3. 이러한 헌법재판소의 결정에도 불구하고 국회법사위는 1999.12. 민

법개정안의 심의를 마치면서 이미 효력을 상실한 법조항인 동성동본금혼조항을 개정민법에 그냥 두기로 결정하였고, 국회는 헌법재판소가 정한 시한[20]까지 아무런 조치를 하지 않아 이 조항은 1999.1.에 그 효력을 잃게 되었다.

[판례 2-1] 일상가사대리권과 연대책임1 [대판 1985.3.26, 84다카1621]

1. 사실관계

피고는 포항시 소재 주식회사 제철화학에 근무하면서 월 금 500,000원 상당을 지급받고 그의 처 김 복순은 하숙업을 하면서 월 돈 200,000원 상당의 수입을 얻는데다가 계를 운영하기까지 하여 주거지에서는 상당히 넉넉한 생활을 하는 가정으로 인정되어왔다. 피고는 1981년경에는 픽업트럭을 사려다가 1982.10. 말경부터는 자가용 승용차를 사기로 하여 그에 필요한 돈 2,500,000원을 그의 처인 소외 김복순에게 보관시켰다. 김복순은 위 돈을 임의로 사용하여 버리고는 같은 해 12.28경 피고로부터 위 돈의 반환을 요청받자 다급하여 이웃에 거주하는 원고에게 피고가 차를 사는데 돈을 빌려오라고 하더라며 자신이 임의로 만든 피고명의의 차용증서를 교부하고 이를 믿은 원고로부터 돈 2,500,000원을 이자는 월2푼5리 변제기는 6개월 이후로 정하여 차용하였다. 이같이 원고는 그 말을 믿고 동 김복순에게 돈 2,500,000원을 대여하였고 피고는 이 돈을 위 김복순에게 보관시켰던 것인 줄만 알고 건네받아 자가용차를 구입한 것이므로 피고는 가사 대리권이 있는 위 김복순의 위 금전차용에 대하여 변제할 책임이 있을 것인가라는 것인가가 문제가 되었다.

2. 판단

고등법원은 원고에게 남편이 차를 사기위해 차용한다는 말을 하고 남편명의의 차용증서까지 교부함으로써 원고는 이를 믿을만한 정당한 사유가 있다 할 것인즉 피고는 위 김복순이 일상가사에 관한 대리의 범위를 넘어서 위와 같이 원고로부터 돈을 차용한 행위에 대하여 표현대리

20) 1998. 12. 31.

의 법리에 따라 그 책임을 져야 할 것이라고 판시하였고, 원고는 상고하였다.

그러나 대법원은 민법 제827조 제1항에 의하면 부부는 일상의 가사에 관하여 서로 대리권이 있다고 하여 소위 가사 대리권을 규정하고 있으나 이는 부부가 공동체로서 가정생활상 상시 행하여지는 행위에 한하는 것이라 할 것이니 피고의 처인 위 김복순이 자가용차를 구입하기 위하여 타로부터 금전을 차용하는 행위는 이에 속한다고 할 수 없으며 원심의용의 증거에 의하여도 위 금원차용전에 피고 부부가 자가용차를 구입하려하는 점을 원고가 알고 있었다거나 위 김복순이 자가용차 구입자금의 차용에 있어 김복순에 대리권이 있었다고 믿을만한 정당한 사유가 있었다고 볼 자료가 없다고 판시하였다.

[판례 2-2] 일상가사대리권과 연대책임2 [대판 1997.11.28, 97다31229]

대법원은 부인이 교회에의 건축 헌금, 가게의 인수대금, 장남의 교회 및 주택임대차보증금의 보조금, 거액의 대출금에 대한 이자지급 등의 명목으로 금원을 차용한 행위는 일상 가사에 속한다고 볼 수는 없으며, 주택 및 아파트 구입비용 명목으로 차용한 경우 그와 같은 비용의 지출이 부부공동체를 유지하기 위하여 필수적인 주거 공간을 마련하기 위한 것이라면 일상의 가사에 속한다고 볼 여지가 있을 수 있으나 그 주택 및 아파트의 매매대금이 거액에 이르는 대규모의 주택이나 아파트라면 그 구입 또한 일상의 가사에 속하는 것이라고 보기는 어렵다고 판시하면서, 민법 제832조에서 말하는 일상의 가사에 관한 법률행위라 함은 부부의 공동생활에서 필요로 하는 통상의 사무에 관한 법률행위를 말하는 것으로, 그 구체적인 범위는 부부공동체의 사회적 지위·직업·재산·수입능력 등 현실적 생활 상태뿐만 아니라 그 부부의 생활 장소인 지역 사회의 관습 등에 의하여 정하여지나, 당해 구체적인 법률행위가 일상의 가사에 관한 법률행위인지 여부를 판단함에 있어서는 그 법률행위를 한 부부공동체의 내부 사정이나 그 행위의 개별적인 목적만을 중시할 것이 아니라, 그 법률행위의 객관적인 종류나 성질 등도 충분히 고려하여 판단하여야 한다고 보았다.

[판례 3] 혼인한 부부의 합산과세의 위헌성
[헌재 2002.8.29, 2001헌바82]

부부간의 인위적인 자산 명의의 분산과 같은 가장행위 등은 상속세및 증여세법상 증여의제규정 등을 통해서 방지할 수 있고, 부부의 공동생활에서 얻어지는 절약가능성을 담세력과 결부시켜 조세의 차이를 두는 것은 타당하지 않으며, 자산소득이 있는 모든 납세의무자 중에서 혼인한 부부가 혼인하였다는 이유만으로 혼인하지 않은 자산소득자보다 더 많은 조세부담을 하여 소득을 재분배하도록 강요받는 것은 부당하며, 부부자산소득 합산과세를 통해서 혼인한 부부에게 가하는 조세부담의 증가라는 불이익이 자산소득합산과세를 통하여 달성하는 사회적 공익보다 크다고 할 것이므로, 소득세법 제61조 제1항이 자산소득합산과세의 대상이 되는 혼인한 부부를 혼인하지 않은 부부나 독신자에 비하여 차별취급하는 것은 헌법상 정당화되지 아니하기 때문에 헌법 제36조 제1항에 위반된다.

4. 상속

(1) 상속의 의의

상속이란 피상속인의 사망으로 상속인이 피상속인의 재산 등을 포함한 모든 권리의무를 포괄적으로 승계하는 것이다. 상속의 개시는 피상속인이 사망한 때 발생한다. 그리고 실종선고를 받은 자가 실종기간이 만료되면 사망한 것으로 보기 때문에 실종기간이 만료된 때로부터 상속이 개시된다. 2인 이상의 자가 동일사고로 사망하고 사망의 시기의 전후가 불분명한 경우에는 동시사망으로 추정되어, 상호상속이 이루어지지 않는다.

종래 상속법은 상속을 호주상속, 재산상속으로 규정하고, 이외에 제사상속도 포함하는 것으로 보아왔다. 호주상속인은 그 고유의 상속분의 5할을 가산받게 하였고, 장남자는 호주상속을 포기할 수 없게 하여, 호주상속의 포기를 할 수 없게 강제하였다. 그러나 민법의 개정으로 이러한 조항들은 개정되었고 특히 1990년 민법 일부개정으로 호주상속은 호주승계로 개정되고, 호주승계권을 포기할 수 있게 함으로써 호주상속의 강요를 없앴고 호주승계는 재산과는 거리가 먼 것으로 되었고, 민법에서 상속의 개념은 오직 재산상속에서만 사용되게 되었다.

(2) 상속의 순위

피상속인의 사망으로 상속이 개시되는데 상속이 개시될 때 상속인의 자격을 가진 자가 수인인 경우에는 상속인의 순위를 정할 필요가 있게 된다. 민법은 상속인의 순위를 다음과 같이 정하고 있다.

① 제1순위의 상속인은 피상속인의 직계비속이다(§1000①, 1호).

직계비속인 경우는 적출자·비적출자·양자, 여자, 남자에 관계없이 모두 제1순위의 상속인이 된다. 직계비속이 수인이 있는 경우 촌수가 같으면 동순위로 상속인이 되고, 촌수가 가까운 순으로 상속인이 된다(§1000②).

태아는 상속순위에 있어서는 이미 출생한 것으로 본다(§1000③). 처는 직계비속과 공동상속인이 된다.

② 제2순위의 상속인은 피상속인의 직계존속이다(§1000①, 2호).

피상속인의 직계비속이 없는 경우에 직계존속이 상속인이 된다. 이 경우에 처는 직계존속과 공동상속인이 된다. 직계존속이 수인인 경우에 그 직계존속들이 촌수가 같으면 동순위이며, 촌수가 다르면 최근친이 상속인이 된다. 예를 들면 부모와 조부모가 있으면 부모가 상속인이 된다.

③ 제3순위의 상속인은 피상속인의 형제자매이다(§1000①, 3호). 피상속인의 직계혈족이 없는 경우에 인정되는 상속인이다. 즉 피상속인의 직계비속, 배우자, 직계존속 등이 없는 경우에 이루어지는 상속이다.

④ 제4순위의 상속인은 피상속인의 4촌 이내의 방계혈족이다(§1000①, 4호). 피상속인의 직계비속, 직계존속, 배우자, 형제자매가 없는 경우 이루어지는 상속으로, 촌수가 같으면 공동상속인이 된다. 피상속인의 방계혈족이면 되고 남녀, 혼인여부, 부계, 모계여부 등에 상관하지 않고 동일하게 상속이 이루어진다.

이상의 상속인들이 모두 존재하지 않는 경우 특별연고자의 분여청구가 가능하다. 그러나 특별연고자의 분여청구도 없는 경우 상속재산은 국가에 귀속된다(§1058).

(3) 상속분

상속분은 수인이 공동상속을 하는 경우 상속재산에 대한 각 공동상속인의 배당비율의 상속액을 말한다. 상속분은 피상속인의 의사 또는 법률의 규정에 의하여 정하여지는데, 전자를 지정상속분, 후자를 법정상속분이라고 한다. 피상속인이 공동상속인에 대해 지정상속을 하지 않은 경우에 상속분은 민법의 규정(법정상속분)에 따른다.

동순위의 상속인 사이의 상속분은 균분으로 하고(§1009①), 배우자는 피상속인의 직계비속이나 직계존속과 공동상속인이 되며, 배우자의 상속분은 직계비속이나 직계존속의 상속분에 5할을 가산한다. 배우자의 상속분이 공동상속인의 수에 따라 달라지며, 이에 대해 배우자상속권과 혈족상속권을 동일선상에 놓고 배정하는 것은 부부재산관계의 문제를 경시한 것이라는 비판이 있다.[21]

♧ 상속분과 상속액 계산

1. 부가 처, 장남, 차남, 미혼녀, 출가녀를 남기고 사망하였다. 피상속인은 11억의 재산을 남기고 사망하였다. 이 경우 상속분과 상속액을 구하면?
   처-1.5, 자녀 모두 1씩의 비율을 받는다. 상속액은 처는 3/11×11억=3억, 자녀는 각각 2/11×11억=2씩 받는다.
2. 처가 사망시에 부, 장남, 차남, 장녀, 모가 있었다. 피상속인이 9억의 재산을 남기고 사망하였다면 상속인이 받을 비율과 상속액을 구하면?
   부-1.5, 자녀-모두 1씩의 비율을 받는다. 상속액은 3/9×9억=3억, 자녀는 각각 2/9×9억=2억씩 받고, 모는 후순위자로 상속액이 없다.
3. 혼인한 장남이 자녀 없이 사망하였고 유족은 부, 모, 처가 있었다. 피상속인이 7억의 재산을 남기고 사망하였다면 유족들의 재산상속분과 상속액을 구하면?
   부와 모는 각각 2/7×7억=2억씩 받고, 처는 3/7×7억=3억을 받는다.

---

21) 이은영, 법여성학강의, 박영사, 2006, 180면.

(4) 기여상속인, 특별연고자의 상속

기여상속인은 피상속인이 상속재산을 유지 또는 증가시키는데 있어서 공동상속인 중 특별히 기여한 자가 있는 경우에 그 기여의 정도에 따라서 일정한 재산을 상속재산에서 먼저 공제하여 주는 제도이다(§1008의2). 여기서 '특별히 기여한 자'라 함은 공동상속인 중에서 피상속인을 특별히 부양한 자를 말한다(§1008의2①). 예를 들면 피상속인의 사업을 도와서 상속재산을 증식시키는데 기여한 자 또는 피상속인에게 자산을 제공한 자 등을 들 수 있다. 이같이 기여한 상속인이 있으면 상속분 산정에 있어서 기여분액을 가산하는 것이 당연한 것이므로 피상속인의 재산에서 기여상속인의 기여분을 공제한 것을 상속재산으로 보고 상속분을 산정하여 여기에 기여분을 더한 만큼을 기여상속인의 상속분으로 하는 것이다(§1008의2①).

기여한 경우의 예는 피상속인을 부양하거나 간호 또는 요양하기 위해 가옥을 매각하거나 직장을 포기한 경우, 부가 처와 동거하면서도 가업을 돌보지 않아 처가 가업인 식당을 경영하여 부명의의 재산이 크게 증가한 경우, 피상속인이 경영하는 공장에서 일하여 부의 재산증식에 공헌한 처의 경우, 간병인없이 피상속인의 병간호를 하여 간병인에게 지급되어야 할 비용이 지출되지 않게 하여 피상속인의 재산이 감소되지 않고 유지되게 한 경우 등을 들 수 있다.

가정법원은 피상속인과 생계를 같이하고 있던 자, 피상속인의 요양·간호를 한 자, 기타 피상속인과 특별한 연고가 있던 자의 청구에 의하여 상속재산의 전부 또는 일부를 분여할 수 있게 하고 있다(§1057의2).

종래에 우리 민법은 상속인에 대한 공고를 한 후에 상속권을 주장하는 자가 없는 경우에 피상속인의 재산을 국고에 귀속하도록 하여 피상속인의 요양, 간호 등을 한 자나 사실혼의 배우자 혹은 사실상의 양자 등은 법률상 상속인이 아니므로 피상속인의 재산을 상속받을 수 없었다. 이러한 것을 1990년 민법개정으로 특별연고자에 대한 피상속인의 상속재산을 분여할 수 있도록 한 것이다.

제 4 편

여성과 형사법

제 4 편

여성과 형사법

Ⅰ. 형벌적용에서의 성차별

과거 우리나라에서의 가부장적 지배체제는 성윤리에 있어서 남성과 여성을 달리 적용해왔다. 조선시대에는 축첩이 허용되었기 때문에 남성의 간통은 공식적인 허용행위였고 남성의 간통은 처벌대상이 되지 않았다. 그러나 여성의 간통은 강제적 이혼사유가 되고 형사적 처벌대상이었다. 다른 범죄와 달리 성윤리에 대한 이중의 잣대는 역사적으로 다른 시각에서 적용되어왔고 이러한 경향이 근래에까지 이어지는 것에 대해 성차별적인 것이라 하여 끊임없이 논란의 대상이 되어왔다.

성윤리에 대한 이중적 잣대는 차별의 원천이 되고 이를 시정하고자 1953년 개정형법에서는 간통죄를 남녀 모두 처벌하는 양벌조항으로 규정하여 오늘에 이르고 있으나, 현실은 아직도 성윤리에 대한 이중적 시각이 완전히 불식되었다고 할 수 없는 부분들이 잔존해 있다. 처음에는 여성을 보호하고자 간통죄를 형법상에 규정하였으나 개인의 사적인 문제인 간통을 국가가 관여하는 것이 과연 바람직한 것인가에 대해 그 폐지를 둘러싼 논의가 계속되어 왔다.

그동안 성윤리 관념도 많은 변화가 있어왔으나 간통, 강간, 낙태, 매춘 등은 여전히 남성중심의 제도와 문화 구조 속에서 해결해온 문제로 성차별적측면에서 그리고 사회윤리적 측면에서의 법적 검토가 필요한 부분이라고 하겠다.

Ⅱ. 형법상 여성관련 범죄

1. 간통죄

1953년 형법의 개정으로 그 전과는 달리 간통죄가 남녀모두를 처벌하는 양벌주의로 바뀌었으나 간통죄를 악용하는 경우가 증가함에 따라 오히려 약자인 여자에게 불리하게 적용되기도 하자 과연 형법상 규정된 간통죄가 과연 여성을 위해 존치되는 것인가에 대해 논의가 되어왔고 나아가서는 간통죄를 범죄로 규정하여 국가가 관여하는 것이 과연 타당한가에 대한 논의가 전개되어왔다.

1992년 법무부는 형사법개정시안에서 간통죄를 폐지하고자 하였으나 여성단체의 반대여론에 밀려 폐지하지 못했고, 헌법재판소도 형법상 간통죄조항이 합헌이라는 결정을 내렸다.1)

우리 형법 제241조는 "① 배우자있는 자가 간통한 때에는 2년 이하의 징역에 처한다. 그와 상간한 자도 같다. ② 전항의 죄는 배우자의 고소가 있어야 논한다. 단 배우자가 간통을 종용 또는 유서한 때에는 고소할 수 없다."고 간통죄에 대해 규정하고 있다.

간통행위란 배우자 있는 자가 배우자 아닌 자와 혼외의 성관계를 갖는 것을 말한다. 간통죄의 주체는 배우자 있는 자로 배우자는 법률상 배우자를 말하며 상간자에게 배우자가 있는 경우는 이중간통에 해당한다. 간통죄의 죄수는 성교행위마다 각각 범죄가 성립하여, 수회의 성교행위자는 수개의 간통죄의 경합범이 된다. 간통죄는 배우자가 있음을 알고 한 경우에 성립하며 배우자 있음을 알지 못하고 한 경우에 간통죄는 성립하지 않는다.

형사소송법은 간통죄에 대해 "① 형법 제241조의 경우에는 혼인이 해소되거나 이혼소송을 제기한 후가 아니면 고소할 수 없다. ② 전항의 경우에 다시 혼인을 하거나 이혼소송을 취하한 때에는 고소는 취소된 것으로 간주한다."라고 하여 간통죄는 피해자인 배우자의 고소가 있어야만

---

1) 헌재 1990.9.10, 89헌마82.

검사가 공소를 제기할 수 있는 친고죄로 규정하고 있다.

이같이 간통죄는 배우자가 간통에 대해 사전승락을 하는 종용의 경우나 사후에 용서를 해주는 유서를 한 때는 고소할 수 없다. 그리고 간통죄는 혼인이 해소되거나 이혼소송을 제기한 후에만 제기할 수 있도록 하고 있다.

[판례 1] 간통죄의 위헌성[헌재 1990.9.10, 89헌마82결정]

1. 사건의 개요

부산 거주 김모씨는 간통죄로 공소제기되어 1988.2.10. 부산지방법원에서 징역 1년, 같은 해 6.24. 같은 법원 항소심에서 징역 8월을 각 선고받고 대법원에 상고하여 재판을 받던 중, 형법 제241조가 헌법에 위반된다고 주장하고 같은 해 8.30. 대법원에 위헌제청신청을 하였으나, 1989.3.14. 대법원에 의하여 그것이 기각되자, 헌법재판소법 제68조 제2항에 의하여 같은 달 27. 헌법소원심판을 청구하였고 헌법재판소는 이 사건 헌법소원은 적법하게 제기된 것으로 인용하였다.

청구인이 위 규정을 위헌이라고 주장하는 이유의 요지는,

가. 인간은 누구나 자기 운명을 스스로 결정할 수 있는 자기결정권을 가지고 있고 자기결정권에는 성적행동에 대한 것도 포함되어 있는데 간통죄라는 협박적 법률을 두어 애정이 없는 경우에도 혼인관계의 지속을 강제하는 것은 성적자기결정권에 대하여 국가가 부당하게 간섭하는 것이어서 인간으로서의 존엄과 가치 및 행복을 추구할 권리를 보장한 헌법 제10조와 신체의 자유를 보장한 헌법 제12조에 위반되고,

나. 간통죄의 규정은 배우자의 부정행위에 대하여 참고 용서하는 선량한 피해자는 보호하지 못하고 복수심 많은 자만이 혜택을 보게 될 뿐만 아니라, 간통죄는 보다 많은 위자료를 받아내려는 수단으로 악용되고 있어서 같은 간통행위를 한 자라도 재력이 있는 자는 처벌을 받지 아니하고 재력이 없는 자만이 처벌을 받게 되며 또 간통죄는 이혼을 하여야만 고소가 가능하기 때문에 간통한 여자배우자를 남자배우자가 고소하기는 쉬워도 경제적 능력없는 여

자배우자가 남자배우자를 고소하는 것은 어려운 일이므로 남녀차별을 가져오는 제도이다. 따라서 간통죄는 모든 사람은 법 앞에 평등하다는 헌법 제11조에도 위반되며,

다. 이상과 같이 인간의 존엄과 가치, 행복추구권 및 신체의 자유를 침해할 뿐더러 평등의 원칙에도 반하는 간통죄의 규정은 혼인과 가족생활은 개인의 존엄과 양성의 평등을 기초로 성립되고 유지되어야 한다는 헌법 제36조 제1항의 규정에도 위반된다는 것이다.

2. 헌법재판소의 판단

◉ 다수의견(간통죄 합헌론)

(1) 인간의 존엄과 가치, 행복추구권, 신체의 자유 등 침해에 대한 판단

형법 제241조의 간통죄의 규정이 성적자기결정권을 제한하는 법률로서 헌법 제37조 제2항이 규정한 기본권제한 기준에 합치되는 법률인가를 보건대, 배우자 있는 자가 배우자 아닌 제3자와 성관계를 맺는 것은 선량한 성도덕이나, 일부일처주의의 혼인제도에 반할 뿐더러, 혼인으로 인하여 배우자에게 지고 있는 성적성실의무를 위반하는 것이 되어 혼인의 순결을 해치게 되는 것이다. 그리하여 간통행위는 국가사회의 기초인 가정의 화합을 파괴하고 배우자와 가족의 유기, 혼외자녀문제, 이혼 등 사회에 여러 가지 해악을 초래하게 되는 것이 엄연한 현실이다. 그러므로 선량한 성도덕과 일부일처주의 혼인제도의 유지 및 가족생활의 보장을 위하여서나 부부간의 성적성실의무의 수호를 위하여, 그리고 간통으로 인하여 야기되는 사회적 해악의 사전예방을 위하여서는 배우자 있는 자의 간통행위를 규제하는 것은 불가피한 것이며, 그러한 행위를 한 자를 2년 이하의 징역에 처할 수 있도록 규정한 형법 제241조의 규정은 성적자기결정권에 대한 필요 및 최소한의 제한으로서 자유와 권리의 본질적 내용을 침해하는 것은 아니라고 인정된다. 따라서 간통죄의 규정을 개인의 인간으로서의 존엄과 가치 및 행복추구권을 부당하게 침해하는 법률이라고 할 수 없다. 그리고 신체의 자유제한은 자유형을 과하는 형사처벌에 당연히 수반되는 것이므로, 그것이 적법절차에 의한 것인 이상은 다른 형벌규정과 마찬가지로 신체의 자유에 대한 부당한 제한이 될 수 없다. 만약 간통죄의 규정이 인간으로서의 존엄과 가치 및 행복추구

권이나 신체의 자유 등 기본권을 부당하게 침해하는 것이라고 한다면 민법상의 일부일처제의 혼인제도(중혼금지규정)나 부부간의 동거 및 상호부양의무 등 규정도 헌법위반이라는 말이 될 것이다.

(2) 법앞의 평등위반에 대한 판단

간통죄의 규정은 남녀평등처벌주의를 취하고 있으니 법 앞의 평등에도 반하지 아니한다. 간통죄가 피해자의 인내심이나 복수심의 다과 및 행위자의 경제적 능력에 따라 법률적용의 결과가 달라지고 경제적 강자인 남자에게 보다는 경제적 약자인 여자에게 불리하게 작용하는 측면이 있는 점을 무시할 수는 없으나, 이는 개인의 명예와 사생활보호를 위하여 간통죄를 친고죄로 하는데서 오는 부득이한 현상으로서 형법상 다른 친고죄에도 나타날 수 있는 문제이지 특별히 간통죄에만 해당되는 것은 아니며, 배우자 있는 자의 간통행위 규제가 불가피하고 배우자 모두에게 고소권이 인정되어 있는 이상 간통죄의 규정이 평등권의 본질적 내용을 침해하는 법률이라고는 할 수 없다.

(3) 개인의 존엄과 양성평등위반에 대한 판단

간통죄의 규정은 선량한 성도덕과 일부일처주의 혼인제도의 유지, 가족생활의 보장 및 부부쌍방의 성적성실의무의 확보를 위하여 그리고 간통으로 인하여 생길 수 있는 사회적 해악의 사전예방을 위하여 필요한 법률이어서 그것이 개인이 갖는 인간의 존엄과 가치 및 행복추구권이나 신체의 자유 및 평등의 원칙에 반하는 것이 아님을 앞에서 설명한 바와 같다. 그렇다면 간통죄의 규정은 "혼인과 가족생활은 개인의 존엄과 양성의 평등을 기초로 성립되고 유지되어야 하며, 국가는 이를 보장한다."라고 한 헌법 제36조 제1항의 규정에 반하는 법률이 아니라 오히려 위 헌법규정에 의하여 국가에게 부과된, 개인의 존엄과 양성의 평등을 기초로 한 혼인과 가족생활의 유지·보장 의무이행에 부합하는 법률이라 할 것이다.

◉ 반대의견(간통죄 위헌론)

◦ 한병채, 이시윤 재판관의 반대의견

간통죄의 처벌조항에 대해

① 첫째로 배우자가 있는 자의 간통의 경우는 민법 제840조 소정의

재판상 이혼사유가 되며, 또 위자료 등 손해배상의 책임을 면치 못한다. 이와 같은 법적 제재도 성적자기결정권에 대한 제한임에 틀림없는데, 여기에 더하여 선택의 여지없이 반드시 징역형으로만 응징을 당하게 하는 것은 현대적 법감각을 잃은 응보적 대응인 것으로 평가된다.

② 둘째로 형법상의 풍속을 해하는 죄에는 징역형과 벌금형을 선택하여 처벌하도록 규정하였는데 그 죄 중에서 유독 간통죄만이 자유형뿐이며, 간통죄보다 형이 더 무거운 음행매개죄도 벌금형을 선택할 수 있게 되어 있다. 간통죄보다 선량한 풍속을 더 크게 해치고 혐오감이 더 크다고 할 근친상간, 동성간의 성교, 수간 등에 대하여 우리의 형사법은 아무런 처벌규정이 없는데 간통죄에 대해서만 징역형으로 다스리게 하는 것은 입법 체계상 균형이 맞지 않으며, 사생활 자유의 영역에 대한 지나친 국가개입으로 보여진다.

③ 셋째로 본래 형사법상의 간통죄는 연혁적으로 보면 봉건적 남성우위의 가부장적 지배사회에서 처를 부의 전유물로 묶어두기 위한 제도로 생긴 것이며 원래 처만 일방적으로 처벌하게 되어 있었던 것이 비교형법의 역사이다. 간통죄의 위헌론이 평등의 원칙과의 관계에서 주로 논란되어 왔던 것은(예:이태리) 그간의 사정을 잘 말해 준다. 그리고 우리 형법상의 간통죄는 구시대의 관행으로 허용되어 오던 축첩제도를 폐지하고 일부일처제도를 확립함으로써 여성의 지위를 보호하기 위하여 제정된 것이다. 이러한 연혁적 배경외에도 아직 상대적으로 열악한 여성의 사회적 지위 때문에 비록 법은 간통죄의 경우에 남녀쌍벌주의에 의하고 있음에도 불구하고 실제로는 여성에 더 가혹하게 적용되는 파행성을 띠고 있으며 따라서 여성의 행동과 자유를 크게 제약하는 범죄가 되고 있다. 그런데 형벌에 있어서 징역형 일원주의에 의하는 것은 그만큼 여성에 대하여 더 응보적 불이익을 감수해야 하고 그로 인한 남녀의 차별이 될 것으로서 남녀동등권의 기조하에서 볼 때 완전한 여성해방의 명제와는 양립되기 어렵다고 할 것이요, 양성평등에 입각한 혼인질서와는 거리가 있는 것으로 보인다.

④ 넷째로 간통죄는 배우자의 고소가 있어야 논한다는 친고죄로 되어 있고 그 고소는 혼인이 해소되거나 이혼소송을 제기한 후가 아니면 할 수 없도록 형법 제241조와 형사소송법 제229조에서 규정하고 있는데 거기에다 벌금형 따위의 선택의 여지없이 자유형 일원주의의 법제 때문에 이 제도가 일부일처제의 유지와 부부간의 정절의무의 보호를 위하여 필

요하다는 제도 본지를 떠나 오히려 이를 악용하여 왕왕 공갈을 목적으로 한 고소권의 행사 등 제도외적 남용으로 평온한 가정과 부부생활을 파괴하는 경향을 초래하고 있는 것도 결코 경시해서는 안된다. 자유형 일원주의는 실무상 구속수사 및 구속재판의 관행을 정착시킨 계기가 되었으며, 이로 인하여 고소를 취소하느냐 않느냐에 의하여 국가의 소추가 결정되고 간통피소자의 구금상태가 풀리느냐의 여부가 좌우되고 있기 때문에 간통고소의 취소권은 과도한 위자료 요구를 관철시키기 위한 무기로 오용되는 경향도 있다. 이리하여 간통행위에 의한 이혼의 경우에 위자료 등 손해배상 수액의 결정에 있어서 적법절차가 오용되거나 무시되며 형평을 기본으로 하는 절차적 기본권의 침해를 가져오는 문제가 생겨난다.

⑤ 다섯째로 비교법적 견지에서 보면 세계의 대부분의 나라에서 간통죄가 폐지되거나 위헌무효로 선언되었다. 이러한 세계적 추세를 외면한 채 우리나라에서는 간통죄를 여전히 유지하고 있으며, 이에 대해 융통성 없이 징역형으로만 대처하고 있는 것은 인권적 차원에서 다시 조감할 필요가 있다. 더구나 우리나라는 1990.7.10. 발효한 세계인권규약 에이(A) 및 비(B) 규약에 가입하게 되었으며, 이제부터 기본권의 문제는 국내문제라기 보다는 국제적 차원의 문제로 부상이 된 것을 잊어서는 안된다는 것도 입법에서 고려하여야 한다.

거듭 밝히거니와 간통행위에 대해 형사처벌을 하는 것이 합헌성이 없다는 것이 아니라 징역형이외 달리 선택의 여지를 없게 한 응보적 대응의 형벌제도는 다른 법적 제재의 존재, 풍속을 해치는 다른 행위에 대한 대처 방안과의 균형, 남녀동권의 이념구현의 장애, 제도외적 남용의 현실, 그리고 오늘의 시대추이 등을 고려할 때 심히 가혹한 제재임을 위에서 보았다. 징역형은 각종 자격의 제한이 따르며 인신의 자유를 박탈당하는 형벌로서, 형법 제41조에 규정된 9가지 형의 종류 중 사형 다음으로 무거운 형에 속하며 그에 따라 각종 공민권의 제한을 받는다. 따라서 현행 형법 제241조에서 간통죄에 대해 징역형만 둔 것은, 필요한 정도를 넘어선 과도한 처벌로서 기본권 최소침해의 원칙에 반하는 것이고, 간통죄를 통하여 보호하려는 공공의 이익과 제한되는 기본권 사이에 적절한 균형이 이루어졌다고 보기 어렵다고 보았다.

◦ 김양균 재판관의 반대의견

(1) 간통죄규정의 긍정적 측면

형법은 간통죄를 풍속을 해하는 죄의 하나로 규정하여 처벌하고 있는데 먼저 간통죄에 의하여 보호되는 법익은

① 첫째, 혈통의 순수성 보전이다. 유부녀의 경우 여러 남성과 정사를 갖게 되면 잉태한 태아의 부(父)가 누구인지 가리기 어렵게 되어 혈통의 순수성이 침해될 수 있다는 것을 쉽게 인정할 수 있으나 유부남의 경우에는 이 이론으로는 설명이 어렵다. 유부남이 유부녀와 정사를 가진 경우에는 상대방유부녀의 부(夫)의 혈통의 순수성을 침해한 공범으로 설명될 수 있을 것이나 유부남이 미혼의 여자와 정사를 가진 경우는 혈통의 순수성을 보호법익이라 하기 어렵기 때문이다.

② 둘째, 일부일처·부부친자 중심의 가정과 가족제도의 보호이다. 간통죄의 존재가 적어도 이념적으로는 가족제도의 보호에 기여할 것이라는 점을 인정 못할 바는 아니다.

그런데 우리나라의 형사법 체계상 간통죄는 친고죄로 되어 있고(형법 제241조 제2항) 고소권의 행사는 혼인이 해소되거나 이혼소송을 제기한 후에라야 가능하기 때문에(형사소송법 제229조 제1항) 고소권의 발동으로 기존의 가정은 절대적으로 파탄을 맞게 되고 설사 고소가 취소된다고 하더라도 부부감정의 원상태로의 회복은 기대하기 어려우므로 가정 내지 가족제도의 보호에 기여하는 제도라고 하기에도 문제가 없지 않은 것이다.

③ 셋째, 우리나라의 전통적 성도덕 내지 성적 성실의무, 즉 정절 내지 정조의 보호이다. 먼저 부녀에 대하여서는 우리나라에 정조를 생명보다 중히 여기는 유교적 전통윤리가 있었던 것을 분명히 인정할 수 있으나 남성의 경우에 있어서는 고래의 전통이 남성우위의 봉건적 가부장제(封建的 家父長制)였던 점에 비추어 위와 같은 관념이 우리의 조상 때부터 전래되어 왔다고 하기는 어렵다.

그런데 간통의 유형을 보면 애정에서 비롯되는 경우와 그렇지 않은 경우로 대별할 수 있는데 애정에서 비롯된 경우에는 이는 어떤 의미에서 확신범 내지 양심범적인 면이 없지 않아서 형사처벌이 하등 일반 예방적 기능을 수행하지 못하는 것이며, 애정에 충실한 행위를 애정이 따르지 않는 정절이라는 보호법익개념으로 매도하는 간통죄의 쌍벌은 오

늘날 여성의 지위가 현저히 향상되고 정절 못지않게 애정을 중시하는 사회풍토가 조성되어 가고 있음에 비추어 볼 때 남녀의 동반하향비하(同伴下向卑下)로서 구시대적인 방법이라 할 수 있는 것이다.

이상과 같이 이론상으로 간통죄는 혈통의 순수성 보전, 가족제도의 붕괴예방 및 그 보호, 성적 윤리도덕의 보호에 기여하는 것이지만 실제에 있어서 위의 보호법익에 긍정적인 기여를 하고 있는 것인지 아니면 오히려 부정적인 역기능이 있는 것이지는 의문스러운 것이다.

(2) 간통죄의 부정적 측면

간통죄의 존재로 인하여 침해되는 법익을 살펴보면, 개인의 사생활상의 은밀한 행위 또는 애정행위에 대한 국가의 형벌권의 발동으로 행위자의 인격이나 명예가 커다란 타격과 손상을 받게 됨으로써 결국 사생활 은폐권과 행복추구권을 침해받는 것 외에 다음과 같은 부정적인 역기능이 있음도 경시할 수 없는 것이다.

① 첫째, 간통에 대하여 아무런 귀책사유가 없는 자녀, 그 중에서도 특히 당혼(當婚)한 처녀에게 치명적인 상처를 주어 장래를 그르치게 하고 전도를 불행하게 만든다.

② 둘째, 간통의 피해자(고소권자)에게도 일시적인 보복감정의 만족을 줄 뿐 장기적으로 봤을 때 허탈감과 모멸감만 남길 뿐이다. 특히 자녀들로부터 평생 원망을 듣게 되고 일가친지들에게까지 누(累)를 끼치게 된다.

③ 셋째, 부부의 재결합의 여지를 말살해 버린다. 간통죄가 없었더라면 일시 탈선하였더라도 회개하고 반성하여 재결합·재출발의 여지와 가능성이 있는데 형벌권의 발동으로 서로가 원수처럼 여기게 될 우려가 있고 마음에 깊은 상처만 남기게 된다.

④ 넷째, 간통죄의 고소와 수사 및 소추와 공판에 이르는 과정에서 적잖은 비용이 소요되기 마련인데 이는 결국 따지고 보면 위자료 또는 자녀양육비에 충당되어야 할 자신을 서로 잠식(蠶食)하는 셈이 되는 것이다.

⑤ 다섯째, 사회의 윤리 도덕 중 그 위반행위가 범죄화되어 형벌로서 보호되고 있는 윤리 도덕만이 중시되고 그렇지 않은 전통윤리 도덕의 가치는 평가절하될 우려가 있다. 환언하면, 형벌만이 사회의 미풍양속을

수호하는 유일한 수단이고 최후의 보루인 것으로 오해될 수 있는 것이다. 그 위반행위가 형벌로서 보호되지 않은 여타의 윤리 도덕도 존중되어야 하고 그에 대한 자발적인 준수가 요망되며 그것은 어떤 의미에서는 강제되는 것보다 더 고무적인 것이다. 처벌에 대한 두려움이 윤리 도덕을 지키는 주요동기가 된다면 그것은 오히려 윤리의식의 퇴보를 의미하는 것이며 그것은 예컨대 불효(不孝)를 형벌로서 다스려 효도를 강요할 때 그 효도는 이미 참의미의 효도가 아닌 것과 같이 형벌로서 강요될 정절은 이미 정절이 아닌 것이다. 그리고 윤리 도덕이라는 것은 시대와 장소에 따라 내용이 가변적인 것인데 그것을 법률로 획일적으로 다스리는 것은 다양한 가치와 개성을 중시하는 민주사회에서는 적절하지 못한 때가 있는 것이다.

⑥ 여섯째, 간통죄의 보호법익과는 무관하게 이것이 악용되거나 남용될 우려가 있다. 예컨대, 특정인을 정치적·사회적으로 매장하기 위한 함정 또는 재물을 갈취하기 위한 미인계(美人計)가 가능하며 어쩌다 우연히 실수를 저지른 부녀에 대한 폭력배 등의 계속적인 성적인 침해나 재물갈취 등 더 큰 해악이 발생될 수 있는 것이다. 또 경찰력이나 기타의 공권력이 불필요하게 남용될 소지도 있으며 예컨대 간통사범 단속을 빙자하여 접객업소를 임검 수색(臨檢 搜索)함과 같은 경우가 그것이라 할 것이며 이러한 정력과 비용은 강간이나 강조 등 흉악범의 검거에 전용되는 것이 바람직한 것이라고 할 수 있는 것이다.

건전한 사회질서, 미풍양속을 보호하는 것은 바람직하지만 그에 못지 않게 사생활 비밀의 보호도 인격의 유지와 행복의 추구에 필수적인 전제이므로 사생활 은폐권을 침해하는 면이 큰 간통의 형사처벌을 성질서 또는 성도덕이라는 가치의 보호만을 앞세워 감행한다면 자칫 과잉 처벌의 폐단이 생겨날 우려가 있으며, 따라서 간통죄는 사생활 은폐권이라는 국민의 기본권을 침해하고 있거나 과잉금지의 원칙에 위배되어 원칙적으로 위헌이며 일보를 후퇴하여 동죄의 존치의 합헌성, 즉 범죄화는 일응 이를 인정한다고 하더라도 그에 대한 형벌로 징역 2년 이하의 자유형만을 규정하고 있는 벌칙의 규정은 과잉금지의 원칙(중 침해의 최소성 및 법익의 균형성)에 위배된다고 생각된다.

2. 강간죄 · 강제추행죄 등

(1) 강간죄

형법 제32장은 '강간과 추행의 죄'를 규정하고 있다. 형법 제297조는 "폭행 또는 협박으로 부녀를 강간한 자는 3년 이상의 유기징역에 처한다."라고 강간죄를 규정하고 있다.

강간이란 폭행·협박으로 상대방의 반항이 현저히 어려운 상태에서 그 의사에 반하여 상대방을 간음하는 것으로 피해자의 성적 자기결정권을 침해하는 범죄이다. 강간죄는 '성기가 삽입된 경우'에 한하여 성립되고 이물질의 삽입이나 성기가 아닌 구강 등을 사용한 경우나 각종 변태적인 성행위, 동성간의 성폭력 등은 '추행의 죄'로 처벌된다.

강간죄는 친고죄로서 피해자의 고소가 있어야만 검사가 공소를 제기할 수 있으며[2], 여기서 부녀라 함은 성년이든 미성년이든, 기혼이든 미혼이든 불문하며 곧 여자를 가리키는 것이라 할 것이다.[3] 강간죄의 객체에 대해서는 논란이 있지만 형법은 여성에 한정하고 있다. 강간죄의 주체는 남자이나 여성도 남성과 공동정범이 되거나 혹은 남성을 이용하여 여성을 강간하도록 하는 경우에는 그 주체가 될 수 있다. 행위의 객체를 여성에게만 한정하고 있는 것에 대해서도 논란이 있다. 특히 여성이 남성에게 혹은 남성이 남성에게 가하는 성폭력을 처벌하지 못하는 것에 대한 문제가 있다. 이 규정은 여성에게 불리한 조항은 아니나 성차별적 내용이 포함되어 있다고 할 수 있다.

동일한 폭행·협박을 이용하여 수회 간음한 때에는 단순일죄로 처벌한나. 1인이 간음하고 다른 사람은 폭행·협박을 한 경우는 모두 공동정범으로 처벌한다.

강간이 되기 위해서는 저항하기 곤란할 정도의 폭행 또는 협박이 있

2) 강도강간 및 강간치사상, 집단성폭행, 윤간 등을 제외하고 보통의 강간은 친고죄로 되어 있고, 성폭력특별법의 경우에도 친족강간, 장애자강간, 미성년자강간·강제추행 등을 제외하고 모든 성폭력사건에 대해서는 친고죄이다. 이를 존속시킬 것인가에 대한 논란이 많다. 강간죄를 친고죄로 둔 것은 강간의 사실이 공개되면 피해자가 더 큰 피해를 당한다고 하여 피해자의 수치심과 명예감정을 보호할 목적에서 두었으나 강간죄가 친고죄로 규정됨으로써 오히려 범죄피해사실이 은폐되거나 범죄자들이 이를 악용하는 등 부작용이 많다고 하여 비판의 목소리가 높다.

3) 대법원 1996. 6. 11. 선고 96도791.

어야 한다는 해석에 대해서는 남성 중심적 성문화에 기초한 것으로 범죄자의 행동보다도 피해자의 의사와 반항여부에 초점을 맞추어야 한다고 본다.

(2) 강제추행죄

형법 제298조는 "폭행 또는 협박으로 사람에 대하여 추행한 자는 10년 이하의 징역 또는 1500만 원 이하의 벌금에 처한다."고 강제추행죄를 규정하고 있다.

강제추행죄는 피해자의 고소가 있어야 검사가 공소를 제기할 수 있는 친고죄로, 그 피해자는 남자와 여자를 모두 포함한다. 강제추행죄에서 추행이란 성욕을 만족시키거나 성욕을 자극하기 위하여 상대방이 성적 수치심이나 혐오감을 불러일으키는 일체를 말한다.

(3) 미성년자 등 강간 · 강제추행죄

미성년자 또는 심신미약자를 위계 또는 위력으로써 간음 또는 추행을 한 자는 5년 이하의 징역에 처한다(§302). 여기서 미성년자라 함은 13세 이상 20세 미만인 자를 말하며 미성년자라도 혼인한 자는 성년으로 의제되므로 미성년자에 포함되지 않는다. 이 경우도 피해자의 고소가 있어야 검사가 공소를 제기할 수 있는 친고죄이다.

형법은 13세 미만의 부녀를 간음하거나 13세 미만의 사람에게 추행을 한 자는 강간죄 · 강제추행죄와 같이 처벌하는 미성년자 의제강간 · 강제추행죄를 규정하고 있다(§305). 이러한 미성년자 의제강간 · 강제추행죄는 아동들을 성적 도구로 전락시킬 위험으로부터 보호하려는 것이 그 입법취지이다.

(4) 혼인빙자간음죄

혼인을 빙자하거나 기타의 위계로써 음행의 상습없는 부녀를 기망하여 간음한 자는 2년 이하의 징역 또는 500만 원 이하의 벌금에 처한다(§304). 혼인빙자란 간음할 당시에 혼일할 의사가 없으면서도 있는 것처럼 가장하는 것을 말하며, 여기서 혼인은 법률상 혼인만을 의미한다. 이도 피해자의 고소가 있어야 공소를 제기할 수 있는 친고죄이다. 그러나 남녀간의 성관계는 사생활문제로 개인의 자율에 맡기는 것이 바람직하다하여 그 폐지가 주장되고 있는 조항이다.

(5) 강간치사상죄 등

강간죄, 강제추행죄, 준간강죄, 준강제추행죄를 범하는 과정에서 사람을 상해하거나 상해에 이르게 한 자는 무기 또는 5년 이상의 징역에 처한다(§301). 그리고 이와 같은 죄를 범하다가 사람을 살해한 자는 사형 또는 무기징역에 처한다(§301의2). 이에 대해 특수강간·강제추행치사상죄는 무기 또는 7년 이상의 징역에 처하도록 하고 있다.

(6) 음행매개죄

영리를 목적으로 미성년 또는 음행의 상습없는 부녀를 매개하여 간음하게 한자는 3년 이하의 징역 또는 1500만 원 이하의 벌금에 처한다(§242).

Ⅲ. 성폭력범죄의처벌및피해자보호등에관한법률

1. 입법배경과 제정의의

(1) 입법배경

성폭력범죄의처벌및피해자보호등에관한법률(이하에서 성폭력특별법이라 한다)은 성폭력범죄에 대한 처벌과 그 절차에 관해 규정함으로써 성폭력범죄를 예방하고 피해자를 보호함으로써 건강한 사회질서의 확립하고자 제정한 것이다. 이법은 1994.1.5.(법률 제4702호)에 제정되어 그동안 이 법의 제정취지와 목적에 부합하는 방향으로 수차례의 개정, 보완이 이루어져왔다.

(2) 제정의의

기존에 형법 및 특정범죄가중처벌등법률에 성폭행범죄가 규정되어 있으나 사회가 발달할수록 성범죄에 대한 형태도 다양해지고 범죄정도가 극심해지자 이를 강력하게 대처하기 위한 차원에서 이 법률이 제정되었다.

또한 기존의 형법에 규정된 성범죄는 범죄자의 처벌을 중시하는 것인데 비해 성폭력특별법은 성폭력피해자의 범죄 신고와 고소 및 수사와 재판절차에 있어서 피해자의 인권보호를 위해 규율되었다. 이에 따라 국가와 지방자치단체는 성폭력예방과 피해자 보호를 위한 조치를 실시할 의무가 있으며, 피해자를 위한 상담소, 보호시설, 의료기관 등의 사회복지시설과 이에 대한 국가와 지방자치단체의 지원하도록 규정하고 있다.

2. 성폭력의 개념과 피해자의 권리

(1) 성폭력의 개념

성폭력(sexual violence), 성범죄(sexual crime) 등 성적 침해(sexual violation)에 대해서는 정확한 구분 없이 사용하고 있고, 성범죄에 성희롱이 포함되어 있는지 여부 등 성적 침해를 둘러싼 개념상에 혼란이 있어 이를 정리해볼 필요가 있다고 본다.

넓은 의미에서 성폭력이란 강간, 윤간, 강도·강간뿐 아니라 성추행, 언어적 희롱, 음란전화, 성기노출, 어린이 성추행, 아내강간(wife rape)[4] 등 상대방의 의사에 반(反)하여 가하는 성적행위로 모든 신체적, 언어적,

---

4) 1995년 베이징에서 개최한 유엔여성대회에서는 부부사이에 일방이 성관계를 요구하는 특권을 폐지하기로 결의한 바 있다.
미국에서 아내강간은 1978년 오레건주에 사는 그레타에 의해 남편을 강간죄로 고소하면서 시작되었고, 아내도 강간의 객체가 될 수 있으며 아내강간이 유죄가 될 수 있다고 보았다(지광준, 은폐와 침묵을 넘어서, 경인, 1999, 262면 참조).
아직도 많은 사람들은 아내강간에 대한 언급이 시기상조라거나 부부사이를 이간질하는 것이라고 하고 아내강간이란 있을 수 없다고 한다. 그러나 아내구타에 대한 보고를 보면 심한 구타 후에 강제적으로 성관계를 행하는 경우가 많은 것으로 나와 있고 구타당하는 아내들은 이때가 가장 죽고 싶을 정도로 고통스럽다고 한다. 이는 분명히 아내에 대한 성적 학대이자 강간행위라고 할 수 있다. 아내는 남편의 소유물이 아니며, 여성은 자신의 몸과 성에 관한 결정을 할 권리인 성적 자기 결정권이 있기 때문이다.

정신적 폭력을 포괄하는 광범위한 개념을 말한다. '상대방의 의사에 반한다'는 것은 원치 않거나 거부하는 행위를 상대방에게 계속하거나 강요하는 것을 의미한다. 따라서 상대방으로 하여금 성폭력에 대한 막연한 불안감이나 공포감을 조성할 뿐 아니라 그것으로 인해 행동제약을 유발시키는 것도 간접적인 성폭력이라고 할 수 있다. 이에 대해 좁은 의미의 성폭력은 상대방의 의사에 반하여 신체적 또는 정신적 손상이나 고통을 주는 성적인 언어나 행위를 함으로써 상대방의 인간으로서의 존엄과 성적 자기결정권을 침해하는 행위를 말한다.

성폭력은 성적 침해행위로 매스컴에서 보고 있는 성폭력은 훨씬 포괄적이고 그 한계가 모호하다. 강간을 성폭행으로, 강간, 강제추행, 성희롱의 일체 피해자의 의사에 반하는 성적 침해를 성폭력으로 보고 있는 경향이다. 성적 침해는 형법상 강간·강제추행죄, 성폭력특별법, 윤락행위등방지법, 성매매방지법, 아동보호법, 청소년성보호법 등에서 다루고 있다.

형법에서 폭력은 일반적으로 유형력의 행사를 의미하며 성범죄가 반드시 폭력적 방법을 포함하는 것은 아니다. 즉 형법상 성범죄는 ① 폭력적 방법에 의해 성적 자기결정권을 침해하는 것으로 물리적 강제, 심리적 강제가 가능한 범죄와 ② 지배적 성윤리를 침해하는 풍속범죄가 있어 형법상 성범죄는 반드시 폭력적 방법을 포함하지는 않는다.

(2) 피해자의 권리

성폭력은 성을 이유로 한 여성에 대한 폭력행위이자 성을 이유로 하는 인권침해로 학교, 직장, 기타 사회생활에 걸쳐 전반적으로 행해지고 있다. 성폭력피해자들은 피해자이면서 피해자로서의 인권을 존중받지 못하고 오히려 이를 숨기려고 하는 소극적인 태도를 취해왔다. 이러한 성폭력피해자들이 피해자로서 자신의 권리를 주장하고 보장받아야 함을 주장하며 한국여성단체연합은 98여성폭력추방주간에 맞춰 성폭력피해자 권리헌장[5]을 선포하기도 하였다.

---

5) · 직업, 나이, 이전의 성경험, 피해시의 상황, 가해자와의 관계와 상관없이 피해자로 인정받고 대우받을 권리
· 사건과 관련된 질문만 받을 권리
· 이전의 성경험에 대한 질문을 받지 않을 권리
· 고소시 자신의 신분이 외부로 노출되지 않고 보호받을 권리

모든 성폭력피해자들은 나이, 직업, 성별, 학력, 경제력, 성정체성, 신체적·정신적 능력, 종교 등과 상관없이 자신의 피해를 인정받고 존중, 지지받을 권리를 가지며 피해의 상처를 극복해 나가는 데 필요한 모든 것들을 제공받고 배려 받을 권리가 있다. 어떠한 피해자도 피해입기를 원했거나 피해를 당할만했거나 피해를 유발하지 않았으며 폭력으로부터 살아나온 모든 성폭력피해자에게는 인간으로서의 존엄성을 지닌 인격체로 존중받을 권리가 있음을 알아야 하며, 성폭력피해자의 권리헌장을 채택함은 더 이상 성폭력피해를 입었다는 이유로 비난받거나 사회적으로 누려야할 권리를 침해받는 일이 없도록 하여야 한다.

이하에서는 우리 형법상 성범죄에 가중처벌되고 형법이 규정한 성범죄이외 성폭력범죄를 규정한 성폭력특별법에 관해 살펴본다.

- 신변안전조치를 요청할 권리
- 수사, 재판과정에서 편안한 환경에서 진술할 수 있도록 가족, 변호사, 상담원 등과 함께 배석할 권리
- 사생활보호, 심리적 안정을 위해 비공개재판을 신청할 권리
- 가해자가 있는 자리에서 증언하기 어려울 경우 가해자의 퇴정을 신청할 권리
- 가해자로 인한 정신적, 신체적, 경제적 피해의 책임을 가해자에게 묻고 보상을 요구할 권리
- 병원에서 검사받는 동안 친절하고 세심한 배려를 받을 권리
- 성폭력피해에 대한 지식과 배려가 있는 의료진을 연계 받을 권리
- 모든 검사과정, 서류, 절차 등에 관해 쉬운 말로 설명들을 수 있는 권리
- 진료이후 예상되는 증상들을 충분히 알 권리
- 친구, 가족, 상담원 등이 진찰실에 함께 있을 수 있는 권리
- 성폭력피해에 관련된 증거물 수집과 진단서 발부를 요청할 권리
- 진료결과에 대한 기록을 발부받을 권리
- 성관계가 아닌 폭력의 피해자로 대우받을 권리
- 순결을 상실한 것으로 간주되지 않을 권리
- 어떠한 상황이든 피해에 대한 책임을 추궁당하지 않을 권리
- 불면, 불안, 악몽, 두려움, 초조함, 분노 등 피해 후 증상들을 갖고 표현할 권리 그리고 이러한 행동들이 비정상적인 행동으로 간주되지 않을 권리
- 가족이나 친구 등 주변인으로부터 정서적으로 지지받을 권리
- 피해에 대해 주변인에게 말할 권리 또한 말하지 않을 권리
- 성폭력상담소에서 비밀을 보장받으며 전문적 상담을 받을 권리
- 피해를 극복하고 어려움을 이겨내기 위해 필요로 되어지는 모든 정보와 지지를 주변, 관련 단체, 사회로부터 제공받을 권리
- 두려움에서 벗어나 스스로의 삶에 대한 자신감을 되찾을 권리

3. 체계와 내용

(1) 체계

이 법률은 제1장 총칙, 제2장 성폭력범죄의 처벌 및 절차에 관한 특례, 제3장 성폭력피해상담소 등, 제4장 벌칙으로 4장, 전문 37조, 부칙으로 구성되어 있다.

(2) 내용

가. 목적 및 정의

이 법은 성폭력범죄를 예방하고 그 피해자를 보호하며, 성폭력범죄의 처벌 및 그 절차에 관한 특례를 규정함으로써 국민의 인권신장과 건강한 사회질서의 확립에 이바지함을 목적으로 한다.

이 법에서 "성폭력범죄"라 함은

ⅰ) 형법 제22장 성풍속에 관한 죄 중 음행매개죄(§242), 음화등의 반포등 죄(243), 음화 등의 제조등 죄(§244) 및 공연음란죄(§245).

ⅱ) 형법 제31장 약취와 유인의 죄 중 추행 또는 간음을 목적으로 하거나 추업에 사용할 목적으로 범한 영리 등을 위한 약취, 유인, 매매 등 죄(§288)와 미수범, 약취, 유인, 매매된 자를 수수 또는 은닉죄(§292)와 미수범.

ⅲ) 형법 제32장 강간과 추행의 죄 중 강간죄(§297), 강제추행죄(§298), 준강간, 준강제추행죄(§299)와 미수범, 강간 등 상해・치상죄(§301), 강간 등 살인・치사(§301의2), 미성년자등에 대한 간음(§302), 업무상위력 등에 의한 간음죄(§303), 미성년자에 대한 간음, 추행죄(§305).

ⅳ) 형법상 강도강간죄(§339).

ⅴ) 특수강간 등(법 §5) 내지 카메라 등의 이용촬영죄(법 §14의2) 등의 범죄로서 다른 법률에 의하여 가중처벌되는 죄를 말한다.

국가와 지방자치단체는 성폭력범죄를 예방하고 그 피해자를 보호하며 유해환경을 개선하기 위하여 필요한 법적・제도적 장치를 마련하고 필요한 재원을 조달하여야 하며, 청소년을 건전하게 육성하기 위하여 청소년에 대한 성교육 및 성폭력예방에 필요한 교육을 실시하여야 한다.

성폭력범죄의 피해자를 고용하고 있는 자는 누구든지 성폭력범죄와 관련하여 피해자를 해고하거나 기타 불이익을 주어서는 아니된다.

나. 성폭력범죄의 처벌에 관한 특례

(가) 특수강도, 강간 등

형법상 주거침입(§319), 야간주거침입절도(§330), 특수절도(§331) 또는 미수범(§342)의 죄를 범한 자가 강간(§297) 내지 준강간, 준강제추행(§299)의 죄를 범한 때에는 무기 또는 5년 이상의 징역에 처한다. 형법상 특수강도(§334) 또는 미수(§342)의 죄를 범한 자가 강간(§297) 내지 준강간, 준강제추행의 죄(§299)를 범한 때에는 사형·무기 또는 10년 이상의 징역에 처한다.

흉기 기타 위험한 물건을 휴대하거나 2인 이상이 합동하여 형법상 강간(§297), 준강간(§299)의 죄를 범한 자는 무기 또는 5년 이상의 징역에 처하고, 강제추행, 준강제추행의 죄를 범한 자는 3년 이상의 유기징역에 처한다.

(나) 장애인에 대한 강간 등

흉기 기타 위험한 물건을 휴대하거나 2인 이상이 합동하여 신체장애로 항거불능인 상태에 있음을 이용하여 여자를 간음하거나 사람에 대하여 추행한 자도 이를 그대로 적용한다. 이는 장애인의 보호를 위하여 장애인에 대한 간음 등의 죄 적용을 신체장애뿐 아니라 정신장애로 항거불능인 상태를 이용하여 범하는 경우라고 하여 기존에 신체장애만을 적용한데서 범위를 확장하여 장애인에 대한 보호를 강화한 것이다.

(다) 친족관계에 의한 강간 등

친족관계에 있는 자가 형법상 강간(§297), 준강간(§299)의 죄를 범한 때에는 5년 이상의 유기징역에 처하고, 강제추행(§298), 준강제추행(§299)의 죄를 범한 때에는 3년 이상의 유기징역에 처한다.

친족의 범위는 4촌 이내의 혈족과 2촌 이내의 인척으로 하고, 친족은 사실상의 관계에 의한 친족을 포함한다. 친족의 범위를 확대함으로써 기존에는 처벌대상에서 제외되었던 비속의 친족 또는 의붓아버지에 의한 강간 등의 경우에도 가중처벌을 할 수 있게 하였다.

(라) 미성년자에 대한 강간 등

13세 미만의 여자에 대하여 형법상 강간(§297), 준강간(§299)의 죄를 범하거나 위계 또는 위력으로써 13세 미만의 여자를 간음한 자는 5년 이상의 유기징역에 처한다. 그리고 13세 미만의 사람에 대하여 형법상 강제추행(§298), 준강제추행(§299)의 죄를 범하거나 13세 미만의 사람에 대하여 추행을 한 자는 1년 이상의 유기징역 또는 500만 원 이상 2천만 원 이하의 벌금에 처한다. 미성년자에 대한 성폭력의 경우 가중처벌할 수 있게 하고 비친고죄로 하고 있다.

(마) 강간 등 상해・살인 등

특수강도, 강간의 죄를 범한 자가 사람을 상해하거나 상해에 이르게 한 때에는 무기 또는 7년 이상의 징역에 처한다.

특수강도, 친족관계에 의한 강간, 장애인에 대한 강간 등의 죄를 범한 자가 사람을 살해한 때에는 사형 또는 무기징역에 처하고, 사람을 사망에 이르게 한 때에는 무기 또는 10년 이상의 징역에 처한다.

(바) 업무상 위력 등에 의한 추행

업무・고용 기타 관계로 인하여 자기의 보호 또는 감독을 받는 사람에 대하여 위계 또는 위력으로써 추행한 자는 2년 이하의 징역 또는 500만원 이하의 벌금에 처하고, 법률에 의하여 구금된 사람을 감호하는 자가 그 사람을 추행한 때에는 3년 이하의 징역 또는 1천500만 원 이하의 벌금에 처한다. 이는 친고죄이다.

(사) 공중밀집장소에서의 추행

대중교통수단, 공연・집회장소 기타 공중이 밀집하는 장소에서 사람을 추행한 자는 1년 이하의 징역 또는 300만 원 이하의 벌금에 처한다. 이는 친고죄이다.

(아) 통신매체이용음란 등

자기 또는 다른 사람의 성적 욕망을 유발하거나 만족시킬 목적으로 전화・우편・컴퓨터 기타 통신매체를 통하여 성적 수치심이나 혐오감을 일으키는 말이나 음향, 글이나 도화, 영상 또는 물건을 상대방에게 도달하게 한 자는 1년 이하의 징역 또는 300만 원 이하의 벌금에 처하며 친고죄이다. 그리고 카메라 기타 이와 유사한 기능을 갖춘 기계장치를 이용하여 성적 욕망 또는 수치심을 유발할 수 있는 타인의 신체를 그 의사에 반하여 촬영한 자는 5년 이하의 징역 또는 1천만 원 이하의 벌금에 처한다.

다. 절차에 관한 특례

(가) 보호관찰 등

법원이 성폭력범죄를 범한 자에 대하여 형의 선고를 유예할 경우에는 1년 동안 보호관찰을 받을 것을 명할 수 있다. 다만, 성폭력범죄를 범한 자가 소년인 경우 보호관찰은 필수이다. 법원이 성폭력범죄를 범한 자에 대하여 형의 집행을 유예할 경우에는 그 집행유예기간 내에서 일정기간 동안 보호관찰을 받을 것을 명하거나 사회봉사 또는 수강을 명할 수 있는데, 이 경우 2 이상 병과할 수 있다. 다만, 성폭력범죄를 범한 자가 소년인 경우 보호관찰·사회봉사 또는 수강은 필수이다.

성폭력범죄를 범한 자로서 형의 집행중에 가석방된 자는 가석방기간 동안 보호관찰을 받으며, 보호관찰·사회봉사 및 수강에 관하여 이 법에 정한 사항 이외의 사항에 관하여는 보호관찰등에관한법률을 준용한다.

(나) 고소기간 등

성폭력범죄중 친고죄에 대하여는 형사소송법상 고소기간(§230)의 규정에도 불구하고 범인을 알게 된 날부터 1년을 경과하면 고소하지 못한다. 다만, 고소할 수 없는 불가항력의 사유가 있는 때에는 그 사유가 없어진 날부터 기산한다.

성폭력범죄에 대하여는 형사소송법상 고소의 제한(§224)의 규정에도 불구하고 자기 또는 배우자의 직계존속을 고소할 수 있다.

(다) 피해자의 신원과 사생활비밀누설금지

성폭력범죄의 수사 또는 재판을 담당하거나 이에 관여하는 공무원은 피해자의 주소·성명·연령·직업·용모 기타 피해자를 특정하여 파악할 수 있게 하는 인적사항과 사진 등을 공개하거나 타인에게 누설하여서는 아니된다. 그리고 위 공무원은 성폭력범죄의 소추에 필요한 범죄구성사실을 제외한 피해자의 사생활에 관한 비밀을 공개하거나 타인에게 누설하여서는 아니된다.

(라) 영상물의 촬영·보존 등

검사 또는 사법경찰관은 성폭력 범죄를 당한 피해자의 연령, 심리상태 또는 후유장애의 유무 등을 신중하게 고려하여 조사과정에서 피해자의 인격이나 명예가 손상되거나 사적인 비밀이 침해되지 않도록 주의하여야 하며, 조사 횟수는 필요 최소한으로 하여야 한다. 위 피해자가 13세 미만이거나 신체장애 또는 정신상의 장애로 사물을 변별하거나 의사를 결정할 능력이 미약한 때에는 피해자의 진술내용과 조사과정을 피해자 또는 법정대리인이 원하는 경우에 한해 비디오녹화기 등 영상물 녹화장치에 의하여 촬영·보존하여야 한다.

이에 의해 촬영한 영상물에 수록된 피해자의 진술은 공판준비 또는 공판기일에서 피해자 또는 조사과정에 동석하였던 신뢰관계에 있는 자의 진술에 의하여 그 성립의 진정함이 인정된 때에는 증거로 할 수 있다. 수사기관은 위 요건에 해당하는 피해자 또는 법정대리인으로부터 신청이 있는 때에는 영상물 촬영과정에서 작성한 조서의 사본을 신청인에게 교부하여야 한다.

(마) 심리의 비공개

성폭력범죄에 대한 심리는 그 피해자의 사생활을 보호하기 위하여 결정으로 이를 공개하지 아니할 수 있다. 증인으로 소환받은 성폭력범죄의 피해자와 그 가족은 사생활보호등의 사유로 증인신문의 비공개를 신청할 수 있다. 재판장은 위 비공개 신청이 있는 때에는 그 허가여부 및 공개, 법정외의 장소에서의 신문 등 증인의 신문방식 및 장소에 관하여 결정할 수 있다.

(바) 전문가의 의견조회

법원은 정신과의사·심리학자·사회복지학자 그 밖의 관련전문가에게 행위자 또는 피해자의 정신·심리상태에 대한 진단소견 및 피해자의 진술내용에 관한 의견을 조회할 수 있으며, 성폭력범죄를 조사·심리함에 있어서 의견조회의 결과를 참작하여야 한다.

(사) 신뢰관계에 있는 자 등의 동석

피해자가 재판이나 수사과정에서 편안하게 진술을 할 수 있게 피해자와 신뢰관계에 있는 자를 동석하게 하여 피해자보호절차를 강화하고 있다. 즉 법원은 범죄의 피해자를 증인으로 신문하는 경우에는 검사, 피해자 또는 법정대리인의 신청에 의하여 피해자와 신뢰관계에 있는 자를 동석하게 할 수 있다. 수사기관이 피해자를 조사하는 경우에는 피해자 또는 법정대리인의 신청에 의하여 피해자가 지정하는 자를 동석하게 할 수 있다. 법원 또는 수사기관은 피해자가 13세 미만이거나 신체장애 또는 정신상의 장애로 사물을 변별하거나 의사를 결정할 능력이 미약한 때의 경우에 해당하는 피해자를 신문 또는 조사하는 때에는 재판이나 수사에 지장을 초래할 우려가 있는 등 부득이한 경우가 아닌 한 피해자와 신뢰관계에 있는 자를 동석하게 하여야 한다.

(아) 비디오 등 중계장치에 의한 증인신문

법원은 형법상 강간, 강제추행, 준강간, 준강제추행, 강간 등 상해·치상·살인·치사, 미성년자에 대한 간음, 추행, 업무상 위력등에 의한 간음의 죄와 강도강간의 죄, 특수강도강간 내지 카메라등 이용촬영의 죄의 규정에 의한 범죄의 피해자를 증인으로 신문하는 경우 검사와 피고인 또는 변호인의 의견을 들어 비디오 등 중계장치에 의한 중계를 통하여 신문할 수 있다. 제1항의 규정에 의한 증인신문의 절차·방법 등에 관하여 필요한 사항은 대법원규칙으로 정한다.

라. 성폭력피해자상담소 등

(가) 상담소 등의 설치 및 업무

국가 또는 지방자치단체는 성폭력피해상담소, 성폭력피해자보호시설을 설치·운영할 수 있다. 국가 또는 지방자치단체외의 자가 상담소를 설치·운영하고자 할 때에는 시장·군수·구청장에게 신고하여야 하고, 사회복지법인 기타 비영리법인은 시장·군수·구청장에게 신고하고 보호시설을 설치·운영할 수 있다.

상담소는 i) 성폭력피해를 신고 받거나 이에 관한 상담에 응하는 일, ii) 성폭력피해로 인하여 정상적인 가정생활 및 사회생활이 어렵거나 기타 사정으로 긴급히 보호를 필요로 하는 사람을 병원 또는 성폭력피해자보호시설로 데려다 주는 일, iii) 가해자에 대한 고소와 피해배상청구 등 사법처리절차에 관하여 대한변호사협회·대한법률구조공단등 관계기관에 필요한 협조와 지원을 요청하는 일, iv) 성폭력범죄의 예방 및 방지를 위한 홍보를 하는 일, v) 기타 성폭력범죄 및 성폭력피해에 관하여 조사·연구하는 업무를 수행한다. 그리고 보호시설은 상담소가 하는 업무 이외에 i) 성폭력피해자를 일시 보호하는 일, ii) 성폭력피해자의 신체적·정신적 안정회복과 사회복귀를 도우는 일, iii) 기타 성폭력피해자의 보호를 위하여 필요한 일을 담당한다.

(나) 경비의 보조 및 의료보호

국가 또는 지방자치단체는 상담소 또는 보호시설의 설치·운영에 소요되는 경비를 보조할 수 있다. 여성가족부장관 또는 시장·군수·구청장은 국·공립병원·보건소 또는 민간의료시설을 성폭력피해자의 치료를 위한 전담의료기관으로 지정할 수 있고 전담의료기관은 상담소 또는 보호시설의 장의 요청이 있을 경우에는 성폭력피해자의 보건상담 및 지도, 성폭력피해의 치료, 기타 대통령령이 정하는 신체적·정신적 치료 등을 제공하여야 한다.

(다) 비밀엄수의 의무 등

상담소 또는 보호시설의 장이나 이를 보조하는 자 또는 그 직에 있었던 자는 그 직무상 알게 된 비밀을 누설하여서는 아니된다. 그리고 이 법에 의한 상담소 또는 보호시설이 아니면 성폭력피해상담소·성폭력피해자보호시설 또는 이와 유사한 명칭을 사용하지 못한다.

[판례 1] 성폭력1[대구고법 1989.1.20. 선고 88노512]

1988년 변월수(주부)는 건강한 젊은 남자 2명이 인적이 드문 심야에 혼자 귀가중이던 가정주부에게 뒤에서 달려들어 그녀의 양팔을 붙잡고 어두운 골목길로 끌고 들어가 담벽락에 쓰러뜨린 후 음부를 만지고 반항하는 그녀의 옆구리를 무릎으로 차는 등의 폭행을 가하면서 키스를 하려고 하자 양팔이 붙잡힌 상대에서 발버둥을 치면서 가정주부로서의 정조와 신체의 안전을 지키려는 일념으로 엉겁결에 추행자의 혀를 물어 뜯게 되었다.

변월수는 자신이 피해자임에도 불구하고 1심에서 "정당방위로서 인정될 수 없는 지나친 행위"라고 하여 징역 6개월에 집행유예 1년을 선고받았다. 그러나 2심에서 "이는 자신의 성적순결 및 신체에 대한 현재의 부당한 침해를 방어하기 위한 상당한 행위로서 정당방위에 해당한다."라고 하여 무죄를 선고받았다.

[판례 2] 성폭력2 [광주고법 1991.12.20, 91노899, 91감노80, 살인 등 상고 기각]

1991.1. 전북 남원에서 사는 31세의 김부남(주부)은 21년 전 당시 9세의 나이에 55세인 이웃아저씨 송OO(당시 35세)로부터 강간을 당하고, 이 강간으로 인해 원래 내성적이고 정신분열증인 성격이 더욱 악화되어 결혼 후에도 정상적인 성생활이 어려워 첫 결혼에 실패하였다. 2심에서 법원은 "위 피고인은 외상 후 스트레스장애 등에 따른 심신미약상태에서 위 범행을 저질렀으며, 아직도 그러한 증상이 남아 있어 1년 정도의 입원치료와 5년 정도의 계속적인 통원치료가 필요하며, 피고인의 가정형편으로는 계속적인 치료비를 감당하기가 어렵고 위 정신분열증의 중요한 원인을 제공하였던 강간자가 사망하여 그 원인이 된 중요부분이 제거되었음에도 피고인은 정신감정시에 면담이나 치료를 거부하는 태도를 보이고 대인관계에 의심이 많아 조그만 자극에도 공격적인 행동을 보여 재범예방의지가 있는 것으로 보기도 어려우므로, 피고인은 계속하여 치료를 받으면서 감시되지 아니하면 다시 위 스트레스장애 등의 재발로 말미암은 재범의 위험성이 있다고 인정된다."고 보았다.

[판례 3] 성폭력3 [대판 1992.12.22, 92도2540]

1992.1. 김보은이 7살 때 엄마가 재혼을 하였고 의붓아버지는 김보은이 9살 때부터 상습적으로 성폭행을 하기 시작하였고, 12살 이후에는 거의 매일 성폭행을 하였고 이러한 행위는 김보은이 대학에 입학후에도 계속되었는데 대학에서 사귄 남자친구 김진관에게 이 비밀을 털어놓았다. 김진관은 김보은과 치밀한 계획하에 공직자이던 김보은의 의붓아버지를 살해하게 되었다. 대법원은 "의붓아버지의 강간행위에 의하여 정조를 유린당한 후 계속적으로 성관계를 강요받아 온 피고인이 상피고인과 사전에 공모하여 범행을 준비하고 의붓아버지가 제대로 반항할 수 없는 상태에서 식칼로 심장을 찔러 살해한 행위는 사회통념상 상당성을 결여하여 정당방위가 성립하지 아니한다."고 보았다.

이 사건은 가정 내 근친간 성폭행 사건으로, 고등법원판결에서는 살인사건에 있어서 최초로 집행유예가 선고되었고 대법원에서 김진관은 징역 5년, 김보은은 징역 3년에 집행유예 5년을 선고받았다.

[판례 4] 강간죄의 객체를 부녀만으로 볼 것인가에 대한 판단기준
[대판 1967.2.28. 선고 67도1 판결]

강간죄에 있어서 그 객체를 부녀로 한 것은 남녀의 생리적, 육체적 차이에 의하여 강간이 남성에 의하여 감행됨을 보통으로 하는 실정에 비추어 사회적, 도덕적 견지에서 피고자인 부녀를 보호하려는 것이고 이로 인하여 일반 사회관념상 합리적인 근거없는 특권을 부녀에게만 부여하고 남성에게 불이익을 주었다고는 할 수 없다 할 것이라고 하였다.

[판례 5] 성전환자의 강간죄 객체[대판 1996.6.11. 96도791]

무릇 사람에 있어서 남자, 여자라는 성(性)의 분화는 정자와 난자가 수정된 후 태아의 형성 초기에 성염색체의 구성(정상적인 경우 남성은 xy, 여성은 xx)에 의하여 이루어지고, 발생과정이 진행됨에 따라 각 성염색체의 구성에 맞추어 내부생식기인 고환 또는 난소 등의 해당 성선(性腺)이 형성되고, 이어서 호르몬의 분비와 함께 음경 또는 질, 음순 등의 외부성기가 발달하며, 출생 후에는 타고난 성선과 외부성기 및 교육 등에 의하여 심리적, 정신적인 성이 형성되는 것이다. 그러므로 형법 제297조에서 말하는 부녀, 즉 여자에 해당하는지의 여부도 위 발생학적인 성인 성염색체의 구성을 기본적인 요소로 하여 성선, 외부성기를 비롯한 신체의 외관은 물론이고 심리적, 정신적인 성, 그리고 사회생활에서 수행하는 주관적, 개인적인 성역할(성전환의 경우에는 그 전후를 포함하여) 및 이에 대한 일반인의 평가나 태도 등 모든 요소를 종합적으로 고려하여 사회통념에 따라 결정하여야 할 것이다.

Ⅲ. 가정폭력특별법

1. 서설

1980년대 이후 가정폭력은 점차 사회문제로 인식되기 시작되었고 1998년 국회는 '가정폭력방지및피해자보호에관한법률'과 '가정폭력범죄의 처벌등에대한특례법'을 제정하였다.

최근 들어 가정폭력을 일삼아온 남편을 살해하여 기소된 사건이 사회에 논란거리로 등장했다. 생명의 존엄성을 강조하면서도 오랫동안 말할 수 없을 정도의 고통을 당하는 가정폭력의 심각한 피해를 당한 피해자에 대해 정상을 참작하는 사건들이 이어지고 있다. 얼마 전 가정폭력을 해온 남편을 살해한 아내에 대해 집행유예가 선고되면서 사회적인 논제가 되기도 하였다. 한 생명을 살해한 범죄와, 가정폭력에 대한 어쩔 수 없는 대응 사이에서 나온 법원의 이례적인 판단이 논란에 휩싸이게 된 것이다. 여기서 가정폭력으로 인한 살인의 경우에 법원마다 정상의 참작 정도가 달라 논란이 되고 있다.

가정폭력범죄는 남편의 아내에 대한 폭력뿐 아니라 아내의 남편에 대한 폭력도 문제가 되는 등 그 대상과 종류, 수단 등이 다양화되고 있고 이와 더불어 아동의 학대도 증가하고 있다. 가정폭력범죄를 단순히 가정 내에서 일어나는 사적 문제로만 방치할 수 없는 정도에 이르렀다. 이에 국가가 더 이상 이를 방치하지 않고 개입하여 가정폭력범죄를 예방하고 피해자를 보호하여야 할 대책의 필요성이 제기되었던 것이다. 이에 따라 가정폭력특별법이 제정되었고 국가가 가정에 관여하여 위기에 처한 가정을 돕도록 하고 있다. 가정폭력특별법은 긴급한 필요가 있는 피해자로 하여금 상담소나 보호시설에 임시보호하게 하고 있다.

2. 가정폭력의 의의 및 신고 등

가정폭력이라 함은 "가정구성원 사이의 신체적, 정신적 또는 재산상

피해를 수반하는 행위"를 말한다(§2의1). 가정폭력범죄는 신고, 고소, 고발 등을 통해 누구든지 수사기관에 접수할 수 있도록 하고 있다(§4). 이는 가정폭력의 피해자가 가해자의 보복이 두려워 고소하지 못한 경우가 있었던 점을 감안하여 가족 이외에 이웃 등 누구든지 가정폭력사건에 대해 신고할 수 있도록 한 것이다.

부모도 고소를 할 수 있고(§6②), 폭력피해자를 교육, 보호, 복지, 상담하는 개인 및 기관의 장에게 신고의무를 지우고 있다(§4②).

3. 가정폭력사건처리

폭력신고를 받고 출동한 경찰은 반드시 사건 처리를 하여야 하며 출동한 사법경찰관은 필요한 응급조치를 취해야 한다(§5). 사건조사결과 폭력을 가한 당사자가 다시 폭력을 행사할 위험이 있는 경우에는 사건을 검찰로 송치한다. 검찰은 이 사건을 불기소처분, 형사처벌, 가정보호사건 등 중 처벌할 유형을 정하여 처벌 수위를 결정한다.

가정보호사건인 경우 법원은 임시조치를 결정한다(§29①). 판사는 가정보호사건의 원활한 조사와 심리 또는 피해자 보호를 위해 필요하다고 인정되는 때에는 ⅰ) 피해자 또는 가족구성원의 주거 또는 점유를 가옥으로부터의 퇴거 등 격리, ⅱ) 피해자의 주거, 직장 등에서 100미터 이내의 접근 금지, ⅲ) 의료기관 기타 요양소에의 위탁, ⅳ) 경찰관서 유치장 또는 구치소에의 유치의 임시조치를 취할 수 있다.

가정보호사건처리에 대해 사법기관은 ⅰ) 행위자가 피해자에게 접근하는 행위의 제한, ⅱ) 친권자인 행위자의 피해자에 대한 친권행사의 제한, ⅲ) 보호관찰 등에 관한 법률에 의한 사회봉사, 수강명령, ⅳ) 보호관찰 등에 관한 법률에 의한 보호관찰, ⅴ) 가정폭력방지 및 피해자보호 등에 관한 법률이 정하는 보호시설에의 보호위탁, ⅵ) 의료기관에의 치료위탁, ⅶ) 상담소 등에의 상담위탁 등의 보호처분의 조치를 한다.

[판례 1] 가정폭력남편을 살해한 아내의 형벌 1

2006.4.12. 경남 마산에 사는 임모씨(39)는 10여 년간 남편의 상습적인

폭력에 시달려온 임씨는 또다시 이유 없는 폭행에다, 성관계까지 강요당하자, 결국 자고 있는 남편 김모씨를 목졸라 살해하고 말았다. 창원지방법원은 이 같은 임씨의 상황을 참작해 살인죄로 기소된 임씨에 대해, 이례적으로 징역 3년에, 집행유예 5년을 선고했다. 대신, 말기암 환자 등 중병환자들에 대한 240시간의 사회봉사 명령을 내렸다.

재판부는 판결문을 통해, "피고인의 범죄는 인정되지만, 10여 년간 남편에게 상습적인 폭행을 당해왔고, 두 자녀의 양육을 책임져야 하는 점, 또 홧김에 우발적으로 범행을 저지르고 난 뒤 자수하고 깊이 반성하고 있는 점 등을 고려해 이같이 선고했다."고 밝혔다.

하지만, 결과적으로 재판부가 내린 '이례적인 선처'에 대해 논란도 일고 있다. 가정 폭력의 심각성과 이에 대한 사회 전반의 개선된 인식을 반영한 것이라는 분석에 반해, '살인'이라는 심각한 범죄행위를 간과한 처분이라는 지적이다.

실제로, '정상을 참작했다 하더라도, 한 생명을 살해한 범죄의 대가치고는 너무 관대한 처벌이 아니냐'는 지적도 법조계 안팎에서 나오고 있다.

또, 검찰의 불구속 기소에 이어, 법원까지 집행유예라는 선처를 내려지면서, 살인죄에도 쉽게 면죄부를 주게 되어, 자칫 생명 경시 풍조에도 영향을 미칠 수 있다는 우려도 나오고 있다.

이에 대해, 임씨의 변호인측은 '너무 관대한 처벌'이라는 점에는 납득할 수 없다는 입장이다. 손명숙 변호사는 "정상을 참작해 집행유예를 내려준 부분에 대해서는 고맙게 생각하고 있지만, 임씨 역시, 지난 10여년 동안 말할 수 없을 정도의 고통을 당하는 등 가정폭력의 심각한 '피해자'이기 때문에 이를 감안한다면 결코 관대한 처벌일 수 없다."고 밝힌 바 있다.

[판례 2] 가정폭력남편을 살해한 아내의 형벌 2

A씨와 딸 B씨는 2005년 11월 27일 새벽 가족들에게 상습적으로 폭력을 휘두른 남편(60)을 둔기로 때려 숨지게 한 뒤 사체를 유기한 혐의로 경찰에 구속·기소되었다. 전주지방법원은 2006.4.27일 1심 선고 공판에서 피고인 A(53)씨에게 징역 5년 형을 선고했다. 또 어머니와 함께 사체유기 혐의로 기소된 딸 B(27)씨에 대해서는 징역 10월에 집행유예 2년을 선고했다.

재판부는 판결문에서 "피고가 오랫동안 가정폭력에 시달려온 점은 인정되나 사전에 범행을 치밀히 준비하고 잔인하게 살해한 점 등을 고려할 때 실형 선고가 불가피하나."며 "다만 20여 년간에 걸친 가정폭력으로 딸이 이혼에 이르고 피해자의 가족들이 선처를 원하고 있으며 잘못을 깊이 뉘우치고 있는 점 등을 감안해 이 같이 선고한다."고 밝혔다.

딸에 대해서는 "함께 가정폭력에 시달려오며 어머니를 동정할 수밖에 없었고 당시 상황이 이성적 판단을 내리기 어려웠던 점 등을 고려했다."고 양형 이유를 밝혔다.

한편 전북여성단체연합은 이날 판결과 관련해 논평을 내고 "남편을 살해했다는 결과로서의 죄는 인정되지만, 수십 년간의 가정폭력이 가져온 절망과 자포자기의 고통도 묵과할 수 없다."며 "가정폭력 피해자로서 살아온 수십 년의 세월과 살인이라는 지울 수 없는 상처를 안고 평생을 살아야 할 피고인들의 앞날을 위해 앞으로 피고인의 항소를 돕고 석방을 앞당길 수 있도록 노력하겠다."고 밝혔다.

Ⅳ. 청소년의성보호에관한법률

1. 제정

청소년을 유해한 사회환경으로부터 보호·구제하고 건전한 인격체로 성장하도록 하기 위해 1996년에 청소년보호법이 제정되었다. 청소년보호법에서는 영리를 목적으로 접객행위를 하거나 이를 알선·매개하는 행위(§26의2②)와 영리 또는 흥행의 목적으로 청소년에게 음란한 행위를 하게 하는 행위(§26의2③)는 10년 이하의 징역에 처하고 청소년에 대해 풍기를 문란하게 하게 하는 영업행위를 하거나 그를 목적으로 장소를 제공하는 행위를 하는 행위(§26의2⑧)나 청소년에 대하여 금전 기타 재산상의 이익을 제공하거나 제공할 것을 약속하고 성교 또는 신체를 이용한 유사성교 행위(§26의2⑨)를 한 사람은 3년 이하의 징역 또는 2천만 원 이하의 벌금형에 처하도록 하고 있다.

여기서 더 나아가 청소년의 성을 매개로 한 행위를 처벌하기 위해 청소년의성보호에관한법률이 제정되었다.

2. 내용

(1) 목적과 정의

청소년의성보호에관한법률은 청소년의 성을 사거나 이를 알선하는 행위, 청소년을 이용하여 음란물을 제작・배포하는 행위 및 청소년에 대한 성폭력행위 등으로부터 청소년을 보호・구제하여 이들의 인권을 보장하고 건전한 사회구성원으로 성장할 수 있도록 함을 목적으로 한다(§1).

여기서 "청소년의 성을 사는 행위"라 함은 청소년, 청소년을 알선한 자 또는 청소년을 실질적으로 보호・감독하는 자 등에게 금품 기타 재산상 이익이나, 직무・편의제공 등 대가를 제공하거나 이를 약속하고 다음 각목의 1에 해당하는 행위를 하는 것을 말한다(§2).

가. 청소년과의 성교행위

나. 청소년과의 구강・항문 등 신체의 일부 또는 도구를 이용한 유사 성교행위

"청소년이용음란물"이라 함은 청소년이 등장하여 제2호 각목의 1에 해당하는 행위를 하거나, 청소년의 수치심을 야기시키는 신체의 전부 또는 일부 등을 노골적으로 노출하여 음란한 내용을 표현한 것으로서, 필름・비디오물・게임물 또는 컴퓨터 기타 통신매체를 통한 영상 등의 형태로 된 것을 말한다.

국가 및 지방자치단체는 이러한 청소년의 성을 사는 행위, 청소년에 대한 성폭력행위 등의 범죄를 예방하고 청소년을 보호하며 이의 근절을 위하여 조사・연구・교육・계도 기타 필요한 법적・제도적 장치를 마련하고 필요한 재원을 조달하여야 한다(§4).

(2) 청소년의 성을 사는 행위 등의 처벌

가. 청소년의 성을 사거나 성을 사는 상대방이 되게 한 자

청소년의 성을 사는 행위를 한 자는 3년 이하의 징역 또는 2천만 원

이하의 벌금에 처한다(§5).

폭행 또는 협박으로 청소년으로 하여금 청소년의 성을 사는 행위의 상대방이 되게 한 자, 위계 또는 선불금 기타 채무를 이용하는 등의 방법으로 청소년을 곤경에 빠뜨려 청소년으로 하여금 청소년의 성을 사는 행위의 상대방이 되게 한 자, 업무·고용 기타의 관계로 인하여 자신의 보호 또는 감독을 받는 것을 이용하여 청소년으로 하여금 청소년의 성을 사는 행위의 상대방이 되게 한 자는 3년 이상의 유기징역에 처하고(§6①, 1내지3호), 그 죄를 범한 자가 그 대가의 전부 또는 일부를 받거나 이를 요구 또는 약속한 때는 5년 이상의 유기징역에 처한다(§6①, 4호).

청소년의 성을 사는 행위의 상대방이 되도록 유인·권유한 자는 5년 이하의 징역 또는 3천만 원 이하의 벌금에 처한다(§6④).

나. 청소년의 성을 사는 행위의 장소를 제공하는 등의 자

청소년의 성을 사는 행위의 장소를 제공하는 행위를 업으로 하는 자, 청소년의 성을 사는 행위를 알선하는 행위를 업으로 하는 자, 그러한 자를 범죄에 사용되는 사실을 알고 자금, 토지 또는 건물을 제공한 자, 영업으로 성을 사고파는 행위의 장소를 제공하는 업소 또는 알선하는 업소에 청소년을 고용한 자는 5년 이상의 유기징역에 처한다(§7①, 1내지4호).

영업으로 청소년의 성을 사는 행위를 하도록 유인·권유 또는 강요한 자, 청소년의 성을 사는 행위의 장소를 제공한 자, 청소년의 성을 사는 행위를 알선한 자, 영업으로 청소년의 성을 사는 행위의 장소를 제공하거나 청소년의 성을 사는 행위를 알선하기로 약속한 자는 5년 이하의 징역 또는 3천만 원 이하의 벌금에 처한다(§7②, 1내지4호).

청소년의 성을 사는 행위를 하도록 유인·권유 또는 강요한 자는 3년 이하의 징역 또는 2천만 원 이하의 벌금에 처한다(§7③).

다. 청소년이용음란물 제작 등의 자

청소년이용음란물을 제작·수입·수출한 자는 5년 이상의 유기징역에 처하고(§8①), 영리를 목적으로 청소년이용음란물을 판매·대여·배포하거나, 이를 목적으로 소지·운반하거나, 공연히 전시 또는 상영한 자는 7년 이하의 징역에 처한다(§8②).

라. 여자 청소년에 대한 형법상 죄를 범한 자 등

여자 청소년에 대하여 형법 제297조(강간), 제299조(준강간)의 죄를 범한 자, 위계 또는 위력으로써 여자 청소년을 간음한 자는 5년 이상의 유기징역에 처한다(§10①, ④).

청소년에 대하여 형법 제298조(강제추행), 제299조(준강제추행)의 죄를 범한 자, 위계 또는 위력으로써 청소년에 대하여 추행을 한 자는 1년 이상의 유기징역 또는 500만 원 이상 2천만 원 이하의 벌금에 처한다(§10②, ④).

3. 청소년 성범죄자의 신상공개

(1) 메간법의 제정

메간법(Megan's Law)은 1994년 미국의 뉴저지주의 7세 소년 Megan Kanta의 이름에서 유래한 것으로 성폭력범죄자에 대한 제반 정보를 지역주민들에게 공개함으로써 주민들의 안전을 도모하고자 만들어진 법이다. Megan Kanta는 이웃집의 강아지를 보러 놀러갔다가 그 집의 주인인 성범죄 전과자에 의해 무참히 강간당하고 살해되었다. Megan Kanta의 어머니는 그가 성범죄전과자라는 사실을 알았더라면 딸아이를 그 집에 보내지 않았을 것이라고 하여 성범죄자의 신상공개를 하는 입법운동을 벌여 탄생한 것이 메간법[6]이다. 미국에서는 성범죄자의 신상공개가 제한된 범위에서 제한적인 방식으로 이루어지고 있다.

(2) 청소년 성범죄자의 신상공개

미국에서 등장한 메간법과 같이 성폭력범죄자의 신상을 공개하는 것이 부당한 인권침해가 되지 않는가라는 논란의 대상이 된 가운데 청소년의성보호에관한법률은 청소년에 대한 성범죄자의 신상을 공개할 수 있도록 하였다(§20). 즉 청소년의 성을 사는 행위 등 이 법에 정한 범죄

6) 미국에서 '성범죄자 등록 및 통지에 관한 법률(Sex Offender Registration and Notification Law)'이 효시가 된 것

를 저지르고 형이 확정된 자에 대하여 청소년보호위원회가 당해 범죄자의 신상을 공개할 수 있도록 하였다. 이는 청소년을 대상으로 하는 성매매 및 성폭력 범죄자의 신상을 공개함으로써 청소년에 대한 성범죄의 예방효과를 극대화하려는 것이다.

청소년보호위원회는 청소년의 성을 사는 행위 등의 범죄방지를 위한 계도문을 연 2회 이상 작성하여 관보게재를 포함한 대통령령이 정하는 방법으로 전국에 걸쳐 게시 또는 배포하여야 한다(§20①). 위의 계도문에 청소년의성보호에관한법률, 성폭력범죄처벌특별법 등을 위반한 자의 성명, 연령, 직업 등 신상과 범죄사실 요지를 형이 확정된 후 게재하여 공개할 수 있다(§20②). 청소년보호위원회는 신상공개를 결정함에 있어서 공개대상자 및 대상 청소년의 연령, 범행동기, 범행수단과 결과, 범행전력, 죄질, 공개대상자의 가족관계 및 그 대상 청소년에 대한 관계, 범행 후의 정황 등을 고려하여 공개대상자 및 그 가족 등에 대한 부당한 인권침해가 없도록 하여야 한다(§20③).

[판례 1] 청소년성범죄자 신상공개제도의 위헌성
[헌재 2003.06.26. 2002헌가14, 합헌,각하]

1. 사건의 개요

(1) 제청신청인은 2000.7.1. 청소년에게 6만원을 제공하고 1회 성교행위를 하여 청소년의성보호에관한법률 제5조를 위반하였다는 혐의로 2000.8.18. 전주지방법원에서 벌금 500만원을 선고받았고, 같은 달 26. 이 판결은 그대로 확정되었다.

(2) 청소년보호위원회는 2001.5.3. 위 법률 제20조에 근거하여 제청신청인의 성명, 연령, 생년월일, 직업, 주소 등과 범죄사실의 요지를 관보에 게재하고 역시 같은 내용을 청소년보호위원회의 인터넷 홈페이지에 6개월간, 정부중앙청사 및 특별시・광역시・도의 본청 게시판에 1개월간 게시하기로 하는 결정을 하였다.

(3) 이에 제청신청인은 2001.7.16. 서울행정법원에 청소년보호위원회를 상대로 위 신상등 공개처분의 취소를 구하는 소를 제기한 후(2001구28240), 그 소송 계속중에 위 법률 제20조에 대한 위헌여부심판제청을 신청하였다(2002아15). 위 법원은 위 법률 제20조 제1항에 대하여는 신청을

기각하고, 같은 조 제2항 제2호 내지 제7호에 대하여는 신청을 각하하였으며, 같은 조 제2항 제1호, 제3항, 제4항, 제5항에 대하여는 신청을 받아들여 2002.7.26. 헌법재판소에 위헌여부심판을 제청하였다.

2. 결정요지

(1) 법 제20조 제2항 제1호에 관하여

◦재판관 윤영철, 재판관 하경철, 재판관 김효종, 재판관 김경일의 합헌의견

가. 이중처벌금지의 원칙 위배 여부

헌법 제13조 제1항에서 말하는 '처벌'은 원칙적으로 범죄에 대한 국가의 형벌권 실행으로서의 과벌을 의미하는 것이고, 국가가 행하는 일체의 제재나 불이익처분을 모두 그 '처벌'에 포함시킬 수는 없다.

법 제20조 제1항은 "청소년의 성을 사는 행위 등의 범죄방지를 위한 계도"가 신상공개제도의 주된 목적임을 명시하고 있는바, 이 제도가 당사자에게 일종의 수치심과 불명예를 줄 수 있다고 하여도, 이는 어디까지나 신상공개제도가 추구하는 입법목적에 부수적인 것이지 주된 것은 아니다. 또한, 공개되는 신상과 범죄사실은 이미 공개재판에서 확정된 유죄판결의 일부로서, 개인의 신상 내지 사생활에 관한 새로운 내용이 아니고, 공익목적을 위하여 이를 공개하는 과정에서 부수적으로 수치심 등이 발생된다고 하여 이것을 기존의 형벌 외에 또 다른 형벌로서 수치형이나 명예형에 해당한다고 볼 수는 없다. 그렇다면, 신상공개제도는 헌법 제13조의 이중처벌금지 원칙에 위배되지 않는다.

나. 과잉금지의 원칙 위배 여부

신상공개제도는 범죄자 본인을 처벌하려는 것이 아니라, 현존하는 성폭력위험으로부터 사회 공동체를 지키려는 인식을 제고함과 동시에 일반인들이 청소년 성매수 등 범죄의 충동으로부터 자신을 제어하도록 하기 위하여 도입된 것으로서, 이를 통하여 달성하고자 하는 '청소년의 성보호'라는 목적은 우리 사회에 있어서 가장 중요한 공익의 하나라고 할 것이다.

이에 비하여 청소년 성매수자의 일반적 인격권과 사생활의 비밀의 자

유가 제한되는 정도를 살펴보면, 법 제20조 제2항은 "성명, 연령, 직업 등의 신상과 범죄사실의 요지"를 공개하도록 규정하고 있는바, 이는 이미 공개된 형사재판에서 유죄가 확정된 형사판결이라는 공적 기록의 내용 중 일부를 국가가 공익 목적으로 공개하는 것으로 공개된 형사재판에서 밝혀진 범죄인들의 신상과 전과를 일반인이 알게 된다고 하여 그들의 인격권 내지 사생활의 비밀을 침해하는 것이라고 단정하기는 어렵다.

또한, 신상과 범죄사실이 공개되는 범죄인들은 이미 국가의 형벌권 행사로 인하여 해당 기본권의 제한 여지를 일반인보다는 더 넓게 받고 있다. 청소년 성매수 범죄자들이 자신의 신상과 범죄사실이 공개됨으로써 수치심을 느끼고 명예가 훼손된다고 하더라도 그 보장 정도에 있어서 일반인과는 차이를 둘 수밖에 없어, 그들의 인격권과 사생활의 비밀의 자유도 그것이 본질적인 부분이 아닌 한 넓게 제한될 여지가 있다.

그렇다면 청소년 성매수자의 일반적 인격권과 사생활의 비밀의 자유가 제한되는 정도가 청소년 성보호라는 공익적 요청에 비해 크다고 할 수 없으므로 결국 법 제20조 제2항 제1호의 신상공개는 해당 범죄인들의 일반적 인격권, 사생활의 비밀의 자유를 과잉금지의 원칙에 위배하여 침해한 것이라 할 수 없다.

다. 평등원칙의 위배 여부

신상공개가 되는 청소년 대상 성범죄를 규정한 법률조항의 의미와 목적은 성인이 대가관계를 이용하여 청소년의 성을 매수하는 등의 행위로 인하여 야기되는 피해로부터 청소년을 보호하려는데 있는 것이고, 이에 비추어 볼 때 청소년 대상 성범죄와 그 밖의 일반 범죄는 서로 비교집단을 이루는 '본질적으로 동일한 것'이라고 단언하기는 어려우며, 나아가 그러한 구분기준이 특별히 자의적이라고 볼 만한 사정이 없다.

또한 청소년 대상 성범죄자 가운데 공개대상에서 제외되는 경우는 그 행위의 대상이나 형태에 있어서 청소년 성매수 행위의 공범적 성격의 것들로서 행위불법성의 차이 등을 고려한 것으로 보이므로, 청소년 대상 성범죄자 중 일부 범죄자의 신상이 공개되지 않는다 하더라도 그러한 차별입법이 자의적인 것이라거나 합리성이 없는 것이라고 단정하기 어렵다.

신상공개제도로 인하여 기본권 제한상의 차별을 초래하나, 그 입법목적과 이를 달성하려는 수단간에 비례성을 벗어난 차별이라고 보기 어렵고, 달리 평등권을 침해한 것이라고 볼 수 없다.

라. 법관에 의한 재판을 받을 권리의 침해 여부

제청법원은 신상공개제도가 청소년보호위원회에 의하여 이루어진다는 점에서 법관에 의한 재판을 받을 권리를 침해한 것이라고 하나, 앞서 보았듯이 신상공개제도는 '처벌'에 해당한다고 할 수 없으므로 이 제도가 법관에 의한 재판을 받을 권리를 침해한 것이라 할 수 없다.

마. 적법절차 위배 여부

법 제20조 제3항은 청소년보호위원회가 신상 등의 공개를 결정함에는 범행동기, 범행 후의 정황 등을 고려하도록 하고 있고, 제5항은 구체적인 절차 등에 관하여 필요한 사항을 대통령령으로 정하도록 하고 있으며, 하위 법규에서는 이러한 법의 취지에 따라 신상공개 대상자로 선정된 자에 대하여 10일 이상의 기간을 정하여 서면에 의한 의견진술기회를 주도록 하고, 지정된 기일까지 의견진술을 하지 않은 자에 대하여는 의견이 없는 것으로 간주하며, 의견진술을 한 자에 대하여는 재심의를 하여 신상공개 여부를 결정한다고 규정하고 있다.

한편 청소년보호위원회는 최소한의 독립성과 중립성을 갖춘 기관이고(청소년보호법 제29조, 제32조 등 참조), 신상공개결정에 대해서는 행정소송을 통해 그 적법 여부를 다툴 기회가 보장되고 있으며, 이미 법관에 의한 재판을 거쳐 형이 확정된 이후에 신상공개가 결정된다.

그렇다면 법 제20조 제2항 제1호의 신상공개제도는 법률이 정한 형식적 절차에 따라 이루어지며 그 절차의 내용도 합리성과 정당성을 갖춘 것이라고 볼 것이므로 절차적 적법절차원칙에 위반되는 것이라 할 수 없다.

∘ 재판관 한대현, 재판관 김영일, 재판관 권 성, 재판관 송인준, 재판관 주선회의 위헌의견

가. 인격권의 침해

(가)

사회활동을 통한 개인의 자유로운 인격발현을 위해서는, 타인의 눈에 비치는 자신의 모습을 형성하는 데 있어 결정적인 인자가 될 수 있는

각종 정보자료에 관하여 스스로 결정할 수 있는 권리, 다시 말하여 사회적 인격상에 관한 자기결정권이 보장되어야 한다. 그런데 이 사건 신상공개제도는 이러한 사회적 인격상에 관한 자기결정권을 현저하게 제한함으로써 범죄인의 인격권에 중대한 훼손을 초래한다.

(나)

신상공개제도는 소위 '현대판 주홍글씨'에 비견할 정도로 수치형과 매우 흡사한 특성을 지닌다. 즉, 현행 신상공개제도는 대상자를 독자적 인격의 주체로서 존중하기보다는 대중에 대한 전시(展示)에 이용함으로써 단순히 범죄퇴치수단으로 취급하는 인상이 짙다. 그러나 이는 비록 범죄인일망정 그가 지니는 인간으로서의 기본적인 존엄과 가치를 보장하는 것이 국가적 의무임을 천명한 우리 헌법의 이념에 정면으로 배치되는 것이라 아니할 수 없다.

(다)

청소년 성매매의 폐습을 치유함에 있어서는, 형벌이나 신상공개와 같은 처벌 일변도가 아니라, 성범죄자의 치료나 효율적 감시, 청소년에 대한 선도, 기타 청소년 유해환경을 개선하기 위한 정책 추진과 같은 다양한 수단들을 종합적으로 활용하는 것이 얼마든지 가능하고, 오히려 전체 청소년 성매수 사건 중 적발되는 사건의 비율이 극히 미미한 현실에 비추어 볼 때 이와 같은 근본적인 예방책에 치중하는 것이 더 바람직한 것으로 보인다. 그러함에도 국가가 이러한 노력을 다하기도 전에 개인의 인격권에 중대한 침해를 가져올 수 있는 신상공개라는 비정상적인 방법을 동원하는 것은 최소침해성의 관점에서도 문제가 있다.

(라)

무릇 형벌은 개인의 자유와 안전에 대한 중대한 침해를 가져오는 탓에 국가적 제재의 최후수단(ultima ratio)으로 평가된다. 그런데 이미 그러한 형벌까지 부과된 마당에, 형벌과 다른 목적이나 기능을 가지는 것도 아니면서, 형벌보다 더 가혹할 수도 있는 신상공개를 하도록 한 것은 국가공권력의 지나친 남용이다. 더구나, 신상공개로 인해 공개대상자의 기본적 권리가 심대하게 훼손되는 데에 비해 그 범죄억지의 효과가 너무도 미미하거나 불확실한바, 이러한 점에서도 법익의 균형성을 현저히 잃고 있다고 판단된다.

(마)

결국 청소년 성매수자에 대한 신상공개는 대상자의 인격권을 과도하게 침해하고 있다고 할 것이다.

나. 평등원칙 위반

법 제20조 제2항 제1호는 범죄방지를 이유로 청소년 성매수자의 사회적 인격상에 관한 자기결정권을 제한한다. 그런데 일반 범죄자 및 일부 청소년 대상 성범죄자(이하 '일반범죄자등'이라 한다)에 대해서는 신상공개를 통한 위와 같은 제한을 허용하고 있지 않다. 그러나 범죄방지의 필요성은 일반범죄자등의 경우에도 마찬가지로 인정된다. 그러므로 양자를 차별하는 것이 과연 정당화될 수 있는지는 헌법상 해명의 필요가 있는바, 청소년 성매수자가 신상공개되는 것은 일반범죄자등보다 죄질이나 법정형이 더 무겁거나 재범의 위험성이 보다 더 높아서가 아니다. 그리고 청소년에게 성매수행위의 상대방이 되도록 유인·권유한 자(법 제6조 제4항) 등은 모두 청소년 성매매를 유발·조장하는 범죄자들로서, 청소년 성매수자보다 더 무거운 법정형이 예정되어 있는 데도, 신상공개는 되지 않는 점에서 '청소년의 성 보호'라는 보호법익의 특수성이 신상공개 여부를 나누는 결정적인 기준이 되고 있다고 할 수도 없다.

결국 일반범죄자등과 청소년 성매수자를 차별할 만한 다른 합리적 이유는 찾기 어렵고, 다만 성인 남성들에게 청소년 성매수행위를 하지 말라는 강력한 경고의 메시지를 전하려는 입법의도만 유일한 차별근거가 아닌가 생각된다.

그러나 이러한 입법의도가 청소년 성매수자에 대한 신상공개를 정당화할 만큼의 성질이나 비중을 가지고 있지 않음은 이미 앞에서 인격권의 침해 여부를 논하면서 살펴본 바와 같다.

따라서 일반범죄자등과는 달리 청소년 성매수자만 차별하여 신상공개를 하는 것은 그 차별의 이유와 차별의 내용 사이의 적절한 균형관계를 인정할 수 없으므로 평등원칙에 위배된다고 할 것이다.

(2) 법 제20조 제5항에 관하여

◦ 재판관 윤영철, 재판관 하경철, 재판관 김효종, 재판관 김경일의 합헌의견

법 제20조 제5항에서 위임되는 "구체적인 시기·기간·절차 등"은 신

상공개에 있어서 본질적 부분은 아니며 어디까지나 부수적인 부분이라고 볼 것이다. 그리고 대통령령에 규정될 "시기"는 법 제20조 제1항("계도문을 연 2회 이상 작성")을 고려하면 연 2회 이상으로서 각 확정판결 후 이에 가까운 때가 될 것으로 예상되고, "기간"은 입법목적을 달성하기에 합리적인 기간으로서 위 조항이 "연 2회 이상"이라고 정하고 있으므로 통상 6개월 범위 내일 것이 예측될 수 있으며, "절차"는 제3항 등 법상의 제 규정을 참조할 때 그 절차의 일반적 내용의 대강이 예측될 수 있고, "등"은, 시기, 기간, 절차와 유사하게, 신상공개시 필요한 그 밖의 사항이 대통령령으로 규정될 것임이 어느 정도 예측될 수 있으므로, 결국 대통령령에 규정될 내용의 대강이 예측가능하다 할 것이다.

따라서 법 제20조 제5항은 헌법상의 포괄위임입법금지 원칙에 위배된다고 할 수 없다.

◦ 재판관 한대현, 재판관 김영일, 재판관 권 성, 재판관 송인준, 재판관 주선회의 위헌의견

신상공개제도에 있어서 그 시기·기간·절차 등은 단순한 부수적 사항이 아니라 신상공개제도의 전반적 성격 및 운용방향을 결정짓는 본질적 내용에 해당할 뿐만 아니라, 대상자의 기본권에 직접적인 영향을 주는 중요한 사항이다. 그럼에도 법 제20조 제5항은 이러한 시기·기간·절차 등에 관하여 그 기본내용이나 범위를 구체적으로 정함이 없이 일체를 대통령령에서 정하도록 위임하고 있고, 따라서 하위법령을 보지 않고 법만 가지고서 신상공개의 구체적 시기·기간·절차 등에 관한 내용의 대강을 파악한다는 것은 불가능하다.

그렇다면, 위 법률조항은 포괄위임입법규정으로서, 헌법상 위임입법의 정당한 한계를 벗어났다.

3. 결론

이 사건 위헌여부심판제청 중 법 제20조 제3항, 제4항[7)]에 관한 부분

7) ③ 청소년보호위원회는 제2항의 규정에 의한 신상 등의 공개를 결정함에 있어서 공개대상자 및 대상 청소년의 연령, 범행동기, 범행수단과 결과, 범행전력, 죄질, 공개대상자의 가족관계 및 대상 청소년에 대한 관계, 범행후의 정황 등을 고려하여 공개대상자 및 그 가족 등에 대한 부당한 인권침해가 없도록 하여야 한다.
④ 제2항의 규정에 의한 신상공개의 경우 제5조 내지 제10조의 규정에 의한 죄의 대상

은 재판의 전제성이 없어 부적법하므로 관여 재판관 전원의 일치된 의견으로 이를 각하하기로 하고, 법 제20조 제2항 제1호[8], 제5항[9]에 관하여는 재판관 윤영철, 재판관 하경철, 재판관 김효종, 재판관 김경일은 헌법에 위반되지 아니한다는 의견이고, 재판관 한대현, 재판관 김영일, 재판관 권 성, 재판관 송인준, 재판관 주선회는 헌법에 위반된다는 의견인바, 위헌론이 다수의견이기는 하지만 헌법재판소법 제23조 제2항 제1호에 정한 위헌결정의 정족수에 이르지 못하여 헌법에 위반되지 아니한다고 선고할 수밖에 없으므로 이에 주문[10]과 같이 결정한다.

청소년과 피해 청소년의 신상은 공개할 수 없다.

8) ② 제1항의 규정에 의한 계도문에는 다음 각호의 1에 해당하는 죄를 범한 자의 성명, 연령, 직업 등의 신상과 범죄사실의 요지를 그 형이 확정된 후 이를 게재하여 공개할 수 있다. 다만 죄를 범한 자가 청소년인 경우에는 그러하지 아니하다.
   1. 제5조(청소년의 성을 사는 행위를 한 자는 3년 이하의 징역 또는 2천만 원 이하의 벌금에 처한다)의 규정을 위반한 자

9) ⑤ 제1항 및 제2항의 규정에 의한 계도문 게재 등과 관련한 구체적인 시기·기간·절차 등에 관하여 필요한 사항은 대통령령으로 정한다.

10) [주문]
   1. 청소년의성보호에관한법률(2000. 2. 3. 법률 제6261호로 제정된 것) 제20조 제2항 제1호, 제5항은 헌법에 위반되지 아니한다.
   2. 나머지 위헌여부심판제청을 각하한다.

제 5 편

여성과 노동법

제 5 편
여성과 노동법

Ⅰ. 근로기준법상 여성근로자보호

1. 배경

근로기준법은 1953년 5월 10일(법률 제286호)에 제정되어 성차별의 금지와 근로여성특별보호에 관한 규정을 두어 여성근로자를 보호하고 있다. 제정당시 근로기준법은 국제노동기구(ILO)협약 등을 모방하여 만든 것으로 당시 우리나라의 노동현실과는 거리가 있는 것이었다. 비록 법규정은 있었을지라도 그 실천성을 기대하기는 어려운 것이었다. 그러나 1980년 경제적 성장과 함께 여성근로자들의 역할이 증가함에 따라 근로여성에 대한 인식도 달라지게 되었다. 이러한 변화와 더불어 근로기준법에서는 여성에 대한 고용에 있어서 차별의 금지(§5①)를 규정하고, 근로기준법 제5장에서 유급생리휴가(§71), 산전산후 유급휴가(§72), 육아시간(§73), 기간 외 근로제한(§69) 등 여성근로자를 보호하는 규정을 두게 되었다.

2. 내용

(1) 성차별 금지

근로기준법 제5장에서는 "사용자는 근로자에 대하여 남녀의 차별적

대우를 하지 못하며, 국적, 신앙 또는 사회적 신분을 이유로 근로조건에 대한 차별적 처우를 하지 못한다."라고 규정하여 근로조건에 있어서 성차별을 금지하고 있다. 따라서 근로계약에서 임금, 근로시간, 상여금 등을 성에 근거하여 차별해서는 안된다. 사용자가 이 조항을 위반하는 경우 500만 원 이하의 벌금에 처한다(§115).

(2) 신체적 · 생리적 차이에 의한 여성보호

가. 특정사업에의 사용금지(§63)

사용자는 임신 중이거나 산후 1년이 경과되지 아니한 여성과 18세 미만자를 도덕상 또는 보건상 유해 · 위험한 사업에 사용하지 못한다. 사용자는 임산부가 아닌 18세 이상의 여성을 보건상 유해 · 위험한 사업 중 임신 또는 출산에 관한 기능에 유해 · 위험한 사업에 사용하지 못한다.[1)]

---

1) 근로기준법시행령 제37조 별표2에서 규정한 임산부, 임산부가 아닌 18세 이상의 여성 및 18세 미만인 자의 사용이 금지되는 직종의 범위는 다음과 같다.
임산부 등의 사용금지직종(제37조관련, 2001.10.31, 2003.12.11개정)
* 임신중인 여성
1. 납, 수은, 크롬, 비소, 황린, 불소(불화수소산), 염소(산), 시안화수소(시안산), 2-브로모프로판, 아닐린, 수산화칼륨, 페놀, 에틸렌글리콜모노메틸에테르, 에틸렌글리콜모노에틸에테르, 에틸렌글리콜모노에틸에테르 아세테이트, 염화비닐, 벤젠 등 유해물질을 취급하는 업무
2. 사이토메갈로바이러서(Cytomegalovirus) B형 간염 바이러스 등 병원체로 인하여 오염될 우려가 농후한 업무. 다만 의사 · 간호사 · 방사선기사 등으로서 면허증을 소지한 자 또는 양성중에 있는 자를 제외한다.
3. 산업안전기준에관한규칙 제5편 제3장 및 제4장의 규정에 의한 정전작업, 활선작업 및 활선 근접작업
4. 산업안전기준에관한규칙 제59조 및 제60조에서 규정하는 둥근 톱으로 지름 25센티미터 이상, 동 규칙 제61조 및 제62조에 규정하는 띠톱으로서 플리의 지름 75센티미터 이상의 기계를 사용하여 목재를 가공하는 업무
5. 산업안전기준에관한규칙 제6편제2장제3절에서 규정하는 통나무 비계의 설치 · 해체업무와 제6편제5장의 규정에의한 건물 해체작업(다만, 지상에서 작업을 보조하는 업무를 제외한다)
6. 산업안전기준에관한규칙 제58조제4호의 규정에 의한 진동작업
7. 연속작업에 있어서는 5kg 이상, 단속작업에 있어서는 10kg이상의 중량물을 취급하는 업무
8. 산업보건기준에관한규칙 제108조의 규정에 의한 고열작업 및 한랭작업
9. 산업보건기준에관한규칙 제69조제2호 및 제3호의 규정에 의한 고압작업과 잠수작업
10. 신체를 심하게 펴거나 굽힌다든지 또는 지속적으로 쭈그려야 하거나 앞으로 구부린 채 있어야 하는 업무
11. 산업안전기준에관한규칙 제6편제3장제3절에서 규정하는 터널작업, 동 규칙 제439조의 추락위험이 있는 장소에서의 작업, 동 규칙 제452조의 붕괴 · 낙하의 위험이 있는 장소에서의 작업

나. 야업 및 휴일근로의 제한(§68)

사용자는 18세 이상의 여성을 오후 10시부터 오전 6시까지의 사이 및 휴일에 근로시키고자 하는 경우에는 당해 근로자의 동의를 얻어야 한다. 사용자는 임산부와 18세 미만자를 오후 10시부터 오전 6시까지의 사이 및 휴일에 근로시키지 못한다. 다만, i) 18세 미만자의 동의가 있는 경우, ii) 산후 1년이 경과되지 아니한 여성의 동의가 있는 경우, iii) 임신 중의 여성이 명시적으로 청구하는 경우로서 노동부장관의 인가를 얻은 경우에는 그러하지 아니하다.

다. 시간 외 근로금지(§69)[2)]

사용자는 산후 1년이 경과되지 아니한 여성에 대하여는 단체협약이

---

12. 원자력법 제97조 규정에 의한 방사선작업 종사자 등의 피폭선량이 선량한도를 초과하는 원자력 및 방사선관련 업무
13. 그 밖에 노동부장관이 산업안전보건정책심의위원회의 심의를 거쳐 지정・고시하는 업무

* 산후 1년이 경과 되지 아니한 경우
1. 납, 비소를 취급하는 업무. 다만, 모유수유를 하지 아니하는 여성으로서 본인이 취업 의사를 사업주에게 서면으로 제출한 경우에는 그러하지 아니한다.
2. 2-브로모프로판을 취급하거나 노출될 수 있는 업무
3. 그밖에 노동부장관이 산업안전보건정책심의 위원회의 심의를 거쳐 지정・고시하는 업무

* 임산부가 아닌 18세 이상의 여성
1. 2-브로모프로판을 취급하거나 노출될 수 있는 업무. 다만, 의학적으로 가임 가능성이 전혀 없는 여성의 경우에는 그러하지 아니한다.
2. 그밖에 노동부장관이 산업안전보건정책심의 위원회의 심의를 거쳐 지정·고시하는 업무

* 18세 미만자
1. 2-브로모프로판을 취급하거나 노출될 수 있는 업무
2. 산업보건기준에관한규칙 제69조제2호 및 제3호의 규정에 의 한 고압작업과 잠수작업
3. 유류(주유업무를 제외한다)・양조의 업무
4. 소각 또는 도살의 업무
5. 교도소 또는 정신병원에서의 업무
6. 청소년보호법 등 다른 법률에서 18세미만 청소년의 고용이나 출입을 금지하고 있는 직종 또는 업종
7. 건설기계관리법, 도로교통법 등에서 18세미만인 자에 대하여 운전・조정면허 취득을 제한하고 있는 직종 또는 업종의 운전・조종 업무
8. 그밖에 노동부장관이 산업안전보건정책심의위원회의 심의를 거쳐 지정・고시하는 업무

2) 근로기준법상 이러한 규정에도 불구하고 한국노동연구원의 '노동리뷰 5월호'에 의하면 지난해(2004) 우리나라 근로자의 실근로시간이 경제협력개발기구(OECD) 주요회원국 중 가장 긴 2380시간으로 것으로 나타났다. 참고로 독일과 프랑스는 각각 1360시간, 덴마크는 1406시간, 벨기에는 1441시간, 미국 1812시간, 일본 1816 시간 등이었다.

있는 경우라도 1일에 2시간, 1주일에 6시간, 1년에 150시간을 초과하는 시간외의 근로를 시키지 못한다.

라. 탄력적 근로시간제 적용과 금지(§50③)

1주간의 근로시간은 휴게시간을 제하고 40시간을 초과할 수 없으며(§49①), 1일의 근로시간은 휴게시간을 제하고 8시간을 초과할 수 없는 것(§49②)이 원칙이다. 그러나 사용자는 어느 특정주나 특정일에 제한된 근로시간을 초과하여 근로하게 하는 탄력적 근로시간제를 적용할 수 있다. 즉 사용자는 취업규칙에서 정하는 바에 의하여 2주간이내의 일정한 단위기간을 평균하여 1주간의 근로시간이 40시간을 초과하지 아니하는 범위 안에서 특정주에 40시간을, 특정일에 8시간을 초과하여 근로하게 할 수 있다. 다만, 특정주의 근로시간은 48시간을 초과할 수 없다(§50①). 또한 사용자는 근로자대표와의 서면합의에 의하여 일정한 경우 3월 이내의 단위기간을 평균하여 1주간의 근로시간이 40시간을 초과하지 아니하는 범위 안에서 특정 주에 40시간을, 특정일에 8시간을 초과하여 근로하게 할 수 있다. 다만, 특정주의 근로시간은 52시간을, 특정일의 근로시간은 12시간을 초과할 수 없다(§50②). 그러나 15세 이상 18세 미만의 근로자와 임신중인 여성근로자에 대하여는 이를 적용하지 아니한다(§50③).

마. 갱내근로 금지(§70)

사용자는 여성과 18세미만인 자를 갱내에서 근로시키지 못한다. 다만, 보건·의료, 보도·취재 등 대통령령이 정하는 업무를 수행하기 위하여 일시적으로 필요한 경우에는 그러하지 아니하다.

바. 생리휴가(§71)

사용자는 여성인 근로자가 청구하는 때에는 월 1일의 생리휴가를 주어야 한다. 과거에 생리휴가는 여성근로자가 청구하는 경우에 한하여 주도록 되어 있었으나, 여성근로자의 청구없이도 생리휴가를 주도록 하여 여성근로자의 건강을 보호하고자 하고 있다.

(3) 모성보호

가. 산전산후휴가

사용자는 임신 중의 여성에 대하여 산전 후를 통하여 90일의 보호휴가를 주어야 한다. 이 경우 휴가기간의 배치는 산후에 45일 이상이 되어야 한다(§72①). 휴가 중 최초 60일은 유급으로 하며, 다만 「남녀고용평등법」 제18조의 규정에 따라 산전후휴가급여등이 지급된 때에는 그 금액의 한도 안에서 지급의 책임을 면한다(§72③).

사용자는 임신 중인 여성이 임신 16주 이후 유산 또는 사산한 경우로서 당해 근로자가 청구하는 때에는 대통령령이 정하는 바에 따라 보호휴가를 주어야 한다. 다만, 인공임신중절수술(「모자보건법」 제14조 제1항의 규정에 의한 경우는 제외한다[3])에 의한 유산의 경우는 그러하지 아니하다(§72②).

나. 경이한 근로로의 전환

사용자는 임신 중의 여성근로자에 대하여 시간외근로를 하게 하여서는 아니되며, 당해 근로자의 요구가 있는 경우에는 경이한 종류의 근로로 전환하게 하여야 한다(§72④).

다. 수유시간(§73)

생후 1년 미만의 유아를 가진 여성근로자의 청구가 있는 경우에는 1

---

3) 제14조 (인공임신중절수술의 허용한계) ① 의사는 다음 각호의 1에 해당되는 경우에 한하여 본인과 배우자(사실상의 혼인관계에 있는 자를 포함한다. 이하 같다)의 동의를 얻어 인공임신중절수술을 할 수 있다.
1. 본인 또는 배우자가 대통령령이 정하는 우생학적 또는 유전학적 정신장애나 신체질환이 있는 경우
2. 본인 또는 배우자가 대통령령이 정하는 전염성 질환이 있는 경우
3. 강간 또는 준강간에 의하여 임신된 경우
4. 법률상 혼인할 수 없는 혈족 또는 인척간에 임신된 경우
5. 임신의 지속이 보건의학적 이유로 모체의 건강을 심히 해하고 있거나 해할 우려가 있는 경우

② 제1항의 경우에 배우자의 사망·실종·행방부명 기타 부득이한 사유로 인하여 동의를 얻을 수 없는 경우에는 본인의 동의만으로 그 수술을 행할 수 있다.

③ 제1항의 경우에 본인 또는 배우자가 심신장애로 의사표시를 할 수 없는 때에는 그 친권자 또는 후견인의 동의로, 친권자 또는 후견인이 없는 때에는 부양의무자의 동의로 각각 그 동의에 갈음할 수 있다.

일 2회 각각 30분 이상의 유급수유시간을 주어야 한다.

Ⅱ. 남녀고용평등법과 여성근로자

1. 입법배경 및 개정

헌법 제11조 제1항의 평등권조항과 제32조 제4항의 여성근로자 특별보호조항에 의해 여성근로자를 보호하고 근로조건에 있어서 차별을 금지하는 것은 헌법의 명령규정이다. 따라서 여성근로자를 보호하는 근로기준법 등 기타의 법률들은 이러한 조항의 구체적 표현이라고 할 수 있다. 근로기준법 제5조는 양성의 균등대우 및 여성근로자의 특별보호를 규정하고 있지만 근로기준법상 성차별금지조항은 그 실효성이 떨어지는 것으로서 문제가 있는 것으로 지적되어 왔었다. 즉 근로기준법은 일단 채용된 근로자에 대한 성차별에 대한 금지를 규정하고 있어 채용되는 단계에서의 성차별에 대한 문제를 해소할 수 없는 것이었다. 이는 직업에 진입해서의 차별문제는 고사하고 직업에의 진입단계에서 근로기회가 원천적으로 봉쇄되는 차별을 의미하는 것이었다. 이러한 채용단계에서 성차별을 해소하고 여성에게도 평등한 입장에서 근로의 기회를 제공받을 수 있게 하고자 남녀고용평등법이 제정되었다.

남녀고용평등법은 1987.12.4(법률 제3989호)에 제정되어 1989. 4.1, 1995. 8.4, 1999.1.6 등에 개정되어 최종적으로 2005.12.30(법률 7822호)에 개정되었다. 이법은 고용에 있어서 성차별을 없애고 근로여성의 지위향상을 위해 제정되었다. 2005년에 이 법의 개정은 저출산·고령화 사회로의 진전에 따라 여성인력의 적극적 활용이 중요한 정책과제로 대두되고 있는 반면, 각종 성차별적 인식과 관행으로 여성의 경제활동 참가율이 저조한 실정을 개선하기 위하여 적극적 고용개선조치의 도입 근거를 마련하고, 직장내 성희롱과 관련하여 피해주장을 제기한 근로자의 보호강화를 위하여 실효성 있는 법적근거를 마련하는 한편, 육아휴직 활성화를 위하여 육아휴직 신청요건을 확대하는 등 현행 제도의 운영상 나타난 미비점을 개선·보완하기 위해서이다. 그러나 이 법에 있어서도 남녀고용평등법이라는 성차별의 뉴앙스가 풍기는 점을 해소하기 위해서는 '남녀'라는 명칭을 없애고 '고용평등법'이라고 하든가 양성고용평등법으로 그 명칭부터 개정해야 한다고 본다.

2. 체계 및 내용

(1) 체계

남녀고용평등법은 전문 5장, 39조, 부칙으로 구성되어 있다. 제1장에는 총칙, 제2장에는 고용에 있어서의 남녀의 평등한 기회보장 및 대우등, 제3장에는 모성보호 및 직장과 가정생활의 양립 지원, 제4장에는 분쟁의 예방과 조정, 제5장에는 보칙을 규정하고 있다.

전체적으로는 ⅰ) 모집과 채용 등 고용상의 차별금지와 교육, 배치, 승진, 임금, 주택자금대출, 정년, 퇴직, 해고 등에 있어서 성차별금지, ⅱ) 육아와 여성복지, ⅲ) 성차별에 관한 분쟁처리, ⅳ) 여성에 대한 우대조치와 보호를 규정하고 있다.

(2) 내용

가. 목적과 정의 및 기본계획수립

(가) 목적과 정의

남녀고용평등법은 「헌법」의 평등이념에 따라 고용에 있어서 남녀의 평등한 기회 및 대우를 보장하는 한편 모성을 보호하고 직장과 가정생활의 양립과 여성의 직업능력개발 및 고용촉진을 지원함으로써 남녀고용평등 실현을 목적으로 한다.

이 법에서 '차별'이라 함은 사업주가 근로자에게 성별, 혼인, 가족 안에서의 지위, 임신 또는 출산 등의 사유로 합리적인 이유 없이 채용 또는 근로의 조건을 달리하거나 그 밖의 불이익한 조치를 취하는 경우(사업주가 채용 또는 근로의 조건은 동일하게 적용하더라도 그 조건을 충족할 수 있는 남성 또는 여성이 다른 한 성에 비하여 현저히 적고 그로 인하여 특정 성에게 불리한 결과를 초래하며 그 조건이 정당한 것임을 입증할 수 없는 경우를 포함한다)를 말한다. 다만, 다음 각 목의 어느 하나에 해당하는 경우를 제외한다.

가. 직무의 성격에 비추어 특정 성이 불가피하게 요구되는 경우
나. 근로여성의 임신·출산·수유 등 모성보호를 위한 조치를 취하는 경우
다. 그 밖에 이 법 또는 다른 법률에 의하여 적극적 고용개선조치를 취하는 경우

(나) 노동부장관의 시책수립 및 기본계획수립

노동부장관은 남녀고용평등의 실현을 위하여

1. 남녀고용평등 의식 확산을 위한 홍보
2. 남녀고용평등 우수기업(제17조의3의 규정에 따른 적극적 고용개선조치 우수 기업을 포함한다)의 선정 및 행정적·재정적 지원
3. 남녀고용평등 강조기간의 설정·추진
4. 남녀차별 개선 및 여성취업 확대를 위한 조사·연구
5. 그 밖에 남녀고용평등의 실현을 위하여 필요한 사항을 수립·시행하여야 한다.

또한 노동부장관은 남녀고용평등 실현에 관하여

1. 여성취업의 촉진에 관한 사항
2. 남녀의 평등한 기회보장 및 대우에 관한 사항
3. 동일가치노동에 대한 동일임금 지급 정착에 관한 사항
4. 여성의 직업능력개발에 관한 사항
5. 근로여성의 모성보호에 관한 사항
6. 직장과 가정생활의 양립지원에 관한 사항
7. 근로여성을 위한 복지시설의 설치 및 운영에 관한 사항
8. 그 밖에 남녀고용평등실현을 위하여 노동부장관이 필요하다고 인정하는 사항을 수립하여야 한다.

나. 고용에 있어서 남녀의 평등한 기회보장 및 대우 등

(가) 남녀의 평등한 기회보장 및 대우

① 채용 및 해고 등에 있어서 성차별금지

사업주는 근로자의 모집 및 채용에 있어서 남녀를 차별하여서는 아니 된다. 사업주는 여성근로자를 모집·채용함에 있어서 모집·채용하고자

하는 직무의 수행에 필요로 하지 아니하는 용모・키・체중 등의 신체적 조건, 미혼조건 그 밖에 노동부령이 정하는 조건을 제시하거나 요구하여서는 아니된다.

모집・채용에서의 여성차별은 다음과 같은 경우를 들 수 있다.

i) 모집, 채용에 있어서 여성에게 전적으로 고용기회를 주지 아니하거나 여성에게만 직무수행상 반드시 필요하지 않은 키와 몸무게 등의 용모제한을 두는 경우,

ii) 여성에게 고용기회는 주지만 성별로 채용예정인원을 배정하여 여성의 고용기회를 제한하거나, 직종별로 남녀를 분리・모집하여 특정직종에서 여성의 고용기회를 제한하거나 봉쇄하는 경우,

iii) 여성에게만 미혼 또는 기혼에 따라 제한적인 조건을 부과하거나, 채용시 여성에게만 배우자나 보호자의 취업동의서나 보증을 요구하는 경우,

iv) 학력, 경력 등 남녀가 동일한 자격임에도 불구하고 여성을 남성보다 불리한 고용형태로 채용한다거나 여성을 남성보다 낮은 직급 또는 직위에 모집・채용하는 경우,

v) 여성에게만 연령제한을 두거나 합리적인 이유없이 남녀간의 연령제한의 차이를 크게 두는 경우,

vi) 면접・구술시험의 경우 객관적 기준에 의하지 아니하고 여성을 불리하게 대우함으로써 결과적으로 여성의 채용에 영향을 미치는 경우 등이다.

또한 근로자의 교육・배치 및 승진에 있어서 남녀를 차별하여서는 아니된다. 이 규정을 위반하는 경우 500만원의 벌금에 처한다.

사업주는 근로자의 정년・퇴직 및 해고에 있어서 남녀를 차별하여서는 아니된다. 그리고 사업주는 근로여성의 혼인, 임신 또는 출산을 퇴직사유로 예정하는 근로계약을 체결하여서는 아니된다. 이 규정을 위반하는 경우 5년 이하의 징역 또는 3천만 원 이하의 벌금형에 처한다.

② 임금 등에 있어서 성차별금지

사업주는 동일한 사업내의 동일가치의 노동에 대하여는 동일한 임금을 지급하여야 하며, 이 규정을 위반하는 경우 3년 이하의 징역 또는 2천만원이하의 벌금에 처한다.

동일노동・동일임금의 원칙은 동일한 가치의 노동을 제공하는 노동자

는 성, 연령, 고용형태 등의 차별없이 동일한 임금기준에 따른 금액을 지불받아야 한다는 원칙을 말한다. 남녀가 같은 일을 하는 경우는 물론 다른 종류의 일을 하는 경우에도 그것이 동일한 가치를 갖는 노동일 경우에는 동일임금을 지급하여야 한다.

법은 동일가치노동의 비교범위는 동일사업에 한정하고 있지만, 사업주가 임금차별을 목적으로 설립한 별개의 사업은 동일한 사업으로 보아 사업주의 위장행위에 대처하고 있다.

고용관행상 여성의 임금은 동일직군의 남성보다 적은 임금을 지급하는 경우, 성별에 따라 기본급·호봉산정·수당 등 보수체계를 달리 적용하는 경우, 사원의 복지제도에 있어서 성적 차별을 하는 경우, 성별직종분리로 남성전유직종과 여성전유직종간의 임금차가 기술, 노력, 책임, 작업조건, 학력, 경력 등에 비추어 지나치게 차별하여 결과적으로 여성에게 불리한 임금차별을 초래하는 경우 등으로 이는 임금에서 남녀간의 차별을 하는 것이라 하겠다.

사업주는 임금외에 근로자의 생활을 보조하기 위한 금품의 지급 또는 자금의 융자 등 복리후생에 있어서 남녀를 차별하여서는 아니된다.

그리고 사업주는 근로자의 교육·배치·승진·정년·퇴직·해고 등에서 여성이라는 이유로 여성을 남성과 차별해서는 안된다.

(나) 직장내 성희롱의 금지 및 예방

사업주, 상급자 또는 근로자는 직장내 성희롱을 하여서는 아니되며, 사업주는 직장내 성희롱의 예방을 위한 교육을 실시하여야 한다. 사업주는 성희롱예방교육을 노동부장관이 지정하는 기관에 위탁하여 실시할 수 있다. 직장내 성희롱 발생이 확인된 경우 지체없이 행위자에 대하여 징계, 그 밖에 이에 준하는 조치를 취하여야 한다. 사업주는 직장내 성희롱과 관련하여 피해주장을 제기한 근로자 또는 피해를 입은 근로자에게 해고 그 밖의 불이익한 조치를 취하여서는 아니되며, 이 규정을 위반하는 경우 3년 이하의 징역 또는 2천만 원 이하의 벌금에 처한다.

(다) 여성의 직업능력개발 및 고용촉진

직업안정기관은 고용정보 및 직업에 관한 조사·연구의 자료를 제공하는 등 직업지도에 필요한 조치를 하여야 하며 국가, 지방자치단체 및 사업주는 여성의 직업능력개발·향상을 위하여 모든 직업능력개발훈련에 있어서 남녀에게 평등한 기회를 보장하여야 한다.

노동부장관은 여성의 고용촉진을 위한 사업을 실시하는 사업주나 고용촉진을 위한 시설을 설치·운영하는 비영리법인·단체에 대하여 필요한 비용의 전부 또는 일부를 예산의 범위 안에서 지원할 수 있다.

(라) 적극적 고용개선조치

노동부장관은 고용하고 있는 직종별 여성근로자의 비율이 산업별·규모별로 노동부령이 정하는 고용기준에 미달하는 사업주에 대하여는 차별적 고용관행 및 제도개선을 위한 적극적 고용개선조치 시행계획을 수립하여 제출할 것을 요구할 수 있으며, 해당 사업주는 시행계획을 제출하여야 한다. 노동부장관은 적극적 고용개선조치의 효율적 시행을 위하여 필요하다고 인정하는 경우에는 관계 행정기관의 장에게 차별의 시정 또는 예방을 위하여 필요한 조치를 취하여 줄 것을 요청할 수 있으며, 이 경우 관계 행정기관의 장은 특별한 사유가 없는 한 이에 응하여야 한다.

노동부장관은 적극적 고용개선조치의 효율적 시행을 위하여 필요하다고 인정하는 경우에는 관계 행정기관의 장에게 차별의 시정 또는 예방을 위하여 필요한 조치를 취하여 줄 것을 요청할 수 있다. 적극적 고용개선조치에 관한 중요 사항을 심의하기 위하여 노동부장관 소속하에 적극적 고용개선위원회를 두며, 노동부장관은 적극적 고용개선조치에 관한 업무를 효율적으로 수행하기 위하여 조사·연구·교육·홍보 등의 사업을 실시할 수 있다.

(마) 모성보호 및 직장과 가정생활의 양립 지원

① 산전후휴가에 대한 지원

국가는 「근로기준법」 제72조의 규정에 의한 산전후휴가 또는 유산·사산 휴가를 사용한 근로자중 일정한 요건에 해당하는 자에게 당해 휴가기간에 대하여 통상임금에 상당하는 금액을 지급할 수 있으며, 산전후휴가급여등을 지급하기 위하여 필요한 비용은 재정 및 「사회보장기본법」에 의한 사회보험에서 분담할 수 있다. 그리고 사업주는 여성근로자가 제1항의 규정에 의한 산전후휴가급여등을 받고자 하는 경우, 관계서류의 작성·확인 등 제반 절차에 적극 협력하여야 한다.

② 육아휴직 등

사업주는 생후 3년 미만의 영유아를 가진 근로자가 그 영유아의 양육을 위하여 휴직(이하 "육아휴직"이라 한다)을 신청하는 경우에 이를 허용하는 것을 원칙으로 하고 있다. 육아휴직기간은 1년 이내로 하되, 당해 영유아가 생후 3년이 되는 날을 경과할 수 없다.

사업주는 제1항의 규정에 의한 육아휴직을 이유로 해고 그 밖의 불리한 처우를 하여서는 아니되며, 육아휴직 기간 동안은 당해 근로자를 해고하지 못한다. 이 규정을 위반한 사업주는 3년 이하의 징역 또는 2천만원이하의 벌금에 처한다. 또한 사업주는 육아휴직 종료후에는 휴직전과 동일한 업무 또는 동등한 수준의 임금을 지급하는 직무에 복귀시켜야 하며, 이 규정을 위반하는 경우 500만원의 벌금에 처한다. 육아휴직기간은 근속기간에 포함한다.

국가는 사업주가 근로자에게 남녀고용평등법 제19조의 규정에 의한 육아휴직을 부여한 경우, 직장과 가정생활의 양립을 위해 당해근로자의 생계비용과 사업주의 고용유지비용의 일부를 지원할 수 있다.

사업주는 근로자의 취업을 지원하기 위하여 수유·탁아 등 육아에 필요한 보육시설을 설치하여야 하며, 노동부장관은 근로자의 고용을 촉진하기 위하여 직장보육시설의 설치·운영에 필요한 지원 및 지도를 하여야 한다.

(바) 분쟁의 예방과 해결

노동부장관은 사업장의 남녀고용평등 이행을 촉진하기 위하여 당해 사업장 소속 근로자중 노사가 추천하는 자를 명예고용평등감독관으로 위촉할 수 있다. 명예감독관은 다음 각호의 업무를 수행한다.

1. 당해 사업장의 차별 및 직장내 성희롱 발생시 피해근로자에 대한 상담·조언
2. 당해 사업장의 고용평등 이행상태 자율점검 및 지도시 입회
3. 법령위반 사실이 있는 사항에 대하여 사업주에 대한 개선건의 및 감독기관에의 신고
4. 남녀고용평등 제도에 대한 홍보·계몽
5. 그 밖에 남녀고용평등의 실현을 위하여 노동부장관이 정하는 업무 그리고 사업주는 명예감독관이 정당한 활동을 수행한 것을 이유로 당해 근로자에 대하여 불이익한 조치를 하여서는 아니된다.

사업주는 근로자로부터 고충의 신고를 받은 때에는 「근로자참여 및 협력증진에 관한 법률」에 의하여 당해 사업장에 설치된 노사협의회에

고충의 처리를 위임하는 등 자율적인 해결을 위하여 노력하여야 하며, 이 법과 관련한 분쟁해결에서의 입증책임은 사업주가 부담한다.

(사) 경비보조 및 권한의 위임

국가, 지방자치단체 및 공공단체는 여성의 취업촉진과 복지증진에 관련되는 사업에 대하여 예산의 범위안에서 그 경비의 전부 또는 일부를 보조할 수 있다. 국가, 지방자치단체 및 공공단체는 사업의 목적외에 보조금을 사용한 때, 보조금의 교부결정의 내용을 위반한 때, 속임수 그 밖의 부정한 방법으로 보조금의 교부를 받은 때, 이 법 또는 이 법에 의한 명령에 위반한 때에는 보조금 교부결정의 전부 또는 일부를 취소하고, 교부된 보조금의 전부 또는 일부를 반환하도록 명할 수 있다.

노동부장관은 대통령령이 정하는 바에 의하여 이 법에 의한 권한의 일부를 지방노동행정기관의 장 또는 지방자치단체의 장에게 위임하거나 공공단체에 위탁할 수 있다.

Ⅲ. 성희롱

1. 입법화과정 및 개념

1993년 12월 12일 UN총회에서 채택된 '여성에 대한 폭력철폐선언'에서 성희롱(Sexual harassment)을 여성에 대한 폭력과 UN 여성차별철폐협약 제1조가 규정하고 있는 여성차별에 해당하며, 인권과 기본적 자유를 침해하는 것으로 보고, 국제기구들은 성희롱을 규제하도록 각 회원국들에게 촉구하고 있다.

(1) 미국

미국에서는 성희롱을 오래전부터 심각한 사회문제로 인식하였다. 1975년 미연방대법원은 성희롱을 시민권법 제7편 703조의 성차별에 해당하는 것으로 판시하였다. 1980년 고용기회균등위원회(U.S.Equal Employment

Opertunity Commission, EEOC)에서 성희롱의 가이드라인을 제시하였는데 이 지침에 따르면 성희롱이란 "원치않는 성적인 접근, 성관계의 요구 그리고 그 밖의 성적인 성격을 갖는 언어적 혹은 육체적 행위"를 의미한다고 하였다. 이 지침은 그 자체가 어떠한 법적 구속력을 가지는 것은 아니지만, 법원이나 학계 등에서 활용하고 있고 다른 나라에서도 해석기준으로 사용되고 있다.

1986년에 내린 메리터 금융회사판결(Meritor Savings Bank v. Vision)[4]에서 미연방대법원은 불법적인 성희롱으로 인정할 수 있는 경우는 희롱행위가 심각하고 상습적이어서 학대적인 근무환경을 만들어 여직원들의 근무에 지장을 주는 경우라고 명시하였다. 또한 성차별이 임금의 차별이나 구체적으로 드러나는 차별에 국한되는 것은 아니라고 하면서 설령 여직원들의 급료나 진급 등에 영향을 미치지 않았다 할지라도 직장에서 여성들에게 적대적인 환경(hostile environment)을 만드는 것은 성희롱으로 이는 민권법에서 금지된 것이라고 판결하였다.

또한 1993년 해리스판결(Harris v. Forklift Systems, Inc.,)[5]에서는 단순한 돌발적 표현이나 행동을 성희롱으로 간주할 수는 없지만 아주 심각한 심리적 위협이 증명되어야만 성희롱이 성립되는 것은 아니라고 보았다. 즉 피해자의 심리적 상태에 심각한 영향을 미쳤다면 불법행위이지만 근무환경이 적대적이거나 학대적이라고 이성적으로 판단된다면 굳이 심리적 피해를 입증할 필요가 없다고 하여 성희롱의 적용범위의 확대를 가져왔다. 그러나 연방대법원은 메리터 금융회사판결과 마찬가지로 해리스 판결에서도 성희롱에 해당하는 행위나 상황이 발생하는 '적대적 환경'이 어떤 것인지 확실한 기준을 제시하지는 못했다.

(2) 일본

일본에서는 1997년 남녀고용기회균등법의 개정으로 제21조에 남녀차별방지를 위한 사업주의 의무를 규정하였고, 1998년 3월 시행지침을 마련하였다. 지침에서는 "성희롱이란 직장에서 행해지는 성적 행동에 대한 여성노동자의 대응에 따라 당해 여성 노동자의 노동조건이 불이익하게 변경되는 것(대가형 성희롱) 또는 당해 성적 언동에 의하여 여성 노동자

4) 477 U.S. 57(1986).
5) 000 U.S U10433(1993).

의 취업환경이 침해되는 것(환경형 성희롱)을 말한다."고 규정하였다.

(3) 우리나라

1990년대 들어와서 성희롱을 비롯한 다양한 성차별을 사회문제로 인식하였고, 여성에 대한 성적 침해에 대한 규제를 위해 여러 법률에서 이를 규정하고 있다.

성희롱에 대해서는 국가인권위원회법과 남녀고용평등법에 규정하고 있고 성희롱 예방지도지침에 그 내용이 있다. 즉 국가인권위원회법 제2조 제4호와 남녀고용평등법에서는 제2조 제5호에서 "'성희롱'이라 함은 업무, 고용 그 밖의 관계에서 공공기관의 종사자, 사용자 또는 근로자가 그 직위를 이용하거나 업무 등과 관련하여 성적 언동 등으로 성적 굴욕감 또는 혐오감을 느끼게 하거나 성적 언동 그 밖의 요구 등에 대한 불응을 이유로 고용상의 불이익을 주는 것을 말한다."라고 규정하고 있다. 이처럼 법률에 성희롱이 규정됨으로써 직장내에서 성희롱을 규제할 법률적 근거가 생겼으며, 노동부는 실효성을 확보하고자 직장내 성희롱 예방지도 지침을 제시하고, 신속한 구제를 위한 절차를 정하고 있다.

성희롱은 직장, 학교에서의 경우가 가장 많은 사례를 차지하고 있다. 상습적으로 여학생의 어깨를 만지거나 등을 치기도 하는 것이 문제가 되고, M.T. 후 뒷풀이에서 여학생에게 술따르라는 교수에게 정직 3개월의 중징계를 한 경우가 있었다.

그러나 직장에서는 많은 경우 성희롱이 행해지고 있으나 여성은 해고위협, 감원 등으로 인해 불이익을 받지 않으려고 하다 보니 부당한 성적 침해행위가 가해졌다.

우리나라에서 성희롱을 성적 침해행위로 관심을 끈 사건이 '서울대 우조교 성희롱사건'으로, 여성의 사회적 지위 및 남녀차별 문제에 관한 본격적 논의의 계기를 제공하였다. 이 사건이후 성적 침해는 사회적 관심사가 되었고 성희롱은 비록 범죄행위는 아닐지라도 여성의 인격권을 침해하는 불법행위로서 손해배상의 근거가 될 수 있다는 인식이 시작되었다.

2. 성희롱과 성폭력의 차이

성적인 언어나 행위로 상대방에게 신체적·정신적 손상이나 고통을 주는 성적 침해는 성범죄와 성희롱까지 포함한 성적 불법행위 일체가 포함된다. 성적 침해가 성범죄와 성희롱을 포함하는 것으로 볼 때 성희롱은 성적침해에 포함되나 성범죄에는 포함되지 않는다. 따라서 성희롱은 형법상 범죄행위와 구별하여 고찰한다.

성희롱과 강제추행·강간 등 성범죄는 성을 대상으로 삼는다는 점에서는 같으나, 그 제재의 목적, 주체와 객체, 처벌 등에서 다르다.

(1) 제재목적의 차이

성희롱은 성희롱 가해자가 피해자의 고용상 불이익이나 고용환경을 악화시키는 것을 방지하는 것을 목적으로 하는 반면 강간과 강제추행은 개인의 성적 자기결정권을 보호하는 것을 목적으로 하고 있다.

(2) 처벌의 차이

성범죄는 형사적 제재대상이고 성희롱은 행정적, 민사적 규제대상이다. 그래서 성희롱은 처벌이 시정조치 등의 징계와 과태료부과에 그치는 반면, 강간이나 강제추행은 형법상 범죄행위로 징역 또는 벌금형의 형벌제재가 가해진다.

(3) 주체와 객체의 차이

성희롱의 가해자는 직장의 사업주나 직장 내 상급자나 동료가 되고 피해자는 직장에 고용되어있는 하급자 또는 동료로 남녀간 차별이 없다. 이에 대해 강간죄의 피해자는 반드시 부녀만이고 강제추행죄의 피해자는 남녀 모두가 해당된다.

3. 성희롱의 유형

성희롱은 성차별의 한 유형으로 그 유형과 한계를 정하기가 쉽지 않다. 보통 성희롱을 조건형(보복형) 성희롱과 고용환경형 성희롱으로 나누고 있다.

(1) 조건형 성희롱

이는 채용, 승진, 직위의 유지를 조건으로 상사가 부하 직원에게 성적 요구를 하는 것이다. 채용이나 직급의 승진 등에 있어서 영향을 미칠 직위에 있는 자가 성적인 언어나 행동으로 성적 요구를 하고 자신의 성적 요구를 들어주면 채용이나 승진을 시켜주겠다고 하는 경우가 그 예이다.

(2) 고용환경형 성희롱

이는 성희롱 행위자가 성적 언어나 행동으로 성희롱 피해자의 업무 능률을 저해하거나 성희롱 피해자가 성희롱 행위를 수용하지 않을 경우 위협적이고 공적적인 근무환경을 형성할 의도를 보이거나 그로 인해 고용환경을 악화시키는 것을 말한다. 성희롱으로 인하여 피해자로 하여금 성적 굴욕감이나 정신적 압박을 느끼도록 하여 직장에서의 근무하기 힘들게 하여 업무능률을 저해하도록 환경을 조성하는 행위가 이에 해당한다.

4. 성희롱의 주체와 객체

(1) 성희롱의 주체는 사업체의 사업주, 상급자 또는 근로자로서 동료와 하급자가 해당된다.

사업주는 반드시 사업체의 소유자일 필요는 없고 고용, 해고, 승급, 전보, 징계 등의 권한을 가지고 있는 사업체의 대표자로 충분하다. 상급자는 직위 또는 업무에 있어서 행위 대상자에게 승급, 업무평가, 보직 등에 영향을 미칠 수 있는 지위에 있는 자를 말한다. 근로자는 직장에서 고용되어 노무를 제공하고 임금을 받아 생활하는 사람을 말한다. 성희롱은 남녀 성에 구별없이 동료는 물론 하급자도 성희롱의 가해자가 될 수 있다. 기존의 성희롱은 남성이 주류를 이루고 있었으나 여성의 사회참여 비율이 증가하면서 여성이 남성에 대한 성희롱이 문제가 되는 경우도 등장하고 있어 성희롱은 남녀 구별없이 이루어질 수 있는 것이다. 즉 성희롱의 대상은 직장 내 조직이나 업무상 고용된 자, 근로자로서 동료나 하급자 누구나 될 수 있다. 여기서 고용된 자는 임시 고용직 근로자도 포함되며, 남녀 성별을 가리지 않는다.

(2) 피해자의 의사에 반한 행위이다.

성희롱은 상대방이 원하지 않는 행위로 상대방이 원하였는가의 여부는 피해자의 심리적 태도에 의존하고 있는 것으로 구체적 사례마다 살펴보아야 한다. 이때에는 객관적인 정황을 고려하되, 현존하는 사회적 편견으로 인하여 피해자가 입게 될 심리적·사회적 피해를 고려하여야 한다.[6)]

(3) 고용환경을 악화시키는 것이어야 한다.

직장 내 성희롱은 고용상의 불이익을 주거나 또는 성적굴욕감을 유발하여 고용환경을 악화시키는 것이어야 한다. '고용상의 불이익을 주는 것'은 채용, 승진, 전직, 휴직, 해고 등에서 근로조건을 일방적으로 불이익을 주는 것으로 조건적 성희롱(Quid pro quo harassment)에 해당한다. '성적 굴욕감을 유발하여 고용환경을 악화시키는 것'은 성적인 언어나 행동 등으로 위협적, 적대적인 고용환경을 형성하거나 성적 굴욕감으로 업무능률을 저해시키는 것으로 환경형 성희롱(hostile work environment harassment)에 해당한다.

(4) 성적인 의미를 지닌 행위이다.

직장 내 성희롱은 상대방이 원하지 아니하는 성적인 언어나 행동에 의하거나 또는 이를 조건으로 하는 것이어야 한다.

---

6) 서울고판 1995.7.25, 94나15358.

5. 성희롱의 행위

남녀고용평등법 시행규칙 제2조(별표)에 다음과 같은 성희롱 판단 기준을 제시하였다.

[직장내 성희롱 판단을 위한 기준의 예시]

1. 성적인 언동에 대한 예시

(1) 육체적 행위

가. 입맞춤이나 포옹, 뒤에서 껴안는 등의 신체적 접촉행위

나. 가슴·엉덩이 등 특정 신체부위를 만지는 행위

다. 안마나 애무를 강요하는 행위

(2) 언어적 행위

가. 음란한 농담을 하거나 음탕하고 상스러운 이야기를 하는 행위(전화통화를 포함한다)

나. 외모에 대한 성적인 비유나 평가를 한 행위

다. 성적인 사실관계를 묻거나 성적인 내용의 정보를 의도적으로 유포하는 행위

라. 성적인 관계를 강요하거나 회유하는 행위

마. 회식자리등에서 무리하게 옆에 앉혀 술을 따르도록 강요하는 행위

(3) 시각적 행위

가. 음란한 사진·그림·낙서·출판물등을 게시하거나 보여주는 행위(컴퓨터통신이나 팩시밀리 등을 이용하는 경우를 포함한다)

나. 성과 관련된 자신의 특정 신체부위를 고의적으로 노출하거나 만지는 행위

(4) 그밖에 사회통념상 성적 굴욕감 또는 혐오감을 느끼게 하는 것으로 인정되는 언어나 행동

2. 고용상의 불이익을 주는 것의 예시

채용탈락·감봉·승진탈락·전직·정직·휴직·해고등과 같이 채용 또는 근로조건을 일방적으로 불리하게 하는 것

※ 비고 :

성희롱여부의 판단시에는 피해자의 주관적 사정을 고려하되, 사회통념상 합리적인 사람이 피해자의 입장이라면 문제가 되는 행동에 대하여 어떻게 판단하고 대응하였을 것인가를 함께 고려하여야 하며, 결과적으로 위협적·적대적인 고용환경을 형성하여 업무능률을 저해하게 되는지를 검토하여야 한다.

여기서 특정신체부위를 만지는 행위는 형법상의 강제추행죄에 해당될 수 있고[7], 안마나 애무를 강요하는 행위는 강요죄에 해당될 수 있는데 형법상 범죄구성 이외의 행위만을 성희롱으로 본다. 성적인 사실관계를 묻거나 성적인 내용의 정보를 의도적으로 유포하는 행위는 형법상 모욕죄, 명예훼손죄에 해당될 수 있다. 성적인 관계를 강요하거나 회유하는 행위는 형법상 강간죄, 업무상 위력·위계에 의한 간음죄, 강요죄에 해당될 수 있다.

음란한 사진 등을 게시하거나 보여주는 행위는 형법상 음란물죄에 해당될 수 있고 성폭력특별법 제14조의 통신매체이용음란죄에 해당될 수 있다.

6. 성희롱의 예방과 구제업무

남녀차별금지구제업무가 여성가족부의 업무에서 제외되고 남녀차별금지및구제에관한법률이 폐지되고 이 업무가 국가인권위원회로 이관되었다. 그리고 성희롱의 예방교육 등은 여성가족부의 업무이다.

---

7) 성희롱과 강제추행의 구별
성희롱과 강제추행은 당사자가 성별, 연령, 관계를 불문하고 성적 의미있는 행위가 그 내용이 된다. 그러나 행위수단에 있어서는 성희롱은 폭행, 협박이 아닌 성적 접촉인 반면 강제추행은 폭행, 협박에 의한 추행에 국한된다. 성희롱은 피해자의 주관적인 감정을 상하게 하는 사소한 성적 침해를 기준으로 판단하는데 반해 강제추행은 사회적 중요성(성적 의미)이 객관적으로 인정될 만한 성적 침해를 기준으로 판단한다. 성희롱의 경우에는 민사상의 손해배상을 하여야 하고 성희롱과 관련하여 고용상 불이익을 주는 경우에는 5백만 원 이하의 벌금에 처해지고 직장 내 성희롱의 예방조치를 취하지 않는 사업주에 대해서는 3백만 원 이하의 과대료를 부과한다. 반면에 강제추행의 경우는 10년 이하의 징역 또는 1천 5백만 원 이하의 벌금의 형벌에 처해진다.

(1) 자율구제와 처벌

사업주는 성희롱 문제를 치리힐 고충처리기구나 절차를 마련하여 활용하여야 한다.

회사는 성희롱 행위자에 대해 부서전환이나 경고, 견책, 정직, 휴직, 전직, 대기발령, 해고 등의 징계를 해야 한다(남녀고용평등법 §14). 이들 위반하는 경우에 500만 원 이하의 과태료가 부과된다.

성희롱 피해 근로자가 관계기관에 진정이나 고소를 했다는 이유로 회사가 피해자에게 고용상 불이익을 주는 경우에는 500만 원 이하의 벌금형에 처해진다(법 23②).

(2) 예방교육실시

사업주는 직장 내 성희롱 예방의무를 진다. 사업주는 전직원을 대상으로 연수, 조회, 부서별 교육, 시청각 교육 등 1년에 1회 이상 성희롱 방지 교육을 실시해야 한다. 이를 위반하는 경우 300만 원 이하의 과태료가 부과된다.

[판례 1] 성희롱
[대판 1998.2.10, 95다39533(서울고법 1995.7.25, 94나15358)]

1. 사건의 개요

원고 우OO는 서울대학교 자연과학대학 화학과에서 실험기기조작 담딩조교로 채용되었는데, 원고가 기기조작을 위한 기술교육을 받기 위해 출근을 시작한 초기부터 피고 신정휴는 기기작동 기술교육을 빙자하여 교육과 무관한 신체적 접촉을 반복 계속하고 산책데이트를 하자고 요구하면서 옷을 피고의 연구실에서 갈아입으면 된다고 말하거나, 원고의 땋은 머리를 잡아당기며 "누가 이렇게 시골처녀처럼 머리를 땋고 다니느냐", "단둘이서 입방식을 하자"고 말하거나, 원고를 자신의 연구실로 불러 세워놓고 아래 위를 훑어보는 등 지속적으로 이른바 '성희롱'에 해당하는 언동을 하여 원고는 수치심 때문에 몸둘 바를 몰라 하는 등 피고의 언동에 엄청난 스트레스를 받았고, 심리적 불쾌감과 성적 굴욕감에 시달리면서도 직장 내의 불이익 때문에 즉각적인 거절은 하지 못하고 묵시적으로 거절의사를 표현하였다. 원고로부터 성적 접근을 거절당한 위 피고는 그에 보복하기 위하여 원고의 업무를 방해했으며, 종국에 가서는 원고를 해임하였는데, 그로 인하여 원고는 형언할 수 없는 정신적 고통을 받았다고 하면서, 그로 인하여 원고는 프라이버시와 성적 자유를 침해당하였을 뿐 아니라, 일하기 쉬운 직장에서 일할 권리를 침해당하였다고 주장하였다.

위 피고의 위와 같은 행위는 민법상 불법행위를 구성하는 것이고, 원고는 그로 인하여 극심한 정신적 고통을 입었을 뿐 아니라 종국에는 직장을 잃게 되는 손해를 입었으므로 그 손해의 배상으로서 금 50,000,000원의 지급을 구한다는 소송을 제기하여 원심에서는 성희롱을 인정하여 원고에게 3천만 원의 배상을 하게 하는 피고 패소판결을 내렸다. 그러나 고등법원은 이를 번복하여 원고 패소판결을 내리자 원고는 상소하였다.

2. 법적인 쟁점

고등법원은 이 사건에서의 성적 괴롭힘에 있어서 보호법익에 대해 다음과 같이 보았다.

(1) 보호법익

각인은 헌법상 보장되는 개인의 존엄권과 행복추구권으로부터 연역되는 사법상의 권리로서 일반적 인격권을 가지며, 그 내용의 하나로서 이른바 성적 자주결정권을 가질 뿐 아니라 근로자로서는 성적인 차별을 당함이 없는 근로환경 하에서 성적 불쾌감을 받지 않고 일할 수 있는 근로자로서의 인격적 이익을 갖는다고 할 수 있으므로 성적 괴롭힘은 근로자로서의 근로의 권리와 성적 자주결정권을 침해하는 것이라고 할 수 있다.

앞서 본 바와 같이 성적 자주결정권을 보호하는 현행법의 규정으로서는 일반적인 관계에서 폭행 협박을 수반하는 이른바 성폭력행위(강간, 강제추행 등)와 공중밀집장소에서의 추행 및 통신매체를 이용한 음란행위를 처벌하는 규정이 있고, 고용관계에서는 위계 및 위력에 의한 간음과 함께 위계 및 위력에 의한 추행도 처벌하는 규정이 있다(성폭력범죄의처벌및피해자보호등에관한법률 제11조 참조). 그러나 여기서 성적 괴롭힘이라고 하는 새로운 법적 개념으로써 불법행위제도에 의해 민사적인 관계에서 보호하려는 성적 자주결정의 자유는 고용관계에서 이루어지는 일체의 성적 행위를 대상으로 한다. 그러므로 그 대상에는 폭행 협박을 수반한 것이거나 위계나 위력에 의한 경우뿐 아니라 뒤에서 보는 바와 같이 여성의 인간으로서의 존엄을 공격하는 중대하고 철저한 성적 행위가 모두 포괄된다고 보아야 한다.

(2) '성적 괴롭힘'의 법적 정의-행위유형

일반적으로 보아 직장 내에서 여성의 인간의 존엄에 대한 공격은 모두 위법한 것으로 법에 의해 제재되어야 한다고 말할 수 있는데, 이러한 행위의 대부분은 이미 형사적으로 처벌되거나 불법행위가 구성되는 것으로 다루어지고 있으므로 새로이 성적 괴롭힘으로서 법적인 보호를 베풀어야 하는 것이 어떠한 행위인가를 고찰해야 할 것이다.

그 위법성의 여부를 판단함에는 당해 성적 언동의 성질이나 그것이 행해진 배경적 제 상황 등을 종합적으로 고려하여야 할 것이지만, 개별적 사례의 사실관계에서 구체적 기준이 되는 요소를 객관화 명확화 할 필요가 있다. 이를 살펴보면 다음과 같다.

첫째로 '성적 괴롭힘'은 고용관계와 관련하여 행해진 행위이어야 한다. 그 행위의 주체는 피해자에게 영향력 있는 직장의 상급자와 직원간의 관계에서 뿐 아니라 동료간의 관계에서도 이루어질 수 있다.

둘째로 '성적 괴롭힘'은 성적 행위, 즉 불쾌한 성적 접근에 응하기를 요구하는 행위 기타 성적인 성격을 가지고 일체의 언동을 포함한다. 다양한 종류의 언동이 거론될 수 있지만, 여기서 정의되는 법적인 성적 괴롭힘은 그 성적인 성격이 노골적이고 성적인 의도가 분명히 간취될 수 있어야 한다. 교육상 또는 직업수행상의 필요에 의해 행해지는 신체적 접촉 또는 친밀감의 표시나 사회관습상 의례적으로 이루어지는 언동은 이에 해당될 수 없다. 또 그 행위의 태양은 중대하고 철저한 것이어야 한다. 피해자의 의사에 반하여 집요하게 반복적으로 이루어지는 성적 언동이 그러한 것이다. 피해자가 당한 경미하고 사소한 사항을 불법행위로 인정하는 경우에는 그와 함께 활동하는 자의 행동의 자유를 부당히 제한하게 될 것이기 때문이다.

셋째로, '성적 괴롭힘'은 그 행위 상대방이 원하지 않은 행위이다. 원하였는가의 여부는 구체적 사례마다 피해자가 실제로 가진 심리적 태도에 의존하는 것이지만 그것만이 결정적인 것은 아니다. 그 판단에는 행위를 둘러싼 객관적인 정황을 고려하되, 현존하는 사회적 편견으로 인하여 피해자가 입게 될 심리적, 사회적 피해를 고려하여야 한다. 따라서 진지한 목적을 가진 호소나 권유는 이에 해당하지 않는다. 또 동의를 하였다고 하여 모두 원해진 행위라고 단정될 수 없다. 성적 수치심 때문에 또는 좋지 않은 소문을 미연에 막기 위하여 피해자가 적극적으로 반발의 반응을 보이지 못하는 경우가 허다하고, 동의하에 성적 호의가 이루어졌다 하더라도 계속적으로 그러한 관계가 요구되는 경우에는 그 거부로 인하여 결과될 불이익 때문에 거부할 수 없는 사정이 있을 수 있기 때문이다.

넷째로 '성적 괴롭힘'에는 고용조건이나 근로환경에 관하여 성을 이유로 한 차별적 취급이 있어야 한다. 여기에는 위와 같은 성적 행위에 대한 수용 여부에 따라 피해자의 고용관계에 대한 이익이나 불이익이 주어지는 경우(이른바 조건적 성적 괴롭힘)와 성적 행위 자체가 피해자의 근로조건을 변경하고 굴욕적인 근로환경을 조성하게 되는 경우(이른바 환경형 성적 괴롭힘)가 있을 수 있다. 전자는 성적 행위에 대한 거절로 인하여 해고나 승진거절 등 고용상의 차별적 처우를 가져오는 경우이고, 후자는 성적 행위 자체가 그 피해자로 하여금 성적 굴욕감이나 혐오감을 품게 하여 그의 업무수행이나 근로환경에 부당하고 심각한 불이익을 가져오는 경우이다. 성적 행위가 단순한 발언이나 일회적인 거동에 그치는 것으로서 피해자의 고용상의 지위나 기타 노동조건에 구체적인 불이익을 가져오지 않는 경우에는 위법성이 부인된다.

3. 대법원의 판단

(1) 화학과 교수 겸 엔엠알기기의 총책임자로서 사실상 원고에 대하여 지휘·감독관계에 있는 피고의 위와 같은 언동은 분명한 성적인 동기와 의도를 가진 것으로 보여지고, 그러한 성적인 언동은 비록 일정기간 동안에 한하는 것이지만 그 기간 동안만큼은 집요하고 계속적인 까닭에 사회통념상 일상생활에서 허용되는 단순한 농담 또는 호의적이고 권유적인 언동으로 볼 수 없고, 오히려 원고로 하여금 성적 굴욕감이나 혐오감을 느끼게 하는 것으로서 원고의 인격권을 침해하였다고 할 것이고, 이러한 침해행위는 선량한 풍속 또는 사회실서에 위반하는 위법한

행위이고, 이로써 원고가 정신적으로 고통을 입었음은 경험칙상 명백하다고 할 것이다.

따라서 위 피고의 위와 같은 성적인 언동은 불법행위를 구성한다 할 것이므로 피고로서는 원고에 대하여 원고가 입은 정신적 손해를 배상할 책임이 있다고 할 것이다.

그리고 이른바 성희롱의 위법성이 문제는 종전에는 법적 문제로 노출되지 아니한 채 묵인되거나 당사자간에 해결되었던 것이나 앞으로는 빈번히 문제될 소지가 많다는 점에서는 새로운 유형의 불법행위이기는 하나, 이를 논함에 있어서는 위에서 본 바와 같이 이를 일반 불법행위의 한 유형으로 파악하여 행위의 위법성 여부에 따라 불법행위의 성부를 가리면 족한 것이지, 원심이 설시하는 바와 같은 불법행위를 구성하는 성희롱을 고용관계에 한정하여, 조건적 성희롱과 환경형 성희롱으로 구분하고, 특히 환경형의 성희롱의 경우, 그 성희롱의 태양이 중대하고 철저한 정도에 이르러야 하며, 불법행위가 성립하기 위하여는 가해자의 성적 언동 자체가 피해자의 업무수행을 부당히 간섭하고 적대적 굴욕적 근무환경을 조성함으로써 실제상 피해자가 업무능력을 저해당하였다거나 정신적인 안정에 중대한 영향을 입을 것을 요건으로 하는 것이므로 불법행위에 기한 손해배상을 청구하는 피해자로서는 가해자의 성희롱으로 말미암아 단순한 분노, 슬픔, 울화, 놀람을 초과하는 정신적 고통을 받았다는 점을 주장·입증하여야 한다는 견해는 이를 채택할 수 없는 것이다. 또한 피해자가 가해자의 성희롱을 거부하였다는 이유로 보복적으로 해고를 당하였다든지 아니면 근로환경에 부당한 간섭을 당하였다든지 하는 사정은 위자료를 산정하는 데에 참작사유가 되는 것에 불과할 뿐 불법행위의 성립 여부를 좌우하는 요소는 아니라 할 것이다.

(2) 서울대학교 총장인 피고 김종운이 피고의 성희롱 사실을 사전에 알거나 알 수 있었고, 또한 피고의 성희롱 사실을 사후에 은폐하려고 하였다고 보여지지 아니하고, 달리 이를 인정할 증거도 없으며, 앞서 본 바와 같이 위 피고의 성희롱 행위가 위 피고의 사무집행에 관련된 것이라고 볼 수도 없으므로, 피고 김종운이 원고에 대하여 불법행위자 본인으로서의 손해배상책임을 부담한다고 할 수 없다.

4. 평가

서울대 우조교 사건은 5년간의 법정공방 끝에 성희롱을 인정함으로써 일단락 지어졌는데, 이는 성희롱에 관한 최초의 법적 판단이었다는 점이 주목할 대상이다. 1998년 대법원은 피고 신OO교수에게 원고가 입은 정신적 손해를 배상할 책임이 있다고 하여 원고승소판결을 내렸다.

이 사건에서 법원은 성적 괴롭힘의 보호법익과 행위유형 등을 제시하였고, 성희롱 가해자의 의도가 입증되건 아니건 간에 피해자의 인격을 침해하여 고통을 주는 정도라면 위법이며, 피해자가 성적 굴욕감이나 혐오감을 느끼면 성희롱에 해당된다고 성희롱의 개념정의와 그 적용범위를 제시함으로써 향후 성희롱의 문제가 법적인 쟁점이 될 수 있는 사안임을 명백히 하였고 이를 통해 성 평등을 실현하는데 변화를 가져온 것으로 평가할 수 있다.

Ⅳ. 근로에 있어서 문제

1. 육아문제

(1) 육아보육

육아보육은 일하는 어머니의 자녀를 맡아 보호해주는 것을 목적으로 발달되어 아동의 보호에 주기능을 부여해왔으나 보호에서 나아가 양질의 탁아와 교육을 제공하는 교육적 탁아체계로서 '보육'의 개념이 등장하였다. 기존에는 심리학분야에서 아동의 보육과 관련하여 어머니와의 애착을 통한 정서적 관계를 강조했다. 아동의 정서적 발달, 사회성 발달, 지적 발달, 신체적 발달 등은 어머니와의 특별한 정서적 관계에서 건전한 발달을 하게 되므로 어머니는 가정에서 살림하며 아이를 키우는 것을 부각시켰었다. 이는 남녀의 고정적 성역할을 강조하여 여성을 가정의 범주에서 아이를 기르는 것을 행복한 주부상으로 보고 영아의 보육을 부정하는 것이다. 그러나 여성의 사회참여가 진전됨에 따라 아이의 보육 문제가 사회적 관심사가 되고 보육은 개인차원을 넘어 사회, 국가가 정책적으로 일정 역할을 하여야 하는 방향으로 진선되었다. 그래서 선진국의 경우를 보면 영유아 보육정책은 모든 아동에게 서비스를 제공한다는 보편주의 원칙을 가지고 양질의 탁아와 교육을 제공하는 방향으로 보육을 하되 이를 위해 다양한 보육서비스와 프로그램을 제공하고 있다.

(2) 영유아[8]보육[9]법

가. 제정

우리나라는 1961년 12월 30일(법률 제912호)에 '아동복리법'이 제정된 이래, 1982년 12월 31일(법률 제3635호)에 유아교육진흥법을 제정하여 보육시설의 통합과 함께 국고지원책을 마련하였다. 1989년 아동복지법시행령에 탁아시설을 아동복지시설의 하나로 규정하고 1990년에 1월 14일(법률 제4328호)에 보사부 훈령에 의해 제정된 탁아시설의 설치・운영에 법적 근거를 두었으나 운영상 많은 문제점이 드러나자 보육문제를 효율적이고 정책적으로 지원할 필요성이 증가하였다. 이에 1990년 영유아의 보육문제를 해결하고 가정의 복지를 증진한다는 취지로 영유아보육법이 제정되었다.

나. 내용

① 목적(§1)

영유아보육법은 영유아를 심신의 보호와 건전한 교육을 통하여 건강한 사회성원으로 육성함과 아울러 보호자의 경제적・사회적 활동을 원활하게 함으로써 가정복지 증진에 기여함을 목적으로 한다.

② 보육이념(§3)

i) 보육은 영유아의 이익을 최우선적으로 고려하여 제공되어야 한다.

ii) 보육은 영유아가 안전하고 쾌적한 환경에서 건강하게 성장할 수 있도록 하여야 한다.

---

8) 6세 미만의 취학전 아동

9) 영유아를 건강하고 안전하게 보호・양육하고 영유아의 발달특성에 적합한 교육을 제공하는 사회복지서비스를 말한다.

iii) 영유아는 자신 또는 보호자의 성·연령·종교·사회적 신분·재산·장애 및 출생지역 등에 따른 어떠한 종류의 차별도 받지 아니하고 보육되어야 한다.

③ 보육책임(§4)

i) 모든 국민은 영유아를 건전하게 보육할 책임을 진다.

ii) 국가 및 지방자치단체는 보호자와 더불어 영유아를 건전하게 보육할 책임을 진다.

iii) 시장·군수·구청장(자치구의 구청장에 한한다. 이하 같다)은 영유아의 보육을 위한 적정한 보육시설을 확보하여야 한다.

④ 보육시설의 종류와 설치(§10 이하)

a. 국·공립보육시설의 설치

◦국·공립보육시설 : 국가 또는 지방자치단체가 설치·운영하는 보육시설 국가 또는 지방자치단체는 국·공립보육시설을 설치·운영하여야 한다. 이 경우 국·공립보육시설은 제11조의 규정에 의한 보육계획에 따라 도시저소득주민밀집주거지역 및 농어촌지역 등 취약지역에 우선적으로 설치하여야 한다.

b. 국·공립보육시설외의 보육시설의 설치

◦법인보육시설 : 사회복지사업법에 의한 사회복지법인(이하 "법인"이라 한다)이 설치·운영하는 보육시설

◦직장보육시설 : 사업주가 사업장의 근로자를 위하여 설치·운영하는 보육시설(국가 또는 지방자치단체의 장이 소속공무원을 위하여 설치·운영하는 시설을 포함한다)

◦가정보육시설 : 개인이 가정 또는 그에 준하는 곳에 설치·운영하는 보육시설

◦부모협동보육시설 : 보호자들이 조합을 결성하여 설치·운영하는 보육시설

◦민간보육시설 : 제1호 내지 제5호에 해당하지 아니하는 보육시설

◦국·공립보육시설외의 보육시설을 설치·운영하고자 하는 자는 시장·군수·구청장의 인가를 받아야 한다(§13①).

대통령령이 정하는 일정규모 이상의 사업장의 사업주는 직장보육시설을 설치하여야 한다. 다만, 사업장의 사업주가 직장보육시설을 단독으로

설치할 수 없을 때에는 사업주 공동으로 직장보육시설을 설치·운영하거나, 지역의 보육시설과 위탁계약을 체결하여 근로자 자녀의 보육을 지원하거나 또는 근로자에게 보육수당을 지급하여야 한다(§14①).

⑤ 비용의 부담

국가 또는 지방자치단체는 국민기초생활보장법에 의한 수급자와 여성가족부령이 정하는 일정소득 이하 가구의 자녀 등의 보육에 필요한 비용의 전부 또는 일부를 부담하여야 한다(§34①). 초등학교 취학직전 1년의 유아 및 장애아에 대한 보육은 무상으로 하되, 대통령령이 정하는 바에 의하여 순차적으로 실시한다(§35①). 제1항의 규정에 의한 무상보육 실시에 드는 비용은 대통령령이 정하는 바에 의하여 국가 및 지방자치단체가 부담 또는 보조하여야 한다고 하여 무상보육의 특례를 규정하고 있다(§35②).

제12조 후단의 규정에 불구하고 국가 및 지방자치단체는 제1항의 규정에 의한 무상보육을 받고자 하는 유아 및 장애아를 보육하기 위하여 필요한 보육시설을 설치·운영하여야 한다(§35③).

국가 또는 지방자치단체는 대통령령이 정하는 바에 의하여 제10조의 규정에 의한 보육시설의 설치, 보육교사의 인건비, 초과보육 운영경비 등 운영에 소요되는 경비 또는 보육정보센터의 설치·운영, 보육시설종사자의 복지증진, 취약보육의 실시 등 보육사업에 소요되는 비용의 전부 또는 일부를 보조한다(§36). 법 제14조 직장보육시설의 설치 등의 규정에 의하여 보육시설을 설치한 사업주는 대통령령이 정하는 바에 의하여 그 보육시설의 운영 및 보육에 필요한 비용의 전부 또는 일부를 부담하여야 한다(§37).

(다) 지원과 보육시설의 확대

이 법은 보육에 대한 국가와 지방자치단체의 책임을 명시하고 있으나 그 지원대상이 생활보호대상의 자녀와 보건복지부령이 정하는 저소득층의 자녀에 한정하고 그 외의 대상에 대해서는 보육비용을 모두 수익자 부담으로 하고 있어 사회복지의 차원에서나 교육의 차원에서 한계를 갖는다는 비판이 제기된다.

여성노동에 대한 수요의 증가와 함께 여성의 사회참여가 확대됨에 부응하여 여성이 출산하여도 취업을 계속할 수 있는 여건이 마련되어야 한다. 출산률이 전세계적으로 최하위를 기록하고 있는 현재 보육시설의 확충과 보육여건의 마련의 위해 국가가 정책적인 배려를 아끼지 않아야 한다. 단기적으로는 직장 내 필수적으로 보육시설을 설치하게 하고 국가나 지방자치단체는 직장보육시설의 설치와 운영에 대한 비용을 지원해 주고, 보육비용에 대한 세제지원을 통해 보호자의 보육을 위한 비용의 부담을 덜어 주어 육아로 인해 직장생활을 포기한다든가 직장생활을 위해 가정을 갖지 않는 극단에서 벗어나도록 하는 국가의 정책적인 대책을 강구해야 한다. 나아가서 근로시간의 단축, 파트타임제의 도입, 방과후 보육시설 확충 등을 통해 가정을 갖고도 직업생활을 계속할 수 있는 여건 조성을 해주어야 한다.

저소득층에서의 보육이란 생존의 문제와 직결되어있는 만큼 직장을 가진 어머니는 안심하고 일을 하고 아이는 교육의 혜택을 통해 잘 성장할 수 있도록 하는 여러 가지 방안을 강구해야 하며, 이러한 차원에서 보육시설을 충분히 확대하고 보육이 국가의 정책적 목표라는 인식하에 보육의 공공성의 확대가 필요하다고 본다.

2. 변칙적 고용문제

(1) 고용형태의 변화와 고용불안정

그동안 기존의 노동시장에서는 일반적인 정규고용관계에 입각해 고용관계가 형성되어왔다. 그러나 이러한 고용환경은 1990년대 이후 현실적인 필요에 의해 고용형태의 변화를 가져오게 되었는데 그 대표적인 예가 파견근로제, 시간제, 임시직 근로 등이다. 이러한 제도는 정규근로형태를 전제로 하고 있다고 하지만 명확한 법적 근거없이 마련되어 운영되어온 관계로 그 부작용 또한 크다. 회사에서는 정규고용직 노동자를 줄이며 대신 파견노동자를 공급받아 업무를 수행하게 하고, 임시직 노동자를 채용하여 정규노동직 업무를 수행하는데 이용하게 되었다. 그러나 이러한 고용형태의 변화는 사회적 약자나 여성에게 불리하게 작용하여 사용자가 편리에 의해 이용하는 대상이 될 여지가 있고, 정규직이 아니기 때문에 매우 불안정한 노동자 신분으로 머무르게 하는 고용불안을 가져오게 된다.

(2) 시간제 및 임시직 근로

시간제 근로는 근로시간이 상용근로자에 비해 짧은 근로자를 말하는데 그 근로시간에 대해서는 일률적이지는 않다. 미국과 일본은 35시간 미만 근로자를 파트타임근로자로 보고 있지만 프랑스에서는 소정근로시간이 상용근로자보다 20%이상 짧은 경우로 보고 있다.

노동부의 '시간제 근로자의 근로조건보장에 관한 지침'에 의하면 시간제 근로란 "1주, 1일의 소정 근로일 또는 근로시간이 당해 사업장의 동종업무에 종사하는 통상 근로자의 근로시간보다 30% 이상 짧은 경우"라고 하고 있다. 그리고 고용보험법 제8조 제2호에서 고용보험적용제외 대상으로 시간제근로자를 "소정근로시간이 대통령령이 정하는 시간 미만인 자"라고 규정하고 있다. 다만 65세 이상인 근로자에 대한 고용안정, 직업능력개발사업에 관하여는 제외한다고 규정하고 있다.

임시직 근로는 근로자와 사용자가 일정기간 동안 임시적으로 근로계약을 체결하는 근로형태를 말한다. 임시직 근로에는 전일제 임시직 근로와 시간제 임시직 근로가 있는데 전일제 임시직 근로는 일반적인 사용근로자와 동일한 시간을 근무하나 시간제 임시직 근로는 상용근로자보다 소정 근로시간이 적은 근로를 말한다. 임시직 근로에 관해 규정하는 법률이 없어 임시직 종사노동자를 중심으로 노동단체를 결성하고 근로조건 등에 대한 여건개선을 시도하고 있다.

(3) 파견근로제

가. 상용근로계약 등과의 차이

파견근로제는 근로자파견업을 전문으로 하는 인력회사가 근로자를 필요로 하는 사용기업과 근로자파견계약을 맺고 자기가 고용하고 있는 근로자를 사용기업에 파견하는 제도이다. 일반적인 정규고용관계에서는 근로자를 고용하는 고용주와 근로자를 지휘하여 근로에 종사케하는 사용주가 동일하다. 그러나 파견근로제에서는 파견사업주와 파견근로자간에 고용계약이 맺어지고 파견근로자는 사용사업주의 지휘명령을 받으며, 파견사업주와 사용사업주 사이에 용역계약으로 이루어진다는 점에서 차이가 있다.

이러한 파견근로제와 근로자공급사업, 시간제근로, 임시직 근로와 같은 제도는 사용사업주에 의해 직접고용된 것인가 혹은 간접고용된 것인가에 따라 구별될 수 있다. 즉 파견근로자는 파견근로자와 사용사업주간에는 고용관계가 성립되지 않는 간접고용인데 비해 그 외 근로제도는 근로자와 사업주간의 고용관계가 직접고용이라는 점에서 다르다.

나. 파견근로제에서의 문제점

파견근로자법이 있어 파견근로에 대해 규정하고 있지만 파견근로제는 근로계약당사자로서 사용자와 지휘명령권의 행사자로서의 사용자가 다르기 때문에 파견사업자와 사용사업자 사이에 노동법상 노동자 보호와 사용자 책임에 대한 귀속문제가 발생하고 노동법상의 정규근로자와의 균등대우 등이 문제가 된다.

파견근로자법은 파견사업주와 사용사업주를 근로기준법의 사용자로 보고 있어(§28①), 파견에 따르는 책임은 파견사업자가, 사용에 따른 책임은 사용사업자가 지게 된다. 파견사업자는 고용관계에서의 의무인 임금, 재해보상, 파견에 대비한 건강진단 등에 관한 책임을 지고, 근로시간, 휴게, 휴일, 월차유급휴가, 여성근로자보호 등에 관해서는 사용사업자를 근로기준법상의 사용자로 보도록 규정하고 있다. 그리고 사용사업주의 귀책사유로 인하여 임금을 지급하지 못한 경우에는 파견사업주는 사용사업주와 연대하여 책임을 진다.

이러한 파견근로제는 근로기준법상 "누구든지 법률에 의하지 아니하고는 영리로 타인의 취업에 개입하거나 중간인으로서 이익을 취득하지 못한다."(§8)는 규정에 의한 중간착취에 해당하는 것으로 파견근로제가 중간착취를 합법화해준다는 비판이 제기된다.

또한 파견근로제에 있어서는 정규근로자에 비해 파견근로자의 임금이 낮고 근로조건의 차별이 심하다는데 문제가 있고, 사용주가 노동법상의 사용자책임의 회피방지원칙[10]을 훼손할 가능성이 있는 점이 지적된다.

---

10) 근로자보호를 위해 근로자의 노부제공으로부터 주된 이익을 받은 자가 그 근로자에 대한 관계에서 노동법상의 사업주로서 각종 보호책임을 져야 한다는 원칙이다.

[판례 1] 전화교환원 정년사건 1[대판 1988.12.27, 85다카657]

1. 사건의 개요 및 경과

한국전기통신공사 전화교환원으로 근무해오던 김영희는 교환원 정년을 43세로 정한 인사규정에 따라 정년퇴직을 당하였고, 이에 당시 일반직 정년은 55세인 반면 교환원의 정년을 43세로 정한 것은 헌법 제10조 제1항에 위반되는 차별규정으로서 근로기준법 제5조, 노동조합법 제11조에 위반되며, 원고와 피고간의 고용관계가 민법 제103조의 선량한 풍속 기타 사회질서에 위반한 것이라고 하여 1983년 정년퇴직 무효확인소송을 제기하였다.

제1심과 제2심에서는 인사규정에서 정한 43세 정년제가 남자교환원에게도 적용되므로, 남녀차별로 볼 수 없고, 노조위원장이 근로자들이 포괄위임한 단체교섭에 의해 단체협약을 체결하여 인사규정의 개정에 동의한 사실 등을 들어 한국전기통신공사의 김영희에 대한 퇴직조치는 정당하다고 판결하여 이에 상고하였다.

2. 대법원의 판단

대법원은 다음과 같이 판시하였다.

근로기준법 제97조 제1항은 취업규칙은 법령에 반할 수 없다고 규정하고 있고 동법 제5조는 사용자는 근로자에 대하여 남녀의 차별적 대우를 하지 못하며 국적, 신앙 또는 사회적 신분을 이유로 근로조건에 대한 차별적 대우를 하지 못한다고 규정하고 있는바, 위 법조에서 말하는 남녀간의 차별적인 대우란 합리적인 이유없이 남성 또는 여성이라는 이유만으로 부당하게 차별대우하는 것을 의미한다 할 것이므로 피고공사의 취업규칙이라 할 수 있는 위 인사규정 제36조 제1항 단서의 규정내용이 여성이라는 이유만으로 불합리한 차별내용을 정한 것이라면 무효라 할 것이다.

이 사건의 경우를 볼 때 원심인정과 같이 교환직렬이라는 특정직종 전체 근로자의 정년을 43세로 규정하고 있고 이 직렬에 종사하는 여성 근로자들의 정년만을 낮춘 것은 아니며 교환직렬에의 취업이 여성만으로 제한되어 있지 않아서 실제로 3명의 남성근로자가 있기는 하다. 그러나 피고공사의 교환직은 전통적으로 여성근로자로 충당되어 왔고 남녀근로자의 수나 비율을 보더라도 위 인사규정을 제정할 무렵에는 약 4,800명가량의 교환직렬직원 가운데 남성은 불과 3명 정도였으며 그 후 교환직렬직원이 7,480명으로 증가되었는데도 남성은 3명에 머물러 있었음이 기록상 명백하다. 이러한 사정이라면 위 근로자 3명이 취업하게 된 사정과 앞으로 남성들의 취업경향 여하에 따라서는 교환직렬 직종은 이를 여성전용직종으로 볼 여지가 있으므로.....이들 직종근로자의 근로내용, 이들 근로자가 갖추어야 할 능력, 근로시간, 이용자에 대한 역할, 특별한 복무규율이 필요한 여부나 인력수급사정등 이들 근로자와 피고공사에 관한 여러 사정을 모두 고려하여 정년을 그렇게 낮게 정할 상당한 이유가 있었는지 아니면 합리적인 이유없이 부당하게 낮은 정년을 정한 것인지의 여부 등을 자세히 검토해보아야 할 것이며 위의 모든 사정들을 종합하여 여성전용직종으로 보여지는데도 합리적인 이유없이 여성근로자들이 조기퇴직하도록 부당하게 낮은 정년을 정한 것이라면 이는 위 근로기준법의 남녀차별금지규정에 해당되어 무효로 보아야 할 것이다.

그러나 대법원은 원심은 교환직렬 직종이 여성 전용직종인지의 여부와 정년을 다른 직종에 비하여 현저히 낮게 정하게 된 이유를 구체적으로 심리판단하였어야 함에도 불구하고 원심이 이에 이르지 아니하고... 심리미진과 이유불비가 있어 판결결과에 영향을 미치게 하였음이 명백하다고 하여 파기환송하였다.

3. 고등법원의 재차선고(서울고등법원 1989.4.19, 89나2136)

대법원이 위 사건을 파기환송하여 고등법원에 돌려보냄에 따라 서울고등법원은 "교환직렬직종은 여성전용직종으로 보아야 하고, 이 직종을 다른 직종과 달리 정년을 낮게 정한 합리적 이유를 발견할 수 없다."고 선고하였다. 이에 따라 김영희는 7년만에 다시 복직되었다.

[판례 2] 전화교환원 정년사건 2 [대판 1996.8.23, 94누13589]

1. 사건의 개요 및 경과

위 사건 종료 후 한국전기통신공사는 1992.12.31. 교환직렬의 정년이

53세라는 이유로 53세에 달한 김영희를 다시 정년퇴직 발령을 내렸다. 이에 김영희는 “일반직 8개 직군 중 여성전용 직종인 교환직렬을 합리적 이유없이 다른 직렬보다 정년을 낮게(당시 일반직원의 정년은 58세) 정한 것은 여성과 남성을 차별 대우하는 것이므로 이러한 차별정년을 규정한 인사규정은 남녀고용평등법 제8조 및 근로기준법 제5조에 위배되어 무효”라고 주장하면서 1992.12.31. 서울지방노동위원회에 부당해고 구제신청을 하였다.

이에 대해 서울지방노동위원회는 교환원들 대다수가 정년연장을 원하지 않고 있으며, 정년의 격차가 종전의 12년에서 5년으로 완화되었고, 정년이 연장되면 집단해고 문제가 발생할 수 있다는 점 등을 들어 전화교환원이라는 직종이 여성전용직종이라 하더라도 정년차별은 합리적인 사유가 있는 것으로 부당해고라고 볼 수 없다고 판정하였다.

김영희가 이에 불복하여 재심을 청구하자 중앙노동위원회는 “전화교환원의 정년을 여성전용직종이라는 이유로 58세인 다른 직종과 차별을 두어 53세로 정한 것은 남녀고용평등법에 명백히 위배된다.”고 판시하면서 부당해고구제 재심판정을 하여 김영희는 복직되었다. 그러자 한국전기통신공사는 중앙노동위원회의 재심판정을 취소하기 위한 소송을 제기하였고 고등법원은 공사의 인사규정이 일반직 직원의 정년을 58세로 규정하면서 일반직 직원 중 교환직렬의 직원만을 정년을 53세로 규정하고 있음을 지적하고, 전화교환직은 사실상 여성전용직종으로 다른 직종과 달리 정년에 차이를 둘 합리적인 이유가 없으므로 교환직렬에 대한 정년의 차이를 둔 것은 남녀차별에 해당한다고 보았다(서울고등법원 1994.9.29, 93구25563판결).

2. 대법원의 판단

대법원은 이에 대해 “원고의 교환직렬에서의 인력의 잉여 정도, 연령별 인원구성, 정년 차이의 정도, 차등정년을 실시함에 있어서 노사간의 협의를 거친 점, 신규채용을 하지 못한 기간, 현재의 정년에 대한 교환직렬 직원들의 의견 등에 비추어 보아 원고가 교환직렬에 대하여 다른 일반직 직원과 비교하여 5년간의 정년차등을 둔 것이 사회통념상 합리성이 없다고 단정하기는 어렵다할 것이다.

그럼에도 불구하고 원심이 교환직렬에 대한 정년의 차이를 규정한 원고의 인사규정이 합리성 없는 남녀의 차별적 대우에 해당하여 근로기준법 제5조 및 남녀고용평등법 제8조 제1항에 위배되어 무효라고 판단한 것은 위법하다."고 판단하여 이 사건을 파기환송하였다.

제 6 편

여성인권과 소수자 문제

제 6 편
여성인권과 소수자 문제

Ⅰ. 성전환자의 문제

1. 정의

성전환증 환자는 출생시 확인된 성이 자신의 진정한 성이 아니라고 확신하면서 적어도 2년 이상 다른 성의 역할을 함과 동시에 외부성기로 표현된 신체의 성을 혐오하여 이를 제거, 변경하는 등의 방법으로 반대 성을 얻으려는 강한 심리적 상태에 놓여있는 자를 말한다.

가정법원은 ⅰ) 성전환자일 것, ⅱ) 전환수술을 통하여 성적 외관이 반대의 성으로 명백히 변경되었을 것, ⅲ) 장래 성인식의 재전환 가능성이 없을 것이라는 점에 대한 상당한 정도의 개연성이 있을 것, ⅳ) 성년자로서 한정치산, 금치산자가 아닐 것, ⅴ) 혼인관계에 있지 아니할 것을 요건으로 성별변경의 확인을 인정하고 있다.

의료기술의 발달로 성전환수술을 가능하게 하고 성전환자에게는 행복을 충족해주었으나 동시에 인권을 포함한 다양한 법적 문제를 야기하게 되었다. 이 같은 성전환자의 문제는 단순히 여성에서 남성으로 남성에서 여성으로 외모가 변화되는 것에서 나아가 법률적인 문제를 지니고 있다는 점과, 성전환의 경우가 여성에서 남성보다 남성에서 여성으로 전환하는 수가 많다는 점에서 여성인권과 관련해서 살펴볼 수 있다고 하겠다.

의사협회에 따르면 지금까지 수백 명이 성전환수술을 받았고 성전환증을 가진 사람은 2003년에 4천5백 명에 이른다고 한다. 성전환증은 성전향증, 변성증, 성전환원망증(gender identity disorder)등으로 사용되기도 하는데 성전환증은 유전적으로 암·수 성이 결정, 발현된 후에 다른 성으로 전환하는 현상으로 정신적, 사회적 성과 생물학적, 육체적 성이 불일치한 경우를 말한다. 의학적으로 성전환증은 성적 주체성 장애가 심한 형태로 사춘기 이후에도 자신의 선천적 성에 대하여 지속적으로 불편감과 부적절함 등을 느끼며, 2년 이상 1차 및 2차적 성징을 제거하고 반대 성징을 획득하려는 집착에 사로잡혀있는 상태를 말한다. 생물학적으로는 이상이 없는데 유전적으로 주어진 성과 동일시하지 못하고 반대의 성으로 전환하려는 일종의 정신질환이다. 성전환자란 정신적 성과 신체적 성의 부조화로 성전환수술을 받은 자를 포함하나 법적 성전환을 인정하는 대상은 성전환수술을 받은 자만을 말한다.

2. 원인 및 성별기준

(1) 원인

성전환증의 원인에 대해서 그 원인은 명확히 밝혀지지 않았으나 태아 신경계층발달에 산전(prenatal) 성호르몬의 영향을 받거나 산후(postnatal) 사회 및 정신적인 영향이 그 원인이 되는 것으로 생각하고 있다. 그래서 어릴 때 자기를 돌보는 보모의 태도, 양육방법 및 부모와의 부정적인 관계 등 생물학적 원인보다는 심리적, 정신적 요인에 좌우된다고 보고 있다.

(2) 성별기준

인간의 생물학적요소로는 성염색체, 호르몬, 생식선, 외부성기 등을, 정신의학적·심리적요소로 2차 성징, 양육, 교육으로 인한 성, 성역할을 들 수 있다. 성을 구별하는 기준으로는 성별은 성염색체로 구별한다는 성염색체설과 생물학적 성별기준은 성염색체에 의하나 법적 성별은 생물학적 성별이외에 사회의 의식이나 역할도 중시하는 성역할설이 있다. 성염색체설은 성별은 수정시에 결정되어 남자는 XY, 여자는 XX로 불변하다고 보나 성역할설은 성염색체에 의해서만 성을 구별하면 성염체성과 외부적 성징 혹은 사회적으로 인식되는 성별이 다르게 되는 경우 사회적 혼란을 초래하게 되므로 사람의 성별은 사회적 인식과 사회적성역할의 상당성에 비추어 결정하여야 한다는 것이다.

우리 대법원은 남녀의 성별은 성염색체구성을 기본적 요소로 보고 신체적 외관, 심리적, 정신적 성, 사회생활에서 수행하는 주관적, 개인적 성역할 및 이에 대한 일반적인 평가나 태도 등 모든 요소를 종합적으로 고려하여 사회통념에 따라 결정된다고 보고 있다.[1]

3. 성별 정정문제

현대에 들어 의료기술이 발달하여 성전환수술이 가능하게 되고 성전환자에게는 원하는 성으로 삶을 찾아 행복을 주었으나 이는 동시에 인권을 포함한 다양한 법적 문제를 야기하게 되었다. 즉 성전환자의 성별정정문제는 헌법의 분야에서는 인간다운 생활을 할 권리, 행복추구권, 직업선택의 자유기본권 등의 문제가, 가족법분야에서는 결혼, 이혼, 친자관계 등 문제가, 사회법분야에서는 의료보험, 사회보험 적용 여부 등의 문제가, 형법분야에서는 강간죄의 성립여부, 성전환수술의 상해죄성립여부, 구치소・교도소에서 성전환자처우문제 등이 제기될 수 있다.

인천지방법원은 2002.12.12. 성전환자(transgender) 하리수라는 연예인이 신청한 성별및이름변경호적정정신청에 대하여 호적상 성별란을 '남'→'여'로, 본명을 '이경엽'→'이경은'으로 바꾸도록 하는 허가결정을 내렸다.

현행법은 성별기준을 '성염색체 형태'를 주요기준으로 삼고 있기 때문에 성전환자의 성별정정은 거의 이루이지지 않고 있다. 이같이 간혹 성별정정이 이루어진다하더라도 법원 또는 담당판사에 따라서 그 결정내용을 달리하고 있다.

최근에 대법원은 1심과 2심에서 호적정정신청이 불허된 성전환자 3명의 신청사건에 대한 판단을 위해 의학계인사와 성별정정을 반대하는 종교계인사를 1명씩 초청하여 의견을 들은 바 있다.[2] 성전환자의 호적정정은 다른 법적인 문제가 많이 관련되어 있어 어려운 점이 있는 것으로,

1) 대판 1996.6.1, 96도79.
2) 2006.5.12, 일간지 AM7.

대법원이 성전환자의 호적정정신청을 받아들여줄 것인가의 여부가 기대된다.

4. 성전환수술의 허용기준

성전환수술(surgical sex-reassignment surgery)은 당사자, 가족, 사회에 미치는 파급효과가 크다. 성전환수술을 통해 성전환자는 인간으로서의 존엄과 가치를 지니고 행복추구, 개성신장을 하면서 인간다운생활을 향유하게 되는 긍정적인 측면이 있는 반면 극단적으로는 성전환수술을 범죄의 수단으로 이용한다거나 법질서를 위반하는 것으로 악용하는 부정적인 측면도 있을 수 있으므로 성전환수술을 허용하기 위한 일정한 기준이 마련되어야 한다.

현재 의학계에서는 이러한 성전환수술허용기준을 마련해 두고 있다. 즉 1990.8.8. 대한비뇨기과학회가 결정한 성전환수술허용기준으로 '성전환증의 외과적 치료의 적응성'이라는 제목으로 12개 항목을 발표한 바 있다.

① 근본적으로 정신과 질환이므로 정신과에서 정확한 진단이 있어야 한다.
② 정신과치료가 상당기간 지속되어 왔으나 성과가 없었어야 한다.
③ 수술 전에 바꾸고자 하는 성에 대한 정신사회학적 적응이 이루어져야 한다.
④ 다른 정신질환이나 우울증이 없어야 한다.
⑤ 수술 전에 바꾸고자하는 성에 대한 호르몬치료를 상당기간 동안 이미 지속해왔고 이에 대한 부작용이 없어야 한다.
⑥ 나이가 21세 이상으로 사춘기를 지났어야 한다.
⑦ 신체외형이 바뀌고자하는 성에 어울려야 한다.
⑧ 가족이 성전환수술에 대한 승낙이 있어야 한다.
⑨ 불임에 대한 배우자나 친가족의 동의가 있어야 한다.
⑩ 약물이나 술에 대한 습관성이 없어야 한다.
⑪ 범법기록이 없어야 하며 범죄에 이용될 가능성이 없어야 한다.
⑫ 환자에 대한 추적에 대한 조사가 자 이루어지 수 있는 상황이어야 한다.

그리고 이러한 항목이외에 정신과전문의 추천이 있는 것이 바람직하다는 기준을 제시하였다.

성전환자에 대한 여러 가지 문제에도 불구하고 호적정정, 성전환특별법[3]의 추진 이외에 아직까지는 큰 진전이 없으며 앞으로의 사회적 합의가 이루어지는데는 시간이 필요하다고 하겠다.

[판례 1] 성전환한 남성은 강간죄의 객체가 될 수 있는가 1
[서울지법 1995.10.11, 95고합516]

형법상의 강간죄가 강제추행죄에 비하여 엄하게 처벌되는 입법취지의 근저에는 모성보호, 즉 추상적이나마 수태의 가능성이 있는 부녀를 더 보호하고자 하는 취지가 포함된다고 보여지는 점, 현재의 의학수준에 의한다 하더라도 수술 후 육체적으로 반대의 성이 갖는 해부학적인 성의 구조를 완벽하게 재현할 수는 없는 실정으로 보이는 점 등을 함께 고려한다면, 피해자가 성염색체나 외부성기 등 육체적인 성별에는 이상이 없는데도 성자아의 혼란을 겪은 나머지 부득이 외과적인 수술로서 환자가 바라는 반대적인 성이 지니는 일부 해부학적인 성기의 외관을 갖추었다고 하더라도, 따로 성별을 확정하는 절차(현행법상으로는 호적정정 외의 다른 방법은 없는 것으로 보이나, 위 길종필은 아직까지 호적정정 신청을 하지 아니하였다고 진술하고 있다)를 거치지 아니한 이상 그 상태만으로는 위 강간죄의 '부녀'라고 단정할 수는 없다고 보여진다.

따라서 이 부분 공소사실은 범죄의 증명이 없는 경우에 해당하여 형사소송법 제325조 후단에 의하여 무죄를 선고할 것이나, 예비적 공소사실인 판시 합동강제추행치상에 의한 성폭력범죄의처벌및피해자보호등에관한법률위반죄를 유죄로 인정한 이상 주문에서 따로 무죄의 선고를 하지 아니한다.

3) 2002년 김홍신, 송영길 의원 등이 '성전환자의 성별변경에 관한 특례법안'의 제정을 추진한 바 있다.

[판례 2] 성전환한 남성은 강간죄의 객체가 될 수 있는가?
[대판 1996. 6. 11, 96도791]

비록 어릴 때부터 정신적으로 여성에의 성귀속감을 느껴 왔고 위의 성전환 수술로 인하여 남성으로서의 내·외부성기의 특징을 더 이상 보이지 않게 되었으며 남성으로서의 성격도 대부분 상실하여 외견상 여성으로서의 체형을 갖추고 성격도 여성화되어 개인적으로 여성으로서의 생활을 영위해 가고 있다 할지라도, 기본적인 요소인 성염색체의 구성이나 본래의 내·외부성기의 구조, 정상적인 남자로서 생활한 기간, 성전환 수술을 한 경위, 시기 및 수술 후에도 여성으로서의 생식능력은 없는 점, 그리고 이에 대한 사회 일반인의 평가와 태도 등 여러 요소를 종합적으로 고려하여 보면 위 피해자를 사회통념상 여자로 볼 수는 없다 할 것이다.

원심판결은 그 이유 설시에서 강간죄의 보호법익 등에 관하여 선뜻 납득할 수 없는 근거들을 내세우는 등 흠이 없지 아니하나, 위와 같은 취지에서 판단한 결론은 정당한 것으로 수긍이 가고 거기에 상고이유로 내세운 바와 같은 부녀의 개념이나 강간죄의 법리를 오해한 위법이 있다 할 수 없다.

이와 같이 법원은 성전환자에 대한 간음은 강간죄의 불능미수 혹은 강제추행으로 보아 왔다.

Ⅱ. 여성장애인의 문제

1. 여성장애인의 개념과 차별

여성장애인(Disabled Women)이란 하나 혹은 그 이상의 신체적·정신적 장애를 지니면서 사회적 장애를 경험한 여성을 말한다. 여기에는 손상의 심각성 정도, 성적성향, 문화적 배경, 또는 생활공간의 지역사회시설여부에 상관없이 장애 소녀를 비롯한 모든 연령대의 여성이 포함되는 개념이다.

우리나라의 가부장제문화와 사회구조에서는 여성은 남성의 지배와 연관되어 이루어져왔고 이러한 사회구조 속에서의 여성의 차별적 취급에 대한 성적 불평등을 해결하고자 하였다. 현재는 법률상으로는 어느 정도 성차별이 해소되었다고 할 수 있다. 이러한 가운데 여성장애인의 문제는 여성의 문제 이외에 또 다른 문제가 일어난다. 즉 여성장애인은 장애인으로서 사회적 소수자로서의 차별뿐만이 아니라 여성이라는 성차별의 이중의 고통을 겪게 된다. 그리고 여성장애인은 장애로 인해 교육, 고용 등의 사회활동에서 소외됨으로써 빈곤하게 살아가게 되어 여성장애인은 삼중의 차별을 받게 된다. 이러한 현실에서 여성장애인이 하나의 독립된 인격체로서 사회시민으로서 생활하기란 무척 어렵다.

그동안에 장애인 문제는 인권문제로서 논의되어오고 장애인에 대한 사회적 인식도 많이 변화되어 오고 있다. 이러한 장애인에 대한 시각은 남성장애인 중심의 성과이고 여성장애인 문제는 아직도 생소할 만큼 논외의 것이다. 그러나 여성장애인 문제는 장애인이라는 문제이외에 여성의 문제를 안고 있는 것으로서 법률상 여성에게서 발생할 수 있는 문제에 해당되는 것으로 특별한 관심을 가져야할 대상영역이다.

2. 여성장애인의 인권운동

(1) 여성장애인의 국제적 인권운동

국제적으로 여성장애인의 인권운동은 유엔을 중심으로 이루어져 왔다. 1975년에는 장애인권리선언이 있었고, 1980년 유엔에서 개최한 '여성을 위한 10년' 세계회의에서 유엔가맹국들에게 모든 연령의 여성장애인의 특별한 요구를 고려할 것을 다음과 같은 내용으로 요청하였다.

첫째, 1981년 '세계 장애인의 해'의 성공과 행동계획의 수행을 지원하고 기여할 것을 세계의 모든 남성과 여성에 대해 호소한다.

둘째, 여성장애인의 완전한 참여와 통합을 촉진하고 여가활동을 제공하기 위해 여성장애인에게 특별한 주의를 기울일 것을 요청한다.

셋째, 유엔가맹국의 프로그램은 장애예방, 여성장애인 원조, 보호, 교육실시, 장애아동에 대한 특별한 주의를 기울일 것 등의 목적과 더불어 사회·직업재활을 위해 모든 연령의 여성장애인의 특별한 요구를 명백하게 고려할 것을 요청한다.

넷째, 유엔의 자문기관은 모든 연령의 여성장애인의 요구와 예방 및 재활시책을 통한 상황개선의 필요성의 고려와 이 분야에서의 활동에 대한 조정을 요청한다.

다섯째, 민간조직 특히 장애인 및 가족으로 구성된 단체들의 노력을 환영하며 이들에 대한 공적·재정적 지원을 요청한다.

여섯째, 평등·개발·평화를 위한 유엔 '여성을 위한 10년'의 후반부 행동계획 실시에 있어 모든 연령의 여성장애인에 대해 국제적·지역적·국가적으로 충분하게 고려할 것을 결정한다.

일곱째, 세계 장애인의 해에 관련된 장기행동계획의 입안에 있어서 모든 연령의 여성장애인의 특별한 요구에 대해 고려할 것을 요청한다.

1985년 케냐의 나이로비에서 열린 제3차 세계여성대회에서는 나이로비 여성발전 미래전략 제296조에서 여성장애인에 관한 권리를 명백히 규정하였다. 즉 장애를 발생시키는 요인의 증가로 전세계 장애인수는 늘어가고 있고 이중 여성장애인은 가정과 다른 책임까지 지고 있는 더 많은 문제를 야기시키고 있음을 지적하였다. 그리고 여성장애인의 삶의 질을 높일 것과 여성장애인에게 지역사회를 단위로 한 직업 및 사회참여, 재활조치, 가사책임수행을 위한 사회지원체제와 정상생활을 영위할 수 있게 할 것을 제시하고 있다.

1990년 비엔나에서 개최된 DPI 세계대회에서도 여성장애인 문제를 다루었고 여성장애인을 위한 20여개 항목을 만들어 각 국가에 강력히 요청하였고, 1995년 북경 세계여성대회 비정부기구 포럼에서 200여명의 장애여성이 참가하여 여성장애인의 권리보장을 세계 각국에 촉구하였다. 이 대회 보고서에서는 여성장애인에 대해 여성과 빈곤, 교육과 훈련, 여성과 건강, 폭력, 여성과 경제, 힘, 인권, 여성과 미디어, 아동 등 언급되었다.

1997년 6월에는 북경 세계여성대회 후속조치로 국제 여성장애인 리더쉽 개발포럼이 미국 워싱턴에서 열려 여성장애인의 국제연대방안을 모색하는 자리가 되었다. 동 9월에는 국제장애인 복지대회가 열렸고 국제여성장애인 교류대회를 개최하였다.

(2) 여성장애인의 국내적 인권운동

여성장애인의 경우는 남성과 거의 동일한 비중의 수를 차지하고 있음에도 불구하고 상대적으로 정책적 측면에서의 고려가 배제되어 왔다. 특히 관심을 기울여야할 복지 정책적 차원에서도 별다른 관심을 받지 못하다가 비교적 최근 들어 장애여성 및 아동에 대한 교육과 취업에 있어서 특별한 관심을 제안한 '아시아 태평양 경제사회이사회(ESCAP)의 「아·태 장애인 행동 계획안」과 함께 비정부단체(NGO)의 활동이 활발해지기 시작하면서 여성장애인 문제에 대한 논의가 일어나고 있다.

1994년 12월 최초로 여성장애인의 완전한 참여와 평등한 삶을 통한 권리회복을 추구하는 모임으로서 여성장애인 4인과 비장애인 1인이 '빗장을 여는 사람들'(이하 빗장이라 한다)이 결성되었다. 1995년 빗장은 121명의 여성장애인에 대해 교육, 결혼, 고용 등의 문제를 조사하고 공청회를 개최하였다. 동년 9월에는 북경세계여성대회에 참여하여 보고회를 갖고 여성장애인의 인권에 대해 전세계 여성과 공동대처방안을 모색하고자 하였다. 1996년에는 제1회 여성장애인 대회를 통해 여성장애인의 문제를 파악하고 그에 대한 대안마련을 위해 노력하였고, 1998년 8월에 홍콩에서 열린 제11차 RI(국제재활협회) 아·태회의에 참석하여 아시아·태평양지역의 여성장애인 네트워크를 구성하는 역할을 하였다.

1998년에는 제2회 전국 여성장애인대회에서는 '한국여성장애인연합'[4]의 결성을 결의하고 한국 사회의 구성원으로서 주체적이고 당당하게 살아갈 수 있도록 특별대책을 요구하고 관철될 때까지 결의할 것이라고 하여 전국 여성장애인의 행동강령을 채택하였다.

한국여성장애인연합은 2005년까지 4번의 한국여성장애인대회를 개최하였으며 그때그때의 상황과 중점사업에 따라 주제는 각기 다르게 진행되어 왔다.

4) 전국에 7개의 지부와 2개의 회원단체를 두었으며, 여성장애인성폭력상담소와 여성장애인쉼터, 자립생활센터를 운영하는 우리나라 최초의 여성장애인 인권운동단체이다.

3. 여성장애인의 현황·법령·대책

(1) 여성장애인의 현황

전국적으로 장애인의 성별 분포를 구체적으로 보면 1995년도 조사 결과로는 전체 장애인의 45.7%인 총 47만여 명이 여성장애인으로 추정되고 있으며 이 규모는 전체인구대비로는 1.1%에 해당한다. 2000년도에 실시한 장애인 실태조사에 의하면, 약 55만 9천여 명의 여성장애인이 생활하고 있는 것으로 추정되고 있다.

보건복지부와 한국보건사회연구원이 실시한 「2000년도 장애인 실태조사」에 의하면 장애인 출현율은 3.09%로 1990년 2.23%, 1995년 2.37%에 비해 증가추세에 있다. 장애인복지법의 개정으로 장애범주가 확대[5]되면서 장애인 수와 출현율도 증가하게 되었다. 여성 장애인의 출현율은 남성장애인 출현율보다 적게 나타났고, 남녀의 장애유형별 출현율을 보면 남녀모두 지체장애의 출현율이 가장 높고 심장장애를 제외한 모든 장애유형에서 남성의 출현율이 여성보다 높은 것으로 나타났다.

(2) 여성장애인에 관한 법령

여성장애인에 관련된 국내의 법률로는 성폭력범죄의처벌및피해자보호등에관한법률 제8조에 "장애로 인해 항거불능인 상태에 있음을 이용하여 여자를 간음하거나 추행한 자는 형법 제297조(강간) 또는 제298조(강제추행)에 정한 형으로 처벌한다."고 규정하여 가중처벌하고 있다.

장애인복지법 제9조 2항에서는 "국가와 지방자치단체는 여성장애인의 권익을 보호하기 위하여 필요한 시책을 강구하여야 한다."고 규정하고 있다. 그리고 장애인고용촉진과 직업재활법에 중증장애인과 여성장애인

---

5) 과거 장애인복지법상의 장애범주는 주로 외형적·기능적 장애에 국한하고 있어 선진국에 비하여 그 범주가 매우 좁았다. 이에 장애범주를 지체, 시각, 청각, 언어, 정신지체의 5종 장애 외에 실제로 사회활동 등에 지장을 받으면서도 장애인 범주에 들지 않아 장애인복지시책의 대상에서 제외되고 있는 만성질환자 등도 장애범주에 포함시키기 위하여 장애범주확대를 추진하고 있다. 1단계 조치로 2000년 1월부터 신장·심장·정신·발달(자폐증)장애를 추가하고, 뇌병변장애를 지체장애에서 분리하여 10종 장애로 확대하였으며, 2003년 5월에 안면기형, 호흡기장애, 장루, 요루장애 등 총15개 장애로 확대하였다.

의 할당 고용제에 관한 사항이 명시되어 있다

그밖에 보건복지부의 장애인복지사업지침에서 장애인복지관이 상담, 취업알선, 결혼, 가사 및 육아지원 등 여성장애인사업을 할 수 있도록 하고 있고, 서울시 여성발전기본조례안 제14조 제4항에서는 "시장은 노인여성 및 여성장애인의 평등한 사회참여와 복지증진을 위하여 필요한 시설을 확충하고 여성장애인의 교육·직업훈련 및 재활을 위해 노력하여야 한다."고 규정하였다.

이는 장애인여성의 권익을 보호하고 장애인여성이 우리 사회 전 분야에 참여할 수 있는 기회를 조금씩 확대시켜가고 있는 것이라 하겠다.

(3) 여성장애인에 대한 대책

여성장애인의 실질적인 수적 증가가 지속될 것이 분명하게 예측되는 가운데, 장애인의 문제 속에서 특히 여성이라는 이유로 차별과 고통을 받고 있는 여성장애인 문제는 개인과 그 가족만의 문제가 아니라 우리 사회가 함께 풀어가야 할 당면 과제로 인식하여야 한다. 물론 우리 실정에서는 장애인의 차별문제가 여성이나 남성의 구분 없이 중요하지만 특히 여성의 경우에는 그 문제의 정도가 더욱 심각하기 때문에 특별한 관심과 대책을 필요로 하게 된다.

지금까지 장애인 관련 연구나 정책개발에 있어서 성인지적 접근(gender mainstream)은 거의 이루어지지 못하였다. 물론 생계보장, 이동권 확보, 교육 및 취업기회에서의 불이익 등은 장애인복지 분야에서 일차적으로 해결되어야 할 과제이며, 성별과 관계없이 모든 장애인이 동일하게 경험하고 요구하는 문제이다. 그러나 여성장애인은 "장애인"으로서 공동적으로 경험하는 이러한 문제들에 더하여 "여성"이라는 특성 때문에 경험하는 불이익이 추가되어 이중적인 어려움을 경험하고 있다. 여성장애인은 육아, 출산, 성폭력 등 남성장애인이 경험하지 않는 부가적인 문제가 있으며, 남성장애인에 비해 사회참여 기회도 더 제약을 받고 있다. 그럼에도 불구하고 여성장애인은 장애인복지 분야에서도, 여성복지 분야에서도 주목을 받지 못하는 소외집단으로 남아있다.

구체적인 방안으로서 고용에서 일정비율을 장애여성에게 배려해야 하며 정부의 주요 요직이나 의회 등에도 진출하도록 전문지식과 소양을 갖춘 장애여성 지도자를 일정 비율로 할당해야 한다. 또한 장애인문제를 연구하는 기관에서도 장애여성의 역할과 기능 등을 재조명하고 더 깊이 연구하도록 장애여성 분과설치 등에 우선순위를 두어야 할 것이다

장애여성의 특수성을 고려하여 결혼과 자녀양육대책 등에 대한 법적·제도적·행정적 지원 또한 요청된다.

장애여성의 경우 결혼과 임신, 출산, 자녀양육과 가사노동 등 어려운 일들이 많다. 가정봉사원을 파견하여 주는 일 등이 뒷받침될 때 조금은 쉽게 자녀를 양육할 수 있을 것이다 따라서 장애여성의 결혼, 자녀양육에 대한 종합적인 대비책이 국가적·사회적으로 마련될 때 장애여성의 사회참여의 기회도 촉진될 것이다

우리나라의 경우 여성의 장애 인구 비율이 증가하는 것은 여성의 경제 활동 참여의 증가, 사회 참여 등이 점차 늘어나고 있는 현실과 함께 인구 노령화와 여성의 평균 수명이 남성보다 길다는 점도 작용하는 것으로 볼 수 있다. 따라서 여성장애인의 비중은 일정한 수준까지는 증가할 것으로 전망되며, 이와 같이 장애인으로서 큰 비중을 차지하고 있는 여성장애인의 특성을 반영한 다양한 대책의 마련 역시 점차 강력하게 요청되어질 것으로 전망된다.

부 록

1. 여성에 대한 모든 형태의 차별철폐에 관한 국제 협약
2. 여성발전기본법
3. 남녀고용평등법

[부록]

1. 여성에 대한 모든 형태의 차별철폐에 관한 국제 협약

(International Convention on the Elimination of All Forms of Discrimination against Women)-1979년 12월 18일 뉴욕에서 채택

본 협약 당사국은,

유엔이 기본적 인권, 인간의 존엄과 가치 및 남녀평등권에 대한 신뢰를 재확인하고 있음에 유의하고,

세계인권선언은 차별이 허용될 수 없다는 원칙을 확인하고 있으며 모든 인간은 자유롭게 그리고 존엄과 제반 권리에 있어 평등하게 출생하며 성에 기인한 차별을 포함한 어떠한 종류의 차별도 받지 아니하고 동 선언에 규정된 모든 권리와 자유를 누릴 권리가 있다고 선언하고 있음에 유의하고,

인권에 관한 국제규약 당사국은 모든 경제적, 사회적, 문화적, 시민적 및 정치적 권리를 향유할 남녀의 평등권을 보장할 의무를 지고 있음에 유의하고,

유엔 및 전문기구의 후원 하에 체결된 남녀권리의 평등을 촉진하는 제 국제협약을 고려하고,

유엔 및 전문기구에 의해 채택된 남녀권리의 평등을 촉진하는 결의, 선언 및 권고에도 유의하고, 그러나 이러한 제도에도 불구하고 여성에 대한 광범위한 차별이 계속 존재 하고 있음을 우려하고,

여성에 대한 차별은 권리평등 및 인간의 존엄성의 존중원칙에 위배되며, 여성이남성과 동등한 조건하에 국가의 정치적, 사회적, 경제적 및 문화적 생활에 참여 하는데 장애가 되며, 사회와 가정의 번영의 증진을 어렵게 하며, 그들 국가와 인류에 대한 봉사에 있어 여성의 잠재력의 완전한 개발을 더욱 어렵게 함을 상기하고,

궁핍한 상황 하에서는 식량, 건강, 교육, 훈련 및 취업 기회와 기타의 필요에 있어 여성이 가장 혜택받기 어려운 점을 우려하고,

형평과 정의에 기초를 둔 신국제경제질서의 수립이 남녀평등을 도모하는데 크게 기여할 것임을 확신하고,

인종격리정책, 모든 형태의 인종주의, 인종차별, 식민주의, 신식민주의, 침략, 외국 의 점령 및 지배와 국내문제에 대한 간섭 등의 제거가 남성과 여성의 권리의 완전한 향유에 필수적임을 강조하고,

국제 평화와 안전의 강화, 국제긴장의 완화, 국가의 사회적, 경제적 체제에 관계없이 국가 간의 상호 협력, 전반적이고 완전한 군비축소, 특히 엄격하고 효과적인 국제적 통제하의 핵군축, 국제관계에 있어서의 정의 평등 및 호혜의 원칙의 확인, 외국의 식민 지배와 외국의 점령 하에 있는 인민의 자결권 및 독립권의 실현 그리고 국가주권 및 영토보전에 대한 존중 등이 사회진보와 발전을 촉진하며 결과적으로 남성과 여성 사이의 완전한 평등의 성취에 기여할 것임을 확인하고,

국가의 완전한 발전과 인류의 복지 및 평화를 위해서는 여성이 모든 분야에 남성과 평등한 조건으로 최대한 참여하는 것이 필요함을 확신하고,

현재까지 충분히 인식되지 못하고 있는 가정의 복지와 사회의 발전에 대한 여성의 지대한 공헌, 모성의 사회적 중요성 및 가정과 자녀양육에 있어서의 부모의 역할을 명심하며 또한 출산에 있어서의 여성의 역할이 차거가 될 수 없으며, 아동의 양육에는 남성, 여성 및 사회전체가 책임을 분담해야 함을 인식하고,

남성과 여성 사이에 완전한 평등을 달성하기 위하여는 사회와 가정에서의 여성의 역할뿐만 아니라 남성의 전통적 역할에도 변화가 필요함을 인식하고,

여성에 대한 차별의 철폐에 관한 선언에 명시된 제 원칙을 이행하며 이러한 목적으로 모든 형태 및 양태에 있어서의 차별을 철폐하는데 필요한 조치를 취할 것을 결의하면서 다음과 같이 합의하였다:

제 1 부

제 1 조

본 협약의 목적을 위하여 '여성에 대한 차

별'이라 함은 정치적, 경제적, 사회적, 문화적, 시민적 또는 기타 분야에 있어서 결혼 여부에 관계없이 남녀동등의 기초 위에서 인권과 기본적 자유를 인식, 향유 또는 행사하는 것을 저해하거나 무효화하는 효과 또는 목적을 가지는 성에 근거한 모든 구별, 배제 또는 제한을 의미한다.

제 2 조

당사국은 여성에 대한 모든 형태의 차별을 규탄하고 여성에 대한 차별을 철폐하기 위한 정책을 모든 적절한 수단을 통해 지체없이 추진하기로 합의하며 이러한 목적으로 다음을 약속한다:

(가) 남녀평등의 원칙이 헌법 또는 기타 적절한 입법에 아직 규정되지 않았다면 이를 구현하며 법 또는 기타 적절한 수단을 통해 동 원칙의 실제적 실현을 확보할 것.

(나) 여성에 대한 모든 차별을 금지하는 적절한 입법 및 기타조치를 채택하고 필요한 경우 제재를 포함시킬 것.

(다) 남성과 동등한 기초 위에서 여성의 권리에 대한 법적 보호를 확립하며 권한 있는 국내법정과 기타 공공기관을 통하여 여성을 여하한 차별행위로부터 효과적으로 보호하도록 확보할 것.

(라) 여성에 대한 여하한 차별 행위 또는 관행에 따르는 것을 삼가하며 공공 당국과 기관이 동 의무와 부합되게 행동하도록 확보할 것.

(마) 여하한 개인, 조직 또는 기업에 의한 여성 차별도 철폐되도록 모든 적절한 조치를 취할 것.

(바) 여성에 대한 차별을 구성하는 현행 법률, 규칙, 관습 및 관행을 수정 또는 폐지하도록 입법을 포함한 모든 적절한 조치를 취할 것.

(사) 여성에 대한 차별을 구성하는 모든 국내형사법 규정을 폐지할 것.

제 3 조

당사국은 여성이 남성과 동등하게 인권과 기본적 자유를 행사하고 향유하는 것을 보장하기 위한 목적으로 모든 분야, 특히 정치적, 사회적, 경제적 및 문화적 분야에서 여성의 완전한 발전 및 진보를 확보해 줄 수 있는 입법을 포함한 모든 적절한 조치를 취하여야 한다.

제 4 조

1. 남성과 여성 사이의 사실상의 평등을 촉진할 목적으로 당사국이 채택한 잠정적 특별조치는 본 협약에서 정의한 차별로 보지 아니하나, 그 결과 불평등한 또는 별도의 기준이 유지되어서는 결코 아니된다. 기회와 대우의 평등이라는 목적이 달성되었을 때 이러한 조치는 중지되어야 한다.

2. 당사국이 모성을 보호할 목적으로 본 협약에 수록된 제 조치를 포함한 특별조치를 채택하는 것은 차별적인 것으로 보아서는 아니된다.

제 5 조

당사국은 다음을 위하여 모든 적절한 조치를 취하여야 한다:

(가) 일방의 성이 열등 또는 우수하다는 관념 또는 남성과 여성의 고정적 역할에 근거한 편견, 관습 및 기타 모든 관행을 없앨 목적으로, 남성과 여성의 사회 적 및 문화적 행동양식을 수정할 것.

(나) 사회적 기능의 하나로서의 모성에 대한 적절한 이해와 자녀의 양육과 발전에 있어서 남녀의 공동책임에 대한 인식이 가정교육에 포함되도록 확보하되, 모 든 경우에 있어서 자녀의 이익이 최우선적으로 고려되도록 할 것.

제 6 조

당사국은 여성에 대한 모든 형태의 인신매매 및 매춘에 의한 착취를 금지하기 위하여 입법을 포함한 모든 적절한 조치를 취하여야 한다.

제 2 부

제 7 조

당사국은 국가의 정치적 및 공적생활에서 여성에 대한 차별을 철폐하기 위하여 모든 적절한 조치를 취하여야 하며 특히 남성과 동등한 조건으로 다음의 권리를 여성에게 확보하여야 한다:

(가) 모든 선거 및 국민투표에서의 투표권 및 선거에 의해 선출되는 모든 공공 기구에의 피선거권.

(나) 정부정책의 입안 및 동 정책의 시행에 참여하며 공직에 봉직하여 정부의 모 든 직급에서 공공직능을 수행할 권리.

(다) 국가의 공적, 정치적 생활과 관련된

비정부기구 및 단체에 참여할 권리

제 8 조
당사국은 여성이 남성과 동등한 조건으로 또한 아무런 차별없이 국제적 수준에서 그들 정부를 대표하며 국제기구의 업무에 참여할 기회를 확보하기 위한 모든 적절한 조치를 취하여야 한다.

제 9 조
1. 당사국은 여성이 국적을 취득, 변경 또는 보유함에 있어 남성과 동등한 권리를 부여하여야 한다. 당사국은 특히 외국인과의 결혼 또는 혼인중 부에 의한 국적의 변경으로 처의 국적이 자동적으로 변경되거나, 처가 무국적으로 되거나 또는 부의 국적이 처에게 강제되지 아니하도록 확보하여야 한다.
2. 당사국은 자녀의 국적에 관하여 남성과 동등한 권리를 여성에게 부여하여야 한다.

제 3 부
제 10 조
당사국은 교육분야에서 여성에게 남성과 동등한 권리를 확보하기 위하여 특히 남녀평등의 기초 위에 다음을 확보할 목적으로 여성에 대한 차별을 철폐하기 위한 모든 적절한 조치를 취하여야 한다:
(가) 도시 및 시골의 각종 교육기관에서 취업과 직업 보도, 학문의 혜택 및 학위취득에 있어서의 동등한 조건; 이러한 평등은 취학전 교육, 일반교육, 기술교육, 전문교육 및 고등기술 교육에서 뿐만 아니라 모든 형태의 직업훈련에서 확보 되어야 함.
(나) 동일한 교과과정, 동일한 시험, 동일 수준의 자격요건을 가진 교수진, 동질의 학교건물 및 장비의 수혜.
(다) 모든 수준 및 모든 형태의 교육에 있어서 남성과 여성의 역할에 관한 고정관념을 제거하기 위해 본 목적을 달성하는데 기여할 수 있는 남녀공학 및 기타 형태의 교육을 장려하며 특히 교과서와 교과과정의 개편 및 교수방법의 개선 을 기함.
(라) 장학금 기타 연구장려금의 혜택을 받을 수 있는 동일한 기회.
(마) 성인용 및 문맹자용 교과과정을 포함한 계속교육과정 특히 교육에 있어서의 남녀간의 격차를 가능한 한 조속히 감소시키기 위한 교과과정의 혜택을 받을 수 있는 동일한 기회.
(바) 여학생 중퇴율의 감소 및 일찌기 학업을 포기한 소녀 및 여성을 위한 교과과정의 마련.
(사) 스포츠와 체육교육에 적극적으로 참여할 수 있는 동일한 기회.
(아) 가족계획에 관한 정보 및 조언을 포함하여 가족의 건강과 복지를 확보하는 데 도움을 주는 구체적인 교육정보의 수혜.

제 11 조
1. 당사국은 고용분야에서 남녀평등의 기초 위에 동일한 권리 특히 다음의 권리를 확보할 목적으로 여성에 대한 차별을 철폐하기 위한 모든 적절한 조치를 취하여야 한다:
(가) 모든 인간의 불가침의 권리로서의 근로의 권리;
(나) 동일한 채용기준의 적용을 포함한 동일한 고용기회를 보장받을 권리;
(다) 직업과 고용의 자유로운 선택권, 승진, 직장안정 및 역무에 관련된 모든 혜택 과 조건을 누릴 권리, 그리고 견습, 고등직업 훈련 및 반복훈련을 포함한 직업 훈련 및 재훈련을 받을 권리;
(라) 수당을 포함하여 동등한 보수를 받을 권리 및 노동의 질의 평가에 있어 동등 한 처우와 동등한 가치의 노동에 대한 동등한 처우를 받을 권리;
(마) 유급휴가를 받을 권리 및 사회보장, 특히 퇴직, 실업, 질병, 병약, 노령 및 기타 노동 무능력의 경우에 사회보장에 대한 권리;
(바) 건강보호에 대한 권리 및 생식기능의 보호조치를 포함한 노동조건의 안전에 대한 권리.
2. 당사국은 결혼 또는 모성을 이유로 한 여성에 대한 차별을 방지하며 여성의 근로에 대한 유효한 권리를 확보하기 위하여 다음을 위한 적절한 조치를 취하여야 한다:
(가) 임신 또는 출산휴가를 이유로 한 해고 및 혼인여부를 근거로 한 해고에 있어 서의 차별을 금지하고 위반시 제재를 가하도록 하는 것;
(나) 종전의 직업, 선임순위 또는 사회보장 수당을 상실함이 없이 유급 또는 이에 상당하는 사회보장 급부를 포함하는 출산휴

가제를 도입하는 것;
(다) 특히 아동보육 시설망의 확립과 발전의 촉진을 통하여 부모가 직장에서의 책임 및 사회생활에의 참여를 가사의 의무와 병행시키는데 도움이 될 필요한 사회보장 혜택의 제공을 장려하는 것;
(라) 임신중의 여성에게 유해한 것이 증명된 유형의 작업에는 동 여성에 대한 특별한 보호를 제공하는 것.
3. 본 조에 취급된 문제와 관련한 보호적 입법은 과학적 및 기술적 지식에 비추어 정기적으로 검토되어야 하며, 필요하다면 개정, 폐기 또는 연장되어야 한다.

제 12 조

1. 당사국은 남녀 평등의 기초 위에 가족계획에 관련된 것을 포함한 보건 사업의 혜택을 확보하기 위하여
보건분야에서의 여성에 대한 차별을 철폐하기 위한 모든 적절한 조치를 취하여야 한다.
2. 본 조 제1항의 규정에도 불구하고 당사국은 여성에 대해 임신 및 수유기 동안의 적절한 영양 섭취를 확보하고 임신, 해산 및 산후조리기간과 관련하여 적절한 역무제공을 확보하여야 하며, 필요한 경우에는 무상으로 이를 제공하여야 한다.

제 13 조

당사국은 경제적, 사회적 생활의 다른 영역에 있어 남녀평등의 기초 위에 동일한 권리, 특히 다음의 권리를 확보할 목적으로 여성에 대한 차별을 철폐하기 위한 모든 적절한 조치를 취하여야 한다:
(가) 가족급부금에 대한 권리;
(나) 은행대부, 저당 및 기타 형태의 금융대부에 대한 권리;
(다) 레크레이션 활동, 체육과 각종 문화생활에 참여할 권리.

제 14 조

1. 당사국은 시골여성이 직면하고 있는 특수한 문제와 화폐로 표시되지 않는 경제부문에서의 노동을 포함하여 시골여성이 가족의 경제적 생존을 위하여 수행하는 중요한 역할을 고려하여야 하며, 시골여성에게 본 협약의 제 조항의 적용을 확보하도록 모든 적절한 조치를 취하여야 한다.
2. 당사국은 남녀 평등의 기초 위에 시골여성이 지역개발에 참여하며 그 개발에 따른 이익을 향유할 수 있도록 보장하기 위하여 시골여성에 대한 차별을 철폐하기 위한 모든 적절한 조치를 취하여야 하며, 특히 시골여성에 대하여 다음의 권리를 확보하여야 한다:
(가) 모든 수준에서 개발계획의 작성 및 실시에 참여하는 것;
(나) 가족계획에 대한 정보, 상담 및 서비스를 포함한 적절한 보건시설의 혜택을 받는 것;
(다) 사회보장 계획으로부터 직접적인 혜택을 받는 것;
(라) 기술적 능력을 향상시키기 위하여 기능적 문자 해독능력에 관한 것을 포함한 모든 형태의 공식, 비공식 훈련 및 교육과, 특히 지역사회교육 및 특별교육의 혜택을 받는 것;
(마) 취업 또는 자가경영을 통한 경제적 기회에 있어 평등한 혜택을 받을 수 있도록 자조집단 및 협동조합을 결성하는 것;
(바) 모든 지역사회활동에 참여하는 것;
(사) 농업신용 및 대부, 매매시설, 적절한 공업기술의 혜택을 받으며, 토지 및 농지개혁과 재정착계획에 있어 동등한 대우를 받는 것;
(아) 적절한 생활조건, 특히 주거, 위생시설, 전력 및 용수공급, 운송 및 통신 등과 관련한 생활조건을 향유하는 것.

제 4 부

제 15 조

1. 당사국은 여성에 대하여 법 앞에서의 남성과의 평등을 부여하여야 한다.
2. 당사국은 민사문제에 있어서, 여성에게 남성과 동등한 법적능력 및 동 능력을 행사할 동일한 기회를 부여하여야 한다. 특히, 당사국은 계약을 체결하고 재산을 관리할 동등권을 여성에게 부여하여야 하며 법원과 법정의 절차상 모든 단계에서 여성을 동등이 취급하여야 한다.
3. 당사국은 여성의 법적 능력을 제한하는 법적 효과를 가지는 모든 계약과 기타 모든 종류의 사적문서를 무효로 간주하는 데 동의한다.
4. 당사국은 사람의 이전에 관한 법과 그들의 주거 및 주소 선택의 자유와 관련하여

남성과 여성에게 동일한 권리를 부여하여야 한다.

제 16 조
1. 당사국은 혼인과 가족관계에 관한 모든 문제에 있어 여성에 대한 차별을 철폐하기 위한 모든 적절한 조치를 취하여야 하며, 특히 남녀 평등의 기초 위에 다음을 보장하여야 한다:
(가) 혼인을 할 동일한 권리;
(나) 자유로이 배우자를 선택하고 상호간의 자유롭고 완전한 동의에 의해서만 혼인을 할 동일한 권리;
(다) 혼인 중 및 혼인을 해소할 때의 동일한 권리와 책임;
(라) 부모의 혼인상태를 불문하고 자녀에 관한 문제에 있어 부모로서의 동일한 권리와 책임: 모든 경우에 있어서 자녀의 이익이 최우선적으로 고려되어야 함;
(마) 자녀의 수 및 출산간격을 자유롭고 책임감 있게 결정할 동일한 권리와 이 권리를 행사할 수 있게 하는 정보, 교육 및 제수단의 혜택을 받을 동일한 권리;
(바) 아동에 대한 보호, 후견, 재산관리 및 자녀입양 또는 국내법제상 존재하는 개념중에 유사한 제도와 관련하여 동일한 권리와 책임: 모든 경우에 있어서 아 동의 이익이 최우선적으로 고려되어야 함;
(사) 가족 성 및 직업을 선택할 권리를 포함하여 부부로서의 동일한 개인적 권리;
(아) 무상이든 혹은 유상이든간에 재산의 소유, 취득, 운영, 관리, 향유 및 처분에 관한 양 배우자의 동일한 권리.
2. 아동의 약혼과 혼인은 아무런 법적효과가 없으며 혼인을 위한 최저 연령을 정하고 공공등기소에 혼인등록을 의무화하기 위하여 입법을 포함한 모든 필요한 조치를 취하여야 한다.

제 5 부
제 17 조
1. 본 협약의 이행상 행하여진 진전을 심의할 목적으로 여성에 대한 차별 철폐위원회(이하 위원회라 함)를 설치하며, 위원회는 협약의 발효시에는 18인, 그리고 35번째 당사국이 비준 또는 가입한 후에는 23인의 본 협약의 규율분야에서 높은 도덕적 명성과 능력을 갖춘 전문가로서 구성한다. 동 전문가는 당사국에 의해 그들의 국민중에서 선출되어 개인 자격으로 봉사하여야 하며, 선출에 있어서는 공평한 지리적 배분과 주요 법체계 및 상이한 문명형태가 대표될 수 있도록 고려되어야 한다.
2. 위원회의 구성원은 당사국에 의해 지명된 자의 명부중에서 비밀투표로 선출한다. 각 당사국은 그 국민중에서 1인을 지명할 수 있다.
3. 최초선거는 본 협약의 발효일로부터 6개월 후에 행한다. 국제연합사무총장은 최소한 각 선거 3개월 이전에 당사국에 서한을 발송하여 2개월이내에 그들의 지명자를 제출해 줄 것을 요청하여야 한다. 사무총장은 이렇게 지명된 전원의 명단을 알파벳순으로, 그들을 지명한 당사국을 명시하여, 작성하여 당사국에 송부하여야 한다.
4. 위원회 구성원의 선거는 사무총장에 의해 소집되어 유엔본부에서 열리는 당사국회의에서 행한다. 당사국의 3분의 2가 정족수를 구성하는 동 회의에서 참석 및 투표한 당사국 대표의 최다수표 및 절대다수표를 획득한 피지명자가 위원회 구성원으로 선출된다.
5. 위원회의 구성원은 4년 임기로 선출된다. 그러나 최초선거에서 선출된 구성원중 9인의 임기는 2년으로 만료되며 최초선거후 즉시 동 9인 구성원의 명단을 위원회 의장이 추첨으로 선정한다.
6. 위원회는 추가 구성원 5인의 선거는 35번째 비준 또는 가입후 본조 제 2항, 제3항 및 제 4항의 규정에 따라 행한다. 동 기회에 선출된 추가 구성원중 위원회 의장이 추첨으로 선정한 2인의 임기는 2년으로 만료된다.
7. 불시의 공석을 보충하기 위하여 자국의 전문가가 위원회 구성원으로서의 기능을 종료한 당사국은 위원회의 승인을 조건으로 그 국민중에서 다른 전문가를 임명하여야 한다.
8. 위원회 구성원은 위원회 책무의 중요성을 고려하여 총회가 승인하고 결정하는 조건에 따라 유엔재원으로부터 보수를 받는다.
9. 유엔사무총장은 본 협약에 따른 위원회 임무의 효율적 수행을 위하여 필요한 직원 및 시설을 제공한다.

제 18 조

1. 당사국은 그들이 본 협약의 규정을 실시하기 위하여 채택한 입법, 사법, 행정 또는 기타 조치와 이와 관련하여 이루어진 진전에 대한 보고서를 위원회가 심의하도록 유엔사무총장에게 제출할 의무를 진다. 즉, (가) 관계국에 대하여 발효한 후 1년 이내에 제출하며 (나) 그 이후에는 최소한 매 4년마다 제출하며 위원회가 요구하는 때는 언제든지 제출한다.
2. 보고서에는 본 협약상 의무의 이행정도에 영향을 주는 요인 및 애로점을 지적할 수 있다.

제 19 조

1. 위원회는 자체의 의사규칙을 채택하여야 한다.
2. 위원회는 2년 임기의 자체직원을 선출하여야 한다.

제 20 조

1. 위원회는 본 협약 제 18조에 따라 제출되는 보고서를 심의하기 위하여 매년 2주를 넘지 않는 기간동안 정규로 회합한다.
2. 위원회 회의는 유엔 또는 위원회가 정하는 다른 편리한 장소에서 정규로 개최된다.

제 21 조

1. 위원회는 경제사회이사회를 통하여 그 활동에 관한 보고서를 매년 유엔총회에 제출하며, 당사국으로부터 접수한 보고서 및 정보에 대한 심사를 기초로 하여 제안 및 일반적 권고를 할 수 있다. 동 제안 및 일반적 권고는 당사국으로부터의 논평이 있는 경우 이와 함께 위원회의 보고서에 수록하여야 한다.
2. 사무총장은 위원회의 보고서를 참고용으로 여성지위위원회에 송부하여야 한다.

제 22 조

전문기구는 본 협약 규정중 그 활동 범위에 속하는 규정의 시행에 대한 심의에 참가할 권한이 있다. 위원회는 전문기구에 그 활동 범위에 속하는 분야에서의 협약의 시행에 관한 보고서를 제출하도록 권유할 수 있다.

제 6 부

제 23 조

본 협약상 어떠한 것도 아래에 포함될 수 있는 남녀평등의 달성에 더욱 이바지하는 규정에 영향을 미치지 아니한다:
(가) 당사국의 법령; 또는
(나) 동 국에 대하여 발효중인 여하한 기타 국제협약, 조약 또는 협정.

제 24 조

당사국은 본 협약상 인정된 권리의 완전한 실현을 달성할 목적으로 국가적 수준에서 모든 필요한 조치를 취할 의무를 진다.

제 25 조

1. 본 협약은 모든 국가의 서명을 위하여 개방된다.
2. 유엔사무총장은 본 협약의 수탁자로 지정된다.
3. 본 협약은 비준되어야 한다. 비준서는 유엔사무총장에게 기탁되어야 한다.
4. 본 협약은 모든 국가의 가입을 위하여 개방된다. 가입은 유엔사무총장에게 가입서를 기탁함으로써 이루어진다.

제 26 조

1. 본 협약의 개정요구는 유엔사무총장에 대한 서면통고의 방법으로 당사국이 언제든지 행할 수 있다.
2. 유엔총회는 동 요구가 있으면 이에 대하여 취할 조치를 결정한다.

제 27 조

1. 본 협약은 유엔사무총장에게 20번째의 비준서 또는 가입서가 기탁된 날로부터 30일후에 발효한다.
2. 본 협약은 20번째의 비준서 또는 가입서가 기탁된 후에 본 협약을 비준하거나 가입한 각 국가에 대하여는 비준서 또는 가입서가 기탁된 날로부터 30일후에 발효한다.

제 28 조

1. 유엔사무총장은 비준 또는 가입시에 각국이 행한 유보문을 접수하고 이를 모든 국가에 회람시켜야 한다.
2. 본 협약의 대상 및 목적과 양립하지 아니하는 유보는 허용되지 아니한다.
3. 유보는 유엔사무총장에 대한 통고로서

언제든지 철회할 수 있으며, 사무총장은 이를 모든 국가에 회람시켜야 한다. 그러한 통고는 접수된 날에 발효한다.

제 29 조

1. 본 협약의 해석 또는 적용에 관한 둘 또는 그 이상 당사국간의 분쟁이 직접교섭에 의해 해결되지 아니하는 경우 그들 중 하나의 요구가 있으면 중재재판에 회부되어야 한다. 중재재판 요구일로부터 6개월이내 당사국이 중재재판 구성에 합의하지 못하면 동 당사국중 일방은 국제사법재판소 규정에 부합하는 요청에 의해 동 분쟁을 국제재판소에 회부할 수 있다.

2. 각 당사국은 본 협약의 서명, 비준 또는 가입시에 동국이 본 조 제 1항에 기속되는 것으로 보지 않는다고 선언할 수 있다. 타당사국은 그러한 유보를 행한 당사국에 대하여는 전항에 기속되지 아니한다.

3. 본 조 제 2항에 따라 유보를 행한 당사국은 유엔사무총장에 대한 통고로서 언제든지 동 유보를 철회할 수 있다.

제 30 조

본 협약은 아랍어, 중국어, 영어, 불어, 노어 및 서반아어 본이 동등이 정본이며 유엔사무총장에게 기탁된다.

이상의 증거로서 정당히 권한이 주어진 하기 서명자는 본 협약에 서명하였다.

2. 여성발전기본법

[일부개정 2005.12.29 법률 7786호]

제 1 장 총 칙

제1조(목적) 이 법은 헌법의 남녀평등이념을 구현하기 위한 국가와 지방자치단체의 책무 등에 관한 기본적인 사항을 규정함으로써 정치·경제·사회·문화의 모든 영역에 있어서 남녀평등을 촉진하고 여성의 발전을 도모함을 목적으로 한다.

제2조(기본이념) 이 법은 개인의 존엄을 기초로 하여 남녀평등의 촉진, 모성의 보호, 성차별적 의식의 해소 및 여성의 능력개발을 통하여 건강한 가정의 구현과 국가 및 사회의 발전에 남녀가 공동으로 참여하고 책임을 분담할 수 있도록 함을 그 기본이념으로 한다.

제3조(정의) 이 법에서 사용하는 용어의 정의는 다음과 같다. <개정 2005.12.29>

1. "여성정책"이라 함은 남녀평등의 촉진, 여성의 사회참여확대 및 복지증진에 관한 대통령령이 정하는 정책을 말한다.

2. "여성단체"라 함은 남녀평등의 촉진, 여성의 사회참여확대 및 복지증진을 주된 목적으로 설립된 법인 또는 대통령령이 정하는 단체를 말한다.

3. "여성관련시설"이라 함은 남녀평등의 촉진, 여성의 사회참여확대 및 복지증진을 위한 대통령령이 정하는 시설을 말한다.

4. "성희롱"이라 함은 업무, 고용 그 밖의 관계에서 국가기관·지방자치단체 또는 대통령령이 정하는 공공단체(이하 "국가기관등"이라 한다)의 종사자, 사용자 또는 근로자가 그 지위를 이용하거나 업무 등과 관련하여 성적 언동 등으로 상대방에게 성적 굴욕감 또는 혐오감을 느끼게 하거나 성적 언동 그 밖의 요구 등에 대한 불응을 이유로 고용상의 불이익을 주는 것을 말한다.

5. "사용자"라 함은 사업주 또는 사업경영담당자 그 밖에 근로자에 관한 사항에 대하여 사업주를 위하여 행위하는 자를 말한다.

제4조(국민의 책무) 모든 국민은 남녀평등의 촉진과 여성의 발전의 중요성을 인식하고 그 실현을 위하여 노력하여야 한다.

제5조(국가 및 지방자치단체의 책무) 국가 및 지방자치단체는 남녀평등의 촉진, 여성의 사회참여확대 및 복지증진을 위하여 필요한 법적·제도적 장치의 마련과 이에 필요한 재원을 조달할 책무를 진다.

제6조(적극적 조치<개정 2002.12.11>) ① 국가 및 지방자치단체는 여성의 참여가 현저히 부진한 분야에 대하여 합리적인 범위안에서 여성의 참여를 촉진함으로써 실질

적인 남녀평등이 이루어질 수 있도록 관계 법령이 정하는 바에 따라 적극적 조치를 취할 수 있다. <개정 2002. 12.11>
② 여성가족부장관은 국가기관 및 지방자치단체의 장에 대하여 제1항의 규정에 의한 적극적 조치를 취하도록 권고하고 그 결과를 점검하여야 한다. <신설 2002.12. 11, 2005.3.24>

제 2 장 여성정책 기본계획 등

제7조(여성정책기본계획의 수립) ① 여성가족부장관은 여성정책에 관한 기본계획(이하 "기본계획"이라 한다)을 5년마다 수립하여야 한다. <개정 2001.1.29, 2005.3.24>
② 기본계획에는 다음 각 호의 사항이 포함되어야 한다.
1. 여성정책의 기본방향
2. 여성정책의 추진목표
   가. 남녀평등의 촉진
   나. 여성의 사회참여확대
   다. 여성의 복지증진
   라. 기타 여성정책에 관한 주요시책
3. 여성정책 추진과 관련한 재원의 조달방법

제8조(연도별 시행계획의 수립등) ① 중앙행정기관의 장과 특별시장·광역시장 및 도지사(이하 "시·도지사"라 한다)는 기본계획에 의한 연도별 시행계획(이하 "시행계획"이라 한다)을 수립·시행하여야 한다.
② 여성가족부장관은 시행계획을 조정하고 그 이행상황을 점검하여야 한다. <개정 2001.1.29, 2005.3.24>

제9조(계획 수립 및 시행의 협조) ① 여성가족부장관은 기본계획과 시행계획을 수립·시행하기 위하여 필요한 경우에 관계 중앙행정기관·지방자치단체 또는 공공기관의 장에 대하여 협조를 요청할 수 있다. <개정 2005.3.24>
② 중앙행정기관의 장 또는 시·도지사는 시행계획을 수립·시행하기 위하여 필요한 경우에 관계 중앙행정기관·지방자치단체 또는 공공기관의 장에 대하여 협조를 요청할 수 있다.
③ 제1항 및 제2항의 규정에 의한 협조요청을 받은 자는 특별한 사유가 있는 경우를 제외하고는 이에 협조하여야 한다.
[전문개정 2002.12.11]

제10조(정책의 분석·평가 등) ① 국가 및 지방자치단체는 소관 정책을 수립·시행하는 과정에서 당해 정책이 여성의 권익과 사회참여 등에 미칠 영향을 미리 분석·평가하여야 한다.
② 여성가족부장관은 국가 및 지방자치단체에 대하여 제1항의 규정에 의한 정책의 분석·평가에 필요한 지원 및 자문을 할 수 있다. <개정 2005.3.24>
③ 제1항의 규정에 의한 정책의 분석·평가를 위한 기준 등에 관하여 필요한 사항은 대통령령으로 정한다.
[본조신설 2002.12.11]

제10조의2(정책의 분석·평가지원기관의 지정 등) ① 여성가족부장관은 제10조제1항의 규정에 따라 국가 및 지방자치단체 정책의 분석·평가에 필요한 지원 및 자문을 위하여 국공립 연구기관, 정부 및 지방자치단체가 출연한 연구기관 또는 민간연구기관을 정책의 분석·평가지원기관으로 지정할 수 있다.
② 국가 및 지방자치단체는 제1항의 규정에 따라 지정된 정책의 분석·평가지원기관(이하 "정책분석·평가지원기관"이라 한다)으로부터 정책의 분석·평가에 필요한 지원 및 자문을 받을 수 있으며, 이 경우 예산의 범위 안에서 그 지원 및 자문에 소요되는 비용을 지급할 수 있다.
③ 여성가족부장관은 정책분석·평가지원기관이 지정기준 또는 지정조건을 위반한 경우에는 여성가족부장관이 정하는 바에 따라 시정을 명하거나 그 지정을 취소할 수 있다.
④ 정책분석·평가지원기관의 지정기준 및 지정조건 등에 관하여 필요한 사항은 여성가족부장관이 정한다.
[본조신설 2005.12.29]

제11조(여성정책조정회의) ① 여성정책에 관한 주요사항을 심의·조정하기 위하여 국무총리 소속하에 여성정책조정회의(이하 "조정회의"라 한다)를 둔다.
② 조정회의는 다음 각 호의 사항을 심의·조정한다.
1. 기본계획 및 시행계획에 관한 사항
2. 2 이상의 행정기관에 관련되는 여성정책의 조정에 관한 사항
3. 여성정책의 평가 및 제도개선에 관한 사항

4. 그 밖에 여성정책을 위하여 대통령령이 정하는 사항
③ 제2항의 규정에 의한 심의·조정사항을 미리 검토하고 조정회의가 위임한 사항을 처리하기 위하여 조정회의에 여성정책실무회의를 둔다.
④ 조정회의 및 여성정책실무회의의 구성 및 운영 등에 관하여 필요한 사항은 대통령령으로 정한다.
[본조신설 2002.12.11]
第12條(여성정책책임관의 지정 등) ① 중앙행정기관의 장은 당해 기관의 여성정책을 효율적으로 수립·시행하기 위하여 소속공무원 중에서 여성정책책임관을 지정하여야 한다.
② 제1항의 규정에 의한 여성정책책임관의 지정 및 임무 등에 관하여 필요한 사항은 대통령령으로 정한다.
[본조신설 2002.12.11]
第13條(여성관련문제의 조사 등) ① 여성가족부장관은 효율적인 여성정책을 수립하기 위하여 필요한 경우에 여성과 관련된 문제에 대한 기초조사 및 여론조사를 실시하여야 한다. <개정 2001.1.29, 2002. 12.11, 2005.3.24>
② 여성가족부장관은 정보체계의 구축을 통한 여성관련 정보의 제공에 노력하여야 한다. <개정 2001.1.29, 2005.3.24>
③ 국가 및 지방자치단체가 인적 통계를 작성하는 경우에는 성별을 주요 분석단위에 포함시켜야 한다. <신설 2002.12.11>
第14條(여성주간) 여성의 발전을 도모하고 범국민적으로 남녀평등의 촉진 등에 대한 관심을 높이기 위하여 대통령령이 정하는 바에 따라 1년 중 1주간을 여성주간으로 한다. <개정 2002.12.11>

제 3 장 여성정책의 기본시책

第15條(정책결정과정 및 정치참여) ① 국가 및 지방자치단체는 각종 위원회 등 정책결정과정에 여성의 참여를 확대하기 위한 방안을 강구하여야 한다.
② 국가 및 지방자치단체는 다양한 방법을 통하여 여성의 정치참여확대를 지원하기 위하여 노력하여야 한다.
第16條(공직참여) 국가 및 지방자치단체는 공무원의 채용·보직관리·승진·포상·교육훈련등의 합리적 운영으로 여성의 공직참여확대를 위한 여건을 조성하여야 한다.
第17條(고용평등) ① 국가 및 지방자치단체는 관계법률이 정하는 바에 의하여 근로자의 채용·교육훈련·승진·퇴직등 고용전반에 걸쳐 남녀평등이 이루어지도록 하여야 한다.
② 삭제 <2002.12.11>
③ 국가·지방자치단체 또는 사업주는 직장 내의 평등한 근무환경 조성을 위하여 필요한 조치를 취하여야 한다. <개정 2005.12.29>
第17條의2(성희롱의 방지 등) ① 국가기관 등의 장 및 사업주는 대통령령이 정하는 바에 따라 성희롱의 방지를 위하여 교육을 실시하는 등 필요한 조치를 하여야 하고, 국가기관 등의 장은 그 조치 결과를 여성가족부장관에게 제출하여야 한다.
② 여성가족부장관은 제1항의 규정에 따른 국가기관 등의 성희롱 방지조치 결과를 언론 등에 공표할 수 있다. 다만, 다른 법률에 의하여 공표가 제한되어 있는 경우에는 그러하지 아니하다.
③ 제1항의 규정에 의한 성희롱예방교육의 내용·방법 등 성희롱 방지조치에 관하여 필요한 사항은 대통령령으로 정한다.
[본조신설 2005.12.29]
第18條(모성보호의 강화) ① 국가·지방자치단체 또는 사업주는 여성의 임신·출산 및 수유기간 동안에 이들을 특별히 보호하며 이를 이유로 하여 불이익을 받지 아니하도록 하여야 한다.
② 국가 및 지방자치단체는 취업여성의 임신·출산 및 수유와 관련한 모성보호비용에 대하여 「사회보장기본법」에 의한 사회보험 및 재정 등을 통한 사회적 부담을 높여 나가도록 하여야 한다. <개정 2005.12. 29>
第19條(가정교육) 국가 및 지방자치단체는 가정에서부터 남녀평등에 관한 교육이 이루어지도록 노력하여야 한다.
第20條(학교교육) 국가 및 지방자치단체는 학교교육에 있어서 남녀평등이념을 고취하고 여성의 교육기회를 확대하여야 한다.
第21條(평생교육<개정 2002.12.11>) 국가 및 지방자치단체는 국·공립연수기관 및 평생교육시설과 그 밖의 연수교육과정에서 남녀평등의식을 제고하는 교육이 실시되도

록 노력하여야 한다. <개정 2002.12.11>

제21조의2(여성인적자원의 개발 등) ① 국가 및 지방자치단체는 여성의 사회참여를 촉진하기 위하여 여성인적자원의 개발을 위한 시책을 강구하여야 한다.

② 국가 및 지방자치단체는 여성의 능력향상을 통하여 남녀가 동등하게 경제활동에 참여할 수 있도록 하는 시책을 강구하여야 한다.

③ 국가 및 지방자치단체는 여성의 정보화 능력을 향상시키기 위한 시책을 강구하여야 한다.

[본조신설 2002.12.11]

제21조의3(한국양성평등교육진흥원의 설립 등) ① 양성평등교육, 특정 성별에게 불평등이 발생하지 아니하도록 여성과 남성에게 미치는 영향을 인식·반영하는 능력을 증진시키는 교육(이하 "성인지 교육"이라 한다)을 효율적이고 체계적으로 추진하고 진흥시키기 위하여 한국양성평등교육진흥원(이하 "진흥원"이라 한다)을 설립한다.

② 진흥원은 법인으로 한다.

③ 진흥원은 주된 사무소의 소재지에 설립등기를 함으로써 성립한다.

④ 진흥원에는 정관이 정하는 바에 따라 임원과 필요한 직원을 둔다.

⑤ 진흥원은 다음 각 호의 사업을 한다.

1. 양성평등을 위한 교육 및 진흥사업
2. 공무원에 대한 성인지 교육
3. 여성과 남성의 지도력 함양 교육
4. 성희롱 예방교육 강사 등 전문인력 양성사업
5. 공무원 교육훈련기관의 양성평등 교육과정을 강화하기 위한 교류협력 지원사업
6. 양성평등 교육프로그램 개발 연구사업
7. 양성평등 교육 관련 자료 출간 사업
8. 제1호 내지 제7호의 사업에 부대되는 사업 또는 이와 관련하여 국가기관 등으로부터 위탁받은 사업
9. 그 밖에 진흥원의 목적달성을 위하여 대통령령으로 정하는 사업

⑥ 정부는 예산의 범위 안에서 진흥원의 운영에 필요한 경비를 출연할 수 있다.

⑦ 진흥원에 관하여는 이 법에 규정된 것을 제외하고는 「민법」 중 재단법인에 관한 규정을 준용한다.

[본조신설 2005.12.29]

제22조(여성복지증진) ① 국가 및 지방자치단체는 지역·연령 등에 따른 여성복지 수요에 부응하기 위한 시책을 강구하여야 한다. <개정 2002.12.11>

② 국가 및 지방자치단체는 관계법률이 정하는 바에 따라 저소득 모자가정, 미혼모, 장애인 여성, 가출여성 그 밖에 보호를 요하는 여성에 대한 지원을 위하여 필요한 조치를 하여야 한다. <개정 2002.12.11, 2005.12.29>

③ 국가 및 지방자치단체는 노인인 여성과 농어촌에 거주하는 여성의 복지증진에 노력하여야 한다.

제23조(직장 및 가정생활의 병행) 국가 및 지방자치단체는 근로자가 직장생활과 가정생활을 조화롭게 병행할 수 있도록 다음 각 호의 사항에 관한 시책을 강구하여야 한다. <개정 2005.12.29>

1. 영유아 보육시설의 확충
2. 방과후 아동 보육의 활성화
3. 육아휴직제의 정착
4. 직장 내 수유시설의 확충

[전문개정 2002.12.11]

제24조(평등한 가족관계 확립등) ① 국가 및 지방자치단체는 민주적이고 평등한 가족관계를 확립시키기 위하여 노력하여야 한다.

② 국가 및 지방자치단체는 가족구조의 변화에 따라 맞벌이부부·편부모가정 등에 대하여 필요한 지원책을 강구하여야 한다.

제25조(성폭력 및 가정폭력 예방) ① 국가 및 지방자치단체는 관계법률이 정하는 바에 의하여 성폭력범죄의 예방과 피해자 보호를 하여야 한다.

② 국가 및 지방자치단체는 관계법률이 정하는 바에 따라 가정에서 발생하는 폭력을 예방하고 피해자를 보호하여야 한다. <개정 2002.12.11>

③ 국가 및 지방자치단체는 관계법률이 정하는 바에 따라 성폭력 피해자 및 가정폭력 피해자의 상담과 가해자의 교정을 위하여 필요한 시책을 강구하여야 한다. <신설 2002.12.11>

제26조(가사노동가치의 평가) 국가 및 지방자치단체는 가사노동에 대한 경제적 가치를 정당하게 평가하여 이를 법제도나 시책에 반영하도록 노력하여야 한다.

제27조(여성국제협력) ① 국가 및 지방자치단체는 국제기구나 국제회의에 있어서의

여성의 참여를 확대하고 여성의 국제적 평화증진운동과 국제협력강화를 위한 활동을 지원하여야 한다.

② 국가 및 지방자치단체는 여성관련조약의 체결 또는 이행에 노력하여야 한다. <개정 2002.12.11>

③ 국가 및 지방자치단체는 국내·외에 거주하는 한민족(한민족) 여성간의 교류 및 연대강화에 노력하여야 한다. <신설 2005.12.29>

제28조(대중매체의 성차별개선) 국가 및 지방자치단체는 대중매체의 성차별적 내용이 개선되도록 지원하고 대중매체를 통한 남녀평등의식을 확산하도록 하여야 한다.

제28조의2(여성자원봉사활동의 지원) 국가 및 지방자치단체는 여성자원봉사활동의 활성화를 위하여 필요한 지원을 할 수 있다. [본조신설 2002.12.11]

제 4 장 여성발전기금

제29조(기금의 설치 등) ① 국가는 이 법의 목적을 실현하기 위한 사업 등의 지원에 필요한 재원을 확보하기 위하여 여성발전기금(이하 "기금"이라 한다)을 설치한다.

② 기금은 다음 각 호의 재원으로 조성한다.

1. 국가의 출연금
2. 국가외의 자가 출연하는 현금·물품 기타 재산
3. 기금의 운영으로 생기는 수익금
4. 기타 대통령령이 정하는 수입금

③ 기금은 여성가족부장관이 관리·운용한다. <개정 2001.1.29, 2005.3.24>

④ 여성가족부장관은 대통령령이 정하는 바에 따라 기금의 관리·운용에 관한 사무의 전부 또는 일부를 「은행법」 제2조제1항제2호의 규정에 의한 금융기관에 위탁할 수 있다. <신설 2002.12.11, 2005.3.24, 2005.12.29>

제30조(기금의 용도) 기금은 다음 각 호의 사업에 사용한다. <개정 2005.12.29>

1. 여성의 권익증진을 위한 사업의 지원
2. 여성단체사업의 지원
3. 여성관련시설의 설치 및 운영의 지원
4. 여성의 국제협력사업의 지원
5. 그 밖에 남녀평등 실현, 여성발전 및 가족지원 등을 위하여 대통령령이 정하는 사업의 지원

제31조(기금의 회계기관) ① 여성가족부장관은 기금의 수입과 지출에 관한 업무를 행하기 위하여 소속공무원 중에서 기금수입징수관·기금재무관·기금지출관 및 기금출납공무원을 임명하여야 한다. <개정 2001.1.29, 2002.12.30, 2005.3.24>

② 여성가족부장관은 제29조제4항의 규정에 따라 기금의 관리·운용에 관한 사무의 전부 또는 일부를 위탁한 경우에는, 위탁받은 금융기관의 이사 중에서 기금수입담당이사와 기금지출원인행위담당이사를, 그 직원 중에서 기금지출직원과 기금출납직원을 각각 임명하여야 한다. 이 경우 기금수입담당이사는 기금수입징수관의 직무를, 기금지출원인행위담당이사는 기금재무관의 직무를, 기금지출직원은 기금지출관의 직무를, 기금출납직원은 기금출납공무원의 직무를 각각 수행한다.
<신설 2002.12.11, 2005.3.24>

제 5 장 여성단체의 지원 등

제32조(여성단체 등의 지원<개정 2002.12.11>) ① 국가 및 지방자치단체는 여성단체가 추진하는 남녀평등의 촉진, 여성의 사회참여확대 및 복지증진을 위한 활동에 필요한 행정적인 지원을 할 수 있으며, 예산의 범위 안에서 그 활동 등에 필요한 경비의 일부를 보조할 수 있다. <개정 2002.12.11>

② 국가 및 지방자치단체는 비영리법인 또는 비영리단체가 남녀평등과 여성발전을 촉진하는 활동을 하는 경우에 필요한 지원을 할 수 있다. <개정 2002.12.11>

제33조(여성관련시설의 설치·운영) ① 국가 및 지방자치단체는 여성의 권익 및 복지증진과 교육을 위한 여성과 관련된 시설을 설치·운영할 수 있다.
<개정 2002.12.11>

② 국가 및 지방자치단체는 여성의 권익 및 복지증진과 교육을 위한 여성과 관련된 시설에 대하여 예산의 범위 안에서 그 경비의 전부 또는 일부를 보조할 수 있다.
<신설 2001.1.29, 2002.12.11>

③ 국가 및 지방자치단체는 여성의 직업능력개발훈련을 위한 시설(이하 "여성인력개발센터"라 한다)을 설치·운영하거나 여성단체 등에 위탁하여 운영하게 할 수 있다.

<개정 2005.12.29>
④ 지방자치단체는 제3항의 규정에 의하여 운영을 위탁하는 경우에는 예산의 범위 안에서 경비의 전부 또는 일부를 보조할 수 있다. <신설 2005.12.29>
⑤ 지방자치단체가 제3항의 규정에 의하여 운영을 위탁하는 경우에 그 위탁운영에 관한 사항 및 제4항의 규정에 의한 경비 보조에 관한 사항 등 필요한 사항에 대하여는 당해 지방자치단체의 조례로 정한다. <신설 2005.12.29>
제34조 삭제 <2002.12.11>

제 6 장 보 칙

제35조(권한의 위임·위탁) 여성가족부장관은 이 법에 의한 권한의 일부를 대통령령이 정하는 바에 따라 시·도지사에 위임하거나 그 사무의 일부를 여성단체 또는 여성정책 관련 전문기관에 위탁할 수 있다. <개정 1999.1.29, 2001.1.29, 2002.12.11, 2005.3.24>
제36조(여성정책에 관한 연차보고) 정부는 매년 주요 여성정책에 관한 연차보고서를 작성하여 정기국회 개회 전까지 이를 국회에 제출하여야 한다.
[본조신설 2005.12.29]

부 칙 <제5136호,1995.12.30>

① (시행일) 이 법은 공포후 6월이 경과한 날부터 시행한다.
② (다른 법률의 개정) 기금관리기본법 중 다음과 같이 개정한다.
별표에 제119호를 다음과 같이 신설한다.
119. 여성발전기본법
③ (경과조치) 이 법 시행당시 여성정책심의위원회규정에 의한 여성정책심의위원회는 이 법 제10조의 규정에 의한 여성정책심의위원회로 본다.

부칙(정부조직법) <제5529호,1998.2.28>

제1조(시행일) 이 법은 공포한 날부터 시행한다. 다만, 부칙 제5조제18항은 1998년 6월 14일부터, 동조 제29항 내지 제31항은 1998년 7월 1일부터 각각 시행한다.
제2조 내지 제4조 생략
제5조 ① 내지 <32>생략
<33> 여성발전기본법 중 다음과 같이 개정한다.
제10조를 삭제한다.
제36조를 다음과 같이 한다.
제36조(사무처리기관의 지정) 기본계획의 수립, 기금의 관리·운용등 이 법에서 규정하고 있는 정부의 사무는 정부조직법 제18조제1항의 규정에 의한 여성특별위원회가 수행한다.
<34>생략
제6조 및 제7조 생략

부칙(정부출연연구기관등의설립·운영및육성에관한법률) <제5733호,1999.1.29>

제1조(시행일) 이 법은 공포한 날부터 시행한다.
제2조 내지 제4조 생략
제5조 (다른 법률의 개정) ① 내지 ⑤ 생략
⑥ 여성발전기본법 중 다음과 같이 개정한다.
제12조를 삭제한다.
제35조중 "개발원 또는 여성단체"를 "여성단체 또는 정부출연연구기관등의설립·운영및육성에관한법률에 의하여 설립된 한국여성개발원"으로 한다.
⑦ 내지 <21>생략
제6조 내지 제11조 생략

부칙(남녀차별금지및구제에관한법률) <제5934호,1999.2.8>

① (시행일) 이 법은 1999년 7월 1일부터 시행한다.
② (다른 법률의 개정) 여성발전기본법 중 다음과 같이 개정한다.
제11조를 삭제한다.

부칙(정부조직법) <제6400호,2001.1.29>

제1조(시행일) 이 법은 공포한 날부터 시행한다. <단서 생략>
제2조 생략
제3조(다른 법률의 개정) ① 내지 <78>생략
<79>여성발전기본법 중 다음과 같이 개정한다.
제7조제1항, 제8조제2항, 제13조제1항·제2항, 제31조제1항 및 제35조 중 "정부는"을

각각 "여성부장관은"으로 한다.
제9조제1항 중 "정부"를 "여성부장관"으로 한다.
제29조제3항 중 "정부가"를 "여성부장관이"로 한다.
제33조에 제2항을 다음과 같이 신설한다.
② 국가 및 지방자치단체는 여성의 권익 및 복지증진을 위한 여성과 관련된 시설에 대하여 예산의 범위안에서 그 경비의 전부 또는 일부를 보조할 수 있다.
제36조를 삭제한다.
제4조 생략

부칙 <제6770호,2002.12.11>

이 법은 공포후 3월이 경과한 날부터 시행한다.

부칙(국고금관리법)
<제6836호,2002.12.30>

제1조(시행일) 이 법은 2003년 1월 1일부터 시행한다.
제2조 내지 제5조 생략
제6조 (다른 법률의 개정) ① 내지 <23>생략
<24>여성발전기본법 중 다음과 같이 개정한다.
제31조제1항중 "기금출납명령관과 기금출납공무원"을 "기금수입징수관·기금재무관·기금지출관 및 기금출납공무원"으로 하고, 동조제2항을 삭제한다.
<25>내지 <31>생략
제7조 생략

부칙(정부조직법)
<제7413호,2005.3.24>

제1조(시행일) 이 법은 공포한 날부터 시행한다. 다만, 다음 각 호의 사항은 각호의 구분에 의한 날부터 시행한다.
1. 제26조…부칙 제2조 내지 제4조의 규정은 이 법 공포 후 3월 이내에 제42조의 개정규정에 의한 여성가족부의 조직에 관한 대통령령이 시행되는 날
2. 생략
제2조 생략
제3조(다른 법률의 개정) ① 내지 ⑨ 생략
⑩ 여성발전기본법 일부를 다음과 같이 개정한다.
제6조제2항, 제9조제1항, 제10조제2항, 제29조제4항 및 제31조제2항 전단 중 "여성부장관"을 각각 "여성가족부장관"으로 한다.
제7조제1항, 제8조제2항, 제13조제1항·제2항, 제29조제3항, 제31조제1항 및 제35조중 "여성부장관"을 각각 "여성가족부장관"으로 한다.
⑪ 내지 ⑭ 생략
제4조 생략

부칙 <제7786호,2005.12.29>

제1조(시행일) 이 법은 공포 후 3월이 경과한 날부터 시행한다.
제2조(재단법인 한국양성평등교육진흥원에 관한 경과조치) ① 이 법 시행당시 「민법」 제32조의 규정에 의하여 여성가족부장관의 허가를 받아 설립된 한국양성평등교육진흥원(이하 "법인"이라 한다)은 이사회의 의결에 의하여 그 모든 권리와 의무를 제21조의3의 개정규정에 의하여 설립되는 진흥원이 승계할 수 있도록 여성가족부장관에게 승인을 신청할 수 있다.
② 제1항의 신청에 의하여 여성가족부장관의 승인을 얻은 법인은 이 법에 의한 진흥원의 설립과 동시에 「민법」 중 법인의 해산 및 청산에 관한 규정에 불구하고 해산된 것으로 보며, 법인에 속하였던 모든 재산·권리와 의무는 진흥원이 승계한다. 이 경우 재산·권리와 의무에 대한 등기부 그 밖에 공부상의 법인의 명의는 진흥원의 명의로 본다.
③ 진흥원의 설립 당시 법인의 임원 및 직원은 이 법에 의한 진흥원의 임원 및 직원으로 본다.
제3조(여성인력개발센터에 관한 경과조치) 이 법 시행당시 종전의 제33조제3항의 규정에 따라 운영 중인 여성인력개발센터로서 특별시장·광역시장 또는 도지사(이하 "시·도지사"라 한다)가 그 경비의 전부 또는 일부를 지원하고 있는 여성인력개발센터는 당해 여성인력개발센터가 소재하는 지역의 시·도지사가 운영을 위탁한 여성인력개발센터로 본다.
제4조(여성인력개발센터에 대한 국가채권에 관한 경과조치) 이 법 시행당시 종전의

제33조제3항의 규정에 따라 운영한 여성인력개발센터에 대한 국가의 채권은 당해 여성인력개발센터가 소재하는 지역의 특별시·광역시 또는 도가 승계한다.

제5조(다른 법률의 개정) 남녀차별금지및구제에관한법률 폐지법률 일부를 다음과 같이 개정한다.

부칙 제1항 단서를 삭제한다.

3. 남녀고용평등법

[일부개정 2005.12.30 법률 제7822호]

제 1 장 총 칙

제1조(목적) 이 법은 「헌법」의 평등이념에 따라 고용에 있어서 남녀의 평등한 기회 및 대우를 보장하는 한편 모성을 보호하고 직장과 가정생활의 양립과 여성의 직업능력개발 및 고용촉진을 지원함으로써 남녀고용평등 실현을 목적으로 한다. <개정 2005.12.30>

제2조(정의) 이 법에서 사용하는 용어의 정의는 다음과 같다.

1. "차별"이라 함은 사업주가 근로자에게 성별, 혼인, 가족 안에서의 지위, 임신 또는 출산 등의 사유로 합리적인 이유 없이 채용 또는 근로의 조건을 달리하거나 그 밖의 불이익한 조치를 취하는 경우(사업주가 채용 또는 근로의 조건은 동일하게 적용하더라도 그 조건을 충족할 수 있는 남성 또는 여성이 다른 한 성에 비하여 현저히 적고 그로 인하여 특정성에게 불리한 결과를 초래하며 그 조건이 정당한 것임을 입증할 수 없는 경우를 포함한다)를 말한다. 다만, 다음 각 목의 어느 하나에 해당하는 경우를 제외한다.

가. 직무의 성격에 비추어 특정성이 불가피하게 요구되는 경우

나. 근로여성의 임신·출산·수유 등 모성보호를 위한 조치를 취하는 경우

다. 그 밖에 이 법 또는 다른 법률에 의하여 적극적 고용개선조치를 취하는 경우

2. "직장내 성희롱"이라 함은 사업주·상급자 또는 근로자가 직장 내의 지위를 이용하거나 업무와 관련하여 다른 근로자에게 성적 언동 등으로 성적 굴욕감 또는 혐오감을 느끼게 하거나 성적 언동 그 밖의 요구 등에 대한 불응을 이유로 고용에 있어서 불이익을 주는 것을 말한다.

3. "적극적 고용개선조치"라 함은 현존하는 남녀간의 고용차별을 해소하거나 고용평등을 촉진하기 위하여 잠정적으로 특정 성을 우대하는 조치를 말한다.

4. "근로자"라 함은 사업주에게 고용된 자와 취업할 의사를 가진 자를 말한다.

[전문개정 2005.12.30]

제3조(적용범위) ① 이 법은 근로자를 사용하는 모든 사업 또는 사업장(이하 "사업"이라 한다)에 적용한다. 다만 대통령령이 정하는 사업에 대하여는 이 법의 전부 또는 일부를 적용하지 아니할 수 있다.

② 남녀고용평등 실현에 관하여 다른 법률에 특별한 규정이 있는 경우를 제외하고는 이 법에 의한다.

제4조(관계자의 책무) ① 근로자는 상호 이해를 바탕으로 남녀가 동등하게 존중받는 직장문화를 조성하기 위하여 노력하여야 한다.

② 사업주는 당해 사업장의 남녀고용평등 실현을 저해하는 제반 관행 및 제도를 개선하여 남녀근로자가 동등한 여건에서 자신의 능력을 발휘할 수 있는 근로환경을 조성하기 위하여 노력하여야 한다.

③ 국가와 지방자치단체는 이 법의 목적을 실현하기 위하여 국민의 관심과 이해를 증진시키고 여성의 직업능력개발 및 고용촉진을 지원하여야 하며, 남녀고용평등의 실현을 저해하는 모든 요인을 해소하기 위하여 필요한 노력을 하여야 한다.

제5조(시책의 수립 등) ① 노동부장관은 남녀고용평등의 실현을 위하여 다음 각 호의 시책을 수립·시행하여야 한다.

<개정 2005.12.30>
1. 남녀고용평등 의식 확산을 위한 홍보
2. 남녀고용평등 우수기업(제17조의3의 규정에 따른 적극적 고용개선조치 우수기업을 포함한다)의 선정 및 행정적·재정적 지원
3. 남녀고용평등 강조기간의 설정·추진
4. 남녀차별 개선 및 여성취업 확대를 위한 조사·연구
5. 그 밖에 남녀고용평등의 실현을 위하여 필요한 사항

② 노동부장관은 제1항의 규정에 의한 시책의 수립·시행을 위하여 관계자의 의견을 반영할 수 있도록 노력하여야 하며 필요하다고 인정할 때에는 관계행정기관 및 지방자치단체 그 밖의 공공단체의 장에게 협조를 요청할 수 있다.

제6조(남녀고용평등 기본계획 수립) ① 노동부장관은 남녀고용평등 실현에 관한 기본계획(이하 "기본계획"이라 한다)을 수립하여야 한다.

② 제1항의 기본계획에는 다음의 사항이 포함되어야 한다.
1. 여성취업의 촉진에 관한 사항
2. 남·녀의 평등한 기회보장 및 대우에 관한 사항
3. 동일가치노동에 대한 동일임금 지급 정착에 관한 사항
4. 여성의 직업능력개발에 관한 사항
5. 근로여성의 모성보호에 관한 사항
6. 직장과 가정생활의 양립지원에 관한 사항
7. 근로여성을 위한 복지시설의 설치 및 운영에 관한 사항
8. 그 밖에 남녀고용평등실현을 위하여 노동부장관이 필요하다고 인정하는 사항

제 2 장 고용에 있어서 남녀의 평등한 기회보장 및 대우 등

제1절 남녀의 평등한 기회보장 및 대우

제7조(모집과 채용) ① 사업주는 근로자의 모집 및 채용에 있어서 남녀를 차별하여서는 아니된다.

② 사업주는 여성근로자를 모집·채용함에 있어서 모집·채용하고자 하는 직무의 수행에 필요로 하지 아니하는 용모·키·체중 등의 신체적 조건, 미혼조건 그 밖에 노동부령이 정하는 조건을 제시하거나 요구하여서는 아니된다.

제8조(임금) ① 사업주는 동일한 사업내의 동일가치의 노동에 대하여는 동일한 임금을 지급하여야 한다.

② 동일가치 노동의 기준은 직무수행에서 요구되는 기술, 노력, 책임 및 작업조건등으로 하고, 사업주가 그 기준을 정함에 있어 제25조의 규정에 의한 노사협의회의 근로자를 대표하는 위원의 의견을 들어야 한다. <개정 2005.12.30>

③ 임금차별을 목적으로 사업주에 의하여 설립된 별개의 사업은 동일한 사업으로 본다.

제9조(임금외의 금품 등) 사업주는 임금외에 근로자의 생활을 보조하기 위한 금품의 지급 또는 자금의 융자 등 복리후생에 있어서 남녀를 차별하여서는 아니된다.

제10조(교육·배치 및 승진) 사업주는 근로자의 교육·배치 및 승진에 있어서 남녀를 차별하여서는 아니된다.

제11조(정년·퇴직 및 해고) ① 사업주는 근로자의 정년·퇴직 및 해고에 있어서 남녀를 차별하여서는 아니된다.

② 사업주는 근로여성의 혼인, 임신 또는 출산을 퇴직사유로 예정하는 근로계약을 체결하여서는 아니된다.

제2절 직장내 성희롱의 금지 및 예방

제12조(직장내 성희롱의 금지) 사업주, 상급자 또는 근로자는 직장내 성희롱을 하여서는 아니된다.

제13조(직장내 성희롱의 예방교육) ① 사업주는 직장내 성희롱을 예방하고 근로자가 안전한 근로환경에서 일할 수 있는 여건 조성을 위하여 직장내 성희롱의 예방을 위한 교육(이하 "성희롱예방교육"이라 한다)을 실시하여야 한다.

② 성희롱예방교육의 내용·방법 및 횟수 등에 관하여 필요한 사항은 대통령령으로 정한다.[전문개정 2005.12.30]

제13조의2 (성희롱예방교육의 위탁) ①사업주는 성희롱예방교육을 노동부장관이 지정하는 기관(이하 "성희롱예방교육기관"이라 한다)에 위탁하여 실시할 수 있다.

② 성희롱예방교육기관은 노동부령이 정하는 기관 중에서 지정하되, 노동부령이 정하

는 강사를 1인 이상 두어야 한다.
③ 성희롱예방교육기관은 노동부령이 정하는 바에 따라 교육을 실시하고 교육이수증 또는 이수자 명단 등 교육실시 관련자료를 보관하며 사업주 또는 피교육자에게 그 자료를 교부하여야 한다.
④ 노동부장관은 성희롱예방교육기관이 다음 각 호의 어느 하나에 해당하는 경우에는 그 지정을 취소할 수 있다.
1. 거짓 그 밖의 부정한 방법으로 지정을 받은 경우
2. 정당한 사유 없이 제2항의 규정에 의한 강사를 6개월 이상 계속하여 두지 아니한 경우[본조신설 2005.12.30]
제14조(직장내 성희롱 발생시 조치) ① 사업주는 직장내 성희롱 발생이 확인된 경우 지체없이 행위자에 대하여 징계, 그 밖에 이에 준하는 조치를 취하여야 한다.
② 삭제 <2005.12.30>
③ 사업주는 직장내 성희롱과 관련하여 피해주장을 제기한 근로자 또는 피해를 입은 근로자에게 해고 그 밖의 불이익한 조치를 취하여서는 아니된다. <개정 2005.12.30>

제3절 여성의 직업능력개발 및 고용촉진

제15조(직업지도) 직업안정기관은 여성이 적성·능력·경력 및 기능의 정도에 따라 직업을 선택하고, 직업에 적응하는 것을 쉽게 하기 위하여 고용정보 및 직업에 관한 조사·연구의 자료를 제공하는 등 직업지도에 필요한 조치를 하여야 한다.
제16조(직업능력개발) 국가, 지방자치단체 및 사업주는 여성의 직업능력개발·향상을 위하여 모든 직업능력개발훈련에 있어서 남녀에게 평등한 기회를 보장하여야 한다.
제17조(여성고용촉진) ① 노동부장관은 여성의 고용촉진을 위한 시설을 설치·운영하는 비영리법인·단체에 대하여 필요한 비용의 전부 또는 일부를 예산의 범위안에서 지원할 수 있다.
② 노동부장관은 여성의 고용촉진을 위한 사업을 실시하는 사업주에 대하여 필요한 비용의 전부 또는 일부를 예산의 범위안에서 지원할 수 있다.
③ 제1항 및 제2항의 규정에 의한 비용의 지원요건 및 절차 등에 관하여 필요한 사항은 노동부령으로 정한다.

제4절 적극적 고용개선조치 <신설 2005.12.30>

제17조의2(적극적 고용개선조치 시행계획의 수립·제출 등) ① 노동부장관은 다음 각 호의 어느 하나에 해당하는 사업주로서 고용하고 있는 직종별 여성근로자의 비율이 산업별·규모별로 노동부령이 정하는 고용기준에 미달하는 사업주에 대하여는 차별적 고용관행 및 제도개선을 위한 적극적 고용개선조치 시행계획(이하 "시행계획"이라 한다)을 수립하여 제출할 것을 요구할 수 있다. 이 경우 해당 사업주는 시행계획을 제출하여야 한다.
1. 대통령령이 정하는 공공기관·단체의 장
2. 대통령령이 정하는 규모 이상의 근로자를 고용하는 사업의 사업주
② 제1항 각 호의 어느 하나에 해당하는 사업주는 직종별·직급별 남녀근로자현황을 노동부장관에게 제출하여야 한다.
③ 제1항 각 호의 어느 하나에 해당하지 아니하는 사업주로서 적극적 고용개선조치를 취하고자 하는 사업주는 직종별 남녀근로자현황과 시행계획을 작성하여 노동부장관에게 제출할 수 있다.
④ 노동부장관은 제1항 및 제3항의 규정에 의하여 제출된 시행계획을 심사하여 그 내용이 명확하지 아니하거나 차별적 고용관행을 개선하려는 노력이 미흡하여 시행계획으로서 부적절하다고 인정되는 경우에는 해당 사업주에게 시행계획의 보완을 요구할 수 있다.
⑤ 제1항 및 제2항의 규정에 따른 시행계획 및 남녀근로자현황의 기재사항, 제출시기, 제출절차 등에 관하여 필요한 사항은 노동부령으로 정한다.[본조신설 2005.12.30]
제17조의3(이행실적의 평가 및 지원 등) ① 제17조의2제1항 및 제3항의 규정에 의하여 시행계획을 제출한 자는 그 이행실적을 노동부장관에게 제출하여야 한다.
② 노동부장관은 제1항의 규정에 의하여 제출된 이행실적을 평가하고, 그 결과를 사업주에게 통보하여야 한다.
③ 노동부장관은 제2항의 규정에 의한 평가결과 이행실적이 우수한 기업(이하 "적극적 고용개선조치 우수기업"이라 한다)에 대하여 표창을 할 수 있다.

④ 국가 및 지방자치단체는 적극적 고용개선조치 우수기업에 대하여 행정적·재정적 지원을 할 수 있다.
⑤ 노동부장관은 제2항의 규정에 의한 평가결과 이행실적이 부진한 사업주에 대하여는 시행계획의 이행을 촉구할 수 있다.
⑥ 노동부장관은 제2항의 규정에 의한 평가업무를 대통령령이 정하는 기관 또는 단체에 위탁할 수 있다.
⑦ 제1항의 규정에 따른 이행실적의 기재사항, 제출시기 및 제출절차, 제2항의 규정에 따른 평가결과의 통보절차 등에 관하여 필요한 사항은 노동부령으로 정한다.[본조신설 2005.12.30]

제17조의4(시행계획 등의 게시) 제17조의2제1항의 규정에 따라 시행계획을 제출한 사업주는 시행계획 및 제17조의3제1항의 규정에 따른 이행실적을 근로자가 열람할 수 있도록 게시하는 등 필요한 조치를 취하여야 한다.[본조신설 2005.12.30]

제17조의5(적극적 고용개선조치에 관한 협조) 노동부장관은 적극적 고용개선조치의 효율적 시행을 위하여 필요하다고 인정하는 경우에는 관계 행정기관의 장에게 차별의 시정 또는 예방을 위하여 필요한 조치를 취하여 줄 것을 요청할 수 있다. 이 경우 관계 행정기관의 장은 특별한 사유가 없는 한 이에 응하여야 한다.[본조신설 2005.12.30]

제17조의6(적극적고용개선위원회) ① 적극적 고용개선조치에 관한 중요 사항을 심의하기 위하여 노동부장관 소속하에 적극적 고용개선위원회(이하 "위원회"라 한다)를 둔다.
② 위원회는 다음 각 호의 사항을 심의한다.
1. 제17조의2제1항의 규정에 따른 여성근로자 고용기준에 관한 사항
2. 제17조의2제4항의 규정에 따른 시행계획의 심사에 관한 사항
3. 제17조의3제2항의 규정에 따른 적극적 고용개선조치 이행실적의 평가에 관한 사항
4. 제17조의3제3항 및 제4항의 규정에 따른 적극적 고용개선조치 우수기업의 표창 및 지원에 관한 사항
5. 그 밖에 적극적 고용개선조치에 관하여 노동부장관이 부의하는 사항
③ 위원회는 위원장을 포함하여 10인 이내의 위원으로 구성한다.
④ 위원장은 노동부차관이 된다.
⑤ 위원은 근로자를 대표하는 자, 사업주를 대표하는 자, 여성을 대표하는 자 및 공익을 대표하는 자로 구성하고 노동부장관이 위촉 또는 임명한다. 이 경우 공익을 대표하는 위원은 고용평등에 관한 학식과 경험이 풍부한 자와 관계 중앙행정기관의 3급 이상 공무원 중에서 위촉 또는 임명한다.
⑥ 위원의 자격·임기 및 위원회의 운영에 관하여 필요한 사항은 대통령령으로 정한다.[본조신설 2005.12.30]

제17조의7(적극적 고용개선조치의 조사·연구 등) ① 노동부장관은 적극적 고용개선조치에 관한 업무를 효율적으로 수행하기 위하여 조사·연구·교육·홍보 등의 사업을 실시할 수 있다.
② 노동부장관은 필요하다고 인정하는 경우에는 제1항의 규정에 의한 업무의 일부를 대통령령이 정하는 자에게 위탁할 수 있다.[본조신설 2005.12.30]

제 3 장 모성보호 및 직장과 가정생활의 양립 지원

제18조(산전후휴가에 대한 지원) ① 국가는 「근로기준법」 제72조의 규정에 의한 산전후휴가 또는 유산·사산 휴가를 사용한 근로자중 일정한 요건에 해당하는 자에게 당해 휴가기간에 대하여 통상임금에 상당하는 금액(이하 "산전후휴가급여등"이라 한다)을 지급할 수 있다.
<개정 2005.5.31, 2005.12.30>
② 제1항의 규정에 따라 지급된 산전후휴가급여등은 그 금액의 한도안에서 「근로기준법」 제72조제3항의 규정에 의하여 사업주가 지급한 것으로 본다.
<신설 2005.5.31>
③ 제1항의 산전후휴가급여등을 지급하기 위하여 필요한 비용은 재정 및 「사회보장기본법」에 의한 사회보험에서 분담할 수 있다. <개정 2005.5.31, 2005.12.30>
④ 사업주는 여성근로자가 제1항의 규정에 의한 산전후휴가급여등을 받고자 하는 경우, 관계서류의 작성·확인 등 제반 절차에 적극 협력하여야 한다. <개정 2005.5.31>

⑤ 제1항의 규정에 의한 산전후휴가급여등의 지급요건, 지급기관 및 절차 등에 관하여 필요한 사항은 따로 법률로 정한다. <개정 2005.5.31>

제19조(육아휴직) ① 사업주는 생후 3년미만의 영유아를 가진 근로자가 그 영유아의 양육을 위하여 휴직(이하 "육아휴직"이라 한다)을 신청하는 경우에 이를 허용하여야 한다. 다만, 대통령령으로 정하는 경우에는 그러하지 아니하다. <개정 2005.12.30>

② 제1항의 규정에 의한 육아휴직기간은 1년이내로 하되, 당해 영유아가 생후 3년이 되는 날을 경과할 수 없다. <개정 2005.12.30>

③ 사업주는 제1항의 규정에 의한 육아휴직을 이유로 해고 그 밖의 불리한 처우를 하여서는 아니되며, 육아휴직 기간동안은 당해 근로자를 해고하지 못한다. 다만, 사업을 계속할 수 없는 경우에는 그러하지 아니하다.

④ 사업주는 제1항의 규정에 의한 육아휴직 종료후에는 휴직전과 동일한 업무 또는 동등한 수준의 임금을 지급하는 직무에 복귀시켜야 한다. 또한 제2항의 육아휴직기간은 근속기간에 포함한다.

⑤ 육아휴직의 신청방법 및 절차등에 관하여 필요한 사항은 대통령령으로 정한다.

제20조(직장과 가정생활의 양립 지원) ① 국가는 사업주가 근로자에게 제19조의 규정에 의한 육아휴직을 부여한 경우, 당해근로자의 생계비용과 사업주의 고용유지비용의 일부를 지원할 수 있다.

② 제1항의 규정에 의한 비용의 지원요건 및 절차 등에 관하여 필요한 사항은 따로 법률로 정한다.

제21조(보육지원 <개정 2005.12.30>) ① 사업주는 근로자의 취업을 지원하기 위하여 수유·탁아 등 육아에 필요한 보육시설(이하 "직장보육시설"이라 한다)을 설치하여야 한다.

② 제1항의 규정에 의한 직장보육시설을 설치하여야 할 사업주의 범위 등 직장보육시설의 설치 및 운영에 관하여는 「영유아보육법」에 의한다. <개정 2005.12.30>

③ 노동부장관은 근로자의 고용을 촉진하기 위하여 제1항의 규정에 의한 직장보육시설의 설치·운영에 필요한 지원 및 지도를 하여야 한다. <개정 2005.12.30>

제22조(복지시설 설치) ① 국가와 지방자치단체는 근로여성을 위한 교육·육아·주택등 공공복지시설을 설치할 수 있다.

② 근로여성을 위한 제1항의 복지시설의 기준과 운영에 관하여 필요한 사항은 노동부장관이 정한다.

제 4 장 분쟁의 예방과 해결

<개정 2005.12.30>

제23조(상담지원) ① 노동부장관은 차별 및 직장내 성희롱에 관한 상담을 실시하는 민간단체에 필요한 비용의 일부를 예산의 범위안에서 지원할 수 있다.

② 제1항의 규정에 의한 단체의 선정요건, 비용의 지원기준·지원절차 및 지원의 중단 등에 관하여 필요한 사항은 노동부령으로 정한다. <개정 2005.12.30>

제24조(명예고용평등감독관) ① 노동부장관은 사업장의 남녀고용평등 이행을 촉진하기 위하여 당해 사업장 소속 근로자중 노사가 추천하는 자를 명예고용평등감독관(이하 "명예감독관"이라 한다)으로 위촉할 수 있다.

② 명예감독관은 다음 각호의 업무를 수행한다.

1. 당해 사업장의 차별 및 직장내 성희롱 발생시 피해근로자에 대한 상담·조언
2. 당해 사업장의 고용평등 이행상태 자율점검 및 지도시 입회
3. 법령위반 사실이 있는 사항에 대하여 사업주에 대한 개선건의 및 감독기관에의 신고
4. 남녀고용평등 제도에 대한 홍보·계몽
5. 그 밖에 남녀고용평등의 실현을 위하여 노동부장관이 정하는 업무

③ 사업주는 명예감독관이 정당한 활동을 수행한 것을 이유로 당해 근로자에 대하여 불이익한 조치를 하여서는 아니된다.

④ 제1항의 규정에 의한 명예감독관의 위촉·해촉등에 관하여 필요한 사항은 노동부령으로 정한다.

제25조(분쟁의 자율적 해결) 사업주는 제7조 내지 제14조, 제18조제3항, 제19조 내지 제21조의 규정에 의한 사항에 관하여 근로자로부터 고충의 신고를 받은 때에는 「근로자참여 및 협력증진에 관한 법률」에 의하여 당해 사업장에 설치된 노사협의회에

고충의 처리를 위임하는 등 자율적인 해결을 위하여 노력하여야 한다.[전문개정 2005.12.30]

제26조 삭제 <2005.12.30>

제27조 삭제 <2005.12.30>

제28조 삭제 <2005.12.30>

제29조 삭제 <2005.12.30>

제30조(입증책임) 이 법과 관련한 분쟁해결에서의 입증책임은 사업주가 부담한다.

제 5 장 보 칙

제31조(보고 및 검사등) ① 노동부장관은 이 법 시행을 위하여 필요한 경우에는 사업주에게 필요한 보고와 관계서류의 제출을 명하거나 관계공무원으로 하여금 사업장에 출입하여 관계인에게 질문을 하거나 관계서류를 검사하게 할 수 있다.

② 제1항의 경우에 관계공무원은 그 권한을 표시하는 증표를 지니고, 이를 관계인에게 내보여야 한다.

제32조(고용평등 이행실태 등의 공표) 노동부장관은 이 법 시행의 실효성을 확보하기 위하여 필요하다고 인정하는 경우에는 고용평등 이행실태, 그 밖의 조사결과 등을 공표할 수 있다. 다만, 다른 법률에 의하여 공표가 제한되어 있는 경우는 그러하지 아니하다.

제33조(관계서류의 보존) 사업주는 이 법의 규정에 의한 사항에 관하여 대통령령이 정하는 서류를 3년간 보존하여야 한다.

제34조(파견근로에 대한 적용) 「파견근로자보호 등에 관한 법률」에 의하여 파견근로가 행해지는 사업장에 대하여 제13조제1항의 규정을 적용함에 있어서는 「파견근로자보호 등에 관한 법률」 제2조제4호의 규정에 의한 사용사업주를 이 법에 의한 사업주로 본다. <개정 2005.12.30>

제35조(경비보조) ① 국가, 지방자치단체 및 공공단체는 여성의 취업촉진과 복지증진에 관련되는 사업에 대하여 예산의 범위안에서 그 경비의 전부 또는 일부를 보조할 수 있다.

② 국가, 지방자치단체 및 공공단체는 제1항의 규정에 의하여 보조를 받은 자가 다음 각호의 1에 해당하는 때에는 보조금 교부결정의 전부 또는 일부를 취소하고, 교부된 보조금의 전부 또는 일부를 반환하도록 명할 수 있다.

1. 사업의 목적외에 보조금을 사용한 때
2. 보조금의 교부결정의 내용(그에 조건을 붙인 경우에는 그 조건을 포함한다)을 위반한 때
3. 속임수 그 밖의 부정한 방법으로 보조금의 교부를 받은 때
4. 이 법 또는 이 법에 의한 명령에 위반한 때

제36조(권한의 위임 및 위탁) 노동부장관은 대통령령이 정하는 바에 의하여 이 법에 의한 권한의 일부를 지방노동행정기관의 장 또는 지방자치단체의 장에게 위임하거나 공공단체에 위탁할 수 있다.

제 6 장 벌 칙

제37조(벌칙) ① 사업주가 제11조의 규정에 위반한 행위를 한 경우에는 5년 이하의 징역 또는 3천만 원 이하의 벌금에 처한다.

② 사업주가 제8조제1항, 제14조제3항, 제19조제3항의 규정에 위반한 행위를 한 경우에는 3년 이하의 징역 또는 2천만 원 이하의 벌금에 처한다.

③ 사업주가 제7조, 제9조, 제10조, 제19조제1항 및 제4항, 제24조제3항의 규정에 위반한 행위를 한 경우에는 500만 원 이하의 벌금에 처한다.

제38조(양벌규정) 법인의 대표자나 법인 또는 개인의 대리인, 사용인 그 밖의 종업원이 그 법인 또는 개인의 업무에 관하여 제37조의 위반행위를 한 때에는 그 행위자를 벌하는 외에 그 법인이나 개인에 대하여도 동조의 벌금형을 과한다.

제39조(과태료) ① 사업주가 제12조의 규정에 위반한 행위를 한 경우에는 1천만 원 이하의 과태료에 처한다

② 사업주가 제14조제1항의 규정에 위반한 행위를 한 경우에는 500만 원 이하의 과태료에 처한다.

③ 다음 각 호의 어느 하나에 해당하는 자는 300만 원 이하의 과태료에 처한다. <개정 2005.5.31, 2005.12.30>

1. 제13조제1항, 제18조제4항, 제33조의 규정에 의한 조치를 하지 아니한 자
2. 제17조의2제1항의 규정을 위반하여 시행계획을 제출하지 아니한 자
3. 제17조의2제2항의 규정을 위반하여 남녀

근로자고용현황을 제출하지 아니하거나 거짓으로 제출한 자
4. 제17조의3제1항의 규정을 위반하여 이행실적을 제출하지 아니하거나 거짓으로 제출한 자(제17조의2제3항의 규정에 의하여 시행계획을 제출한 자가 이행실적을 제출하지 아니하는 경우를 제외한다)
5. 제31조제1항의 규정에 의한 보고 또는 관계서류의 제출을 거부하거나 허위로 보고 또는 제출한 자
6. 제31조제1항의 규정에 의한 검사를 거부, 방해 또는 기피한 자
④ 제1항 내지 제3항의 규정에 의한 과태료는 대통령령이 정하는 바에 의하여 노동부장관이 부과・징수한다.
⑤ 제4항의 규정에 의한 과태료처분에 불복이 있는 자는 그 처분의 고지를 받은 날부터 30일 이내에 노동부장관에게 이의를 제기할 수 있다.
⑥ 제4항의 규정에 의한 과태료처분을 받은 자가 제5항의 규정에 의하여 이의를 제기한 때에는 노동부장관은 지체없이 관할법원에 그 사실을 통보하여야 하며, 그 통보를 받은 관할법원은 「비송사건절차법」에 의한 과태료의 재판을 한다. <개정 2005.12.30>
⑦ 제5항의 규정에 의한 기간이내에 이의를 제기하지 아니하고 과태료를 납부하지 아니한 때에는 국세체납처분의 예에 의하여 이를 징수한다.

부칙 <제6508호,2001.8.14>

① (시행일) 이 법은 2001년 11월 1일부터 시행한다.
② (벌칙 등에 관한 경과조치) 이 법 시행전의 행위에 대한 벌칙 또는 과태료의 적용에 있어서는 종전의 규정에 의한다.
③ (고용평등위원회에 관한 경과조치) 이 법 시행 당시 종전의 규정에 의하여 설치된 고용평등위원회는 이 법에 의한 고용평등위원회로 본다.
④ (다른 법률과의 관계) 이 법 시행 당시 다른 법령에서 남녀고용평등법의 규정을 인용한 경우에 이 법 중 그에 해당하는 규정이 있는 때에는 종전의 규정에 갈음하여 이 법의 해당 규정을 인용한 것으로 본다.

부칙 <제7564호,2005.5.31>

① (시행일) 이 법은 2006년 1월 1일부터 시행한다.
② (산전후휴가급여등에 관한 적용례) 산전후휴가급여등에 관한 제18조제1항의 개정규정은 이 법 시행 후 최초로 출산·유산 또는 사산하는 여성근로자부터 적용한다.

부칙 <제7822호,2005.12.30>

제1조(시행일) 이 법은 2006년 3월 1일부터 시행한다.
제2조(분쟁조정신청에 관한 경과조치) ① 이 법 시행 당시 종전의 규정에 의하여 고용평등위원회에 접수된 분쟁조정신청에 대하여는 종전의 규정에 의한다.
② 제26조 내지 제29조의 개정규정에도 불구하고 종전의 규정에 의한 고용평등위원회는 제1항의 규정에 의한 분쟁의 조정에 한하여 존속하는 것으로 본다.
제3조(육아휴직 신청요건 완화에 따른 경과조치) 제19조의 개정규정은 2008년 1월 1일 이후 출생한 영유아부터 적용한다.

사 항 색 인

〈ㅊ〉

〈ㅌ〉

나 달 숙(羅達淑)

梨花女子大學校 大學院 法學博士
A大學, D大學, E大學, G大學, H大學 등 講師歷任
現, 서울大學校 法科大學 BK 研究員

[著書 및 論文]
憲法學原論(共著, 法英社, 第2版, 2006)
美國憲法上 平等保護를 위한 司法審査,
憲法上 人間의 尊嚴과 安樂死 외
論文 多數

여성과 법

2006년 6월 25일 초판 인쇄
2006년 7월 1일 초판 발행

저 자 羅 達 淑
발행인 高 晙 英
발행처 法 英 社

저자와의 협의하에 인지첩부를 생략함

(135-280) 서울 강남구 대치동 611
전화 (501)8898 Fax (501)8895
등록 1987. 11. 5. 제3-125호(윤)
Site : www.bubyoungsa.co.kr
E-mail : bypuco@chollian.net

파본은 교환해 드립니다. **정가 12,000원**

ISBN 89-7032-223-X